阿部利洋 編 Toshihiro Abe

グローバルサウスの
台頭と新たな
ポリティクス

Global Justice in Change
New Politics in the Rise of the Global South

グローバル正義の変容

ナカニシヤ出版

目　　次

序　章　グローバル正義とグローバルサウス
————————————————— 阿部利洋　*1*

第Ⅰ部　グローバル正義をめぐる新たなポリティクス

第1章　人権侵害補償をめぐるグローバル正義の進展
　　　　フィリピン・マルコス戒厳令下の人権侵害補償を通じて
————————————————— クロス京子　*17*

第2章　文化遺産の返還がグローバルな正義になるとき
　　　　ヨーロッパ諸国におけるミュージアムの脱植民地化
————————————————— 松浦雄介　*37*

第3章　地域化する移行期正義とアフリカ連合の戦略性
　　　　EU との相違と南スーダンの現況から考えるアフリカ連合移行期正義
　　　　政策————————————————— 藤井広重　*59*

第4章　グローバルな規範の受容と拒絶のはざまで
　　　　「人間の安全保障」規範をめぐる剪定、育種、寄生
————————————————— 足立研幾　*79*

第 5 章　シリア　概念の戦い、ネオリベラリズム、多極体制
　　　　　　　　　　　　　　　　　　　　　　　　　青山弘之　*99*

第 6 章　誰を先住民とカウントするのか？
　　　　自己規定（self-identification）の標準化（standardization）とペルー
　　　　の国勢調査　　　　　　　　　　　　　　　　　細谷広美　*121*

第 II 部　グローバル正義の展望

第 7 章　集合的な創造性に関する知的所有概念の変容
　　　　南アフリカのルイボス利益配分の事例から
　　　　　　　　　　　　　　　　　　　　　　　　　阿部利洋　*145*

第 8 章　中国の社会主義的近代化推進期における女性の労働参加をど
　　　　う評価するか
　　　　　　　　　　　　　　　　　　　　　　　　　坂部晶子　*163*

第 9 章　歴史的不正義と向き合う方法
　　　　　　　　　　　　　　　　　　　　　　　　　松田素二　*183*

第10章　アート、アクティヴィズム、グローバルな正義
　　　　フォレンジック・アーキテクチャの「揺れ」をめぐって
　　　　　　　　　　　　　　　　　　　　　　　　　近森高明　*205*

　　人名索引　*225*
　　事項索引　*226*

序章
グローバル正義とグローバルサウス

阿部利洋

1. 本書の位置づけとねらい

　冷戦終結後の国際秩序はグローバル正義（global justice）という視点によって方向づけられてきたが、昨今の国際情勢には、その方向性に変化の兆しをうかがうことができる——これが本書の出発点となる問題意識である。

　東西陣営のイデオロギー対立が消失した後、世界各地で頻発する紛争への対処と紛争後社会の復興という課題に直面して、保護する責任と人道的介入、人間の安全保障、国際法廷や移行期正義、平和構築といった制度・分野が急速に発展した。また、自由主義市場経済の拡大に伴う格差の是正、気候変動・環境問題に対する地球規模の解決策の模索など、国際社会が取り組むべき正義の射程も拡大した。2015 年に国連で採択された持続可能な開発目標は象徴的である。

　このような動向を受けて、グローバル正義に着目する日本語の研究書もさまざまに出版されるようになった。おおよそ 2010 年代半ばまで、南北間の平等や人権保護、紛争をめぐる正義の実現を取り上げ、その規範的普遍性を提示しようとする研究が、政治学・政治哲学の分野に現れた（伊藤 2014；井上 2012；宇佐美 2014；押村 2008）。そこでは「途上国の貧困と先進国との経済格差、人権侵害状況に対する武力介入、地球環境問題などがさかんに議論され」ており（宇佐美 2014：81）、「問われるべき中心的な問題は、正義がわれわれに地球規模で何を行うよう要求するか、である。正義がわれわれに要求

するものを正義の義務と呼ぶならば、正義の義務の射程とその根拠が問われることになる」（同上 213）とされるように、どのようなルールをグローバルに設ける必要があるか、そのルールに普遍的な根拠をどのように示すことができるか、という論点が検討される。より先鋭的には「グローバル市場は不正義の場である。グローバル・ジャスティスの基本的な課題は、グローバル市場が生み出す不正義、とりわけ貧困者に対する加害を除去することである。それはグローバル市場の根本的な構造改革によってしか実現できない」（伊藤 2014：143）とする議論も派生する。

　他方、2010 年代以降、実質的には欧米先進諸国が主導するグローバル正義を批判的に捉え、その規範・制度が実施される現場の実態に焦点をあてる研究書が公刊され始めた。地域研究・人類学を中心とするこうしたアプローチは、グローバル正義のプログラムが「北」の専門家によって立案され、「南」の国々で遂行される関係性を反映している。そして、ローカルに固有の文脈をすくい取ることができずに失敗し、あるいはローカルの能動性によって当初の目論見から外れる結果が、世界各地から報告されるようになった（内藤・岡野編 2013；細谷・佐藤 2019；牟田ほか編 2019）。

　たとえば細谷広美は、前体制下の大規模人権侵害の調査を行い、責任確定を行う国家プロジェクトであったペルーの移行期正義は、本来、先住民の被害を十分に扱うべきところを、政府エリートと国際的な専門家が先住民を委員に含めないまま、社会的安定（民主化）を優先させる偏向した活動を実施したと考察する（細谷 2019）。あるいは旧ユーゴ国際戦犯法廷に対するセルビア国内の反応を分析したスボティッチは、当時のコシュトゥーニカ政権が、戦犯として法廷に出廷する将軍たちを「（西側の援助資金を得るために偏向した法廷に赴く）道徳的な愛国者であり、家族への支援は政府が確約する」と持ち上げ、ハーグへの移送日が国家イベントとして機能していた実態を指摘した（Subotić 2009）。類比しうる事例は、1970 年代後半の統治責任を問うカンボジア特別法廷において、（現政府関係者ではない）元政治囚収容所長であったカン・ケック・イウの有罪確定後に、「悲劇の時代と決別した私たちの社会を祝う」ために、傍聴席で僧侶を招聘しての公式セレモニーが開催された例に見て取ることができる（Abe ed. 2019）。こうした事例は、グロー

バルな正義の実施には常に反作用が伴うとともに、その制度を提案・設計する側が期待する形では実施されない現実が生じることを示している。言い換えれば、グローバルな正義概念の解釈が多様でありうることに加えて、「グローバル化の時代にグローバルなルールやパラダイムが必要である」一方、「そのルールやパラダイムを運用する際の基準や根拠について普遍的な落としどころはない」ジレンマが生じているのである。

すなわち、グローバル正義をテーマとする従来の研究は次のように整理できる。

（1）冷戦後のグローバル秩序は、グローバル正義という観点・枠組みを必要とし、またそれによって世界秩序が構想される方向で進んできた。他方、（2）グローバル正義が適用される（主に「南」の）国々では、個々の文脈のなかでそれが様々に改変され、（主に「北」側が期待する）当初の目的から逸脱する事例も散見される。

本書は、この（1）と（2）の理解を踏まえ、さらに一歩踏み出し、「これまでグローバル正義を適用されてきた側が、グローバル正義の変容・再構築に働きかける」現状に注目する。この視点の重要性は上記（2）の研究においても断片的に指摘されていたが、実証的な事例分析とともに提示する研究はほぼ手つかずであった[1]。

しかし、欧米諸国のリベラルな価値観に基づく「「所与の普遍的規範」が伝播すればグローバルな正義が達成できるという見方ではとらえきれない現実に対して〔……〕グローバルな規範の受容と拒絶のはざまでは多様な相互作用が行われている」（本書第4章）とともに、「力の裏付けが乏しいがゆえに弱いと捉えられてきたアフリカであるが（……）より主体的に介入のあり方を選択し、さらに介入をめぐるルールや規範に対し、影響力を行使しようと試みている」（本書第5章）といった現実も展開するようになっている。

こうした状況変化の背景として、昨今グローバルサウスと称される国々の台頭を認識することは妥当なものと思われる。その経済的な現実としては、たとえば国連アフリカ経済理事会のアンドリュー・モルドが「南－南貿易の規模は北－北貿易の規模を上回っている」とする分析データ（図1）を提示しており（Mold 2023）、2022年の時点で南－南貿易が全体の35％、北－北

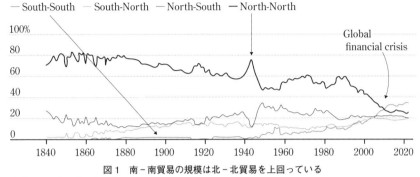

図1 南-南貿易の規模は北-北貿易を上回っている
出所）Mold（2023）一部改変

貿易は25％である。ここには、経済力をつけた新興国が、より自律度を高めるサウス経済圏のなかで、かつての先進国のポジションを取り合う将来的な可能性も見て取れる。

また、ロシアのウクライナ侵略（2021年）に際してアジア・アフリカ諸国のスタンスが紛争長期化の一因となり、グローバルサウスの声サミット（2023年1月）では開催国インドのモディ首相が「グローバルサウスの声を増幅させる」と宣言、国連総会（2023年9月）において中国の習近平主席のメッセージ――「中国は、最大の発展途上国として、グローバルサウスの一員である。中国は他の発展途上国と同じ空気を吸い、同じ未来を共有する」――が発せられ、その後2024年1月から拡大BRICSが始まるなど、新興国・途上国同士が関係を強化し、政治的アクターとして国際社会に影響を及ぼそうとする動きは徐々に可視化されつつある。

たしかに、依然として兆候の段階にあるといえなくもないものの、今後のグローバル秩序の帰趨を見定めるうえで、新興国・途上国の側からグローバル正義の再編をもくろむ積極的な働きかけは、十分に示唆的である。本書の各章で着目するのが、こうした事例である。

そうした動向は、反欧米、反先進諸国という動機に基づくもので、国際秩序形成におけるヘゲモニーの奪還を意図するものなのか[2]。それとも、より普遍的な正義を提案し、また展望するものなのか[3]。兆候の段階にはそれら

両面が潜在する一方、本書で取り上げる事例からは、新興国・途上国から提案される、グローバル正義に対する新たなロジックを読み取ることができる。正義が（ある意味で）真にグローバルに構築される時代の見通しを得ようというのが、本書のねらいである。

2. 本書における用語使用、その射程と制約

上述のように、本書の目的は、従来「普遍性の位相」および「グローバル→ローカルのベクトル」を軸に展開してきたグローバル正義をめぐる研究動向に、世界各地の事例に散見される（萌芽的な）「グローバル→ローカル→グローバルのベクトル」という論点を追加することで議論の展開に寄与するところにある。この論集のもととなった研究プロジェクトが科研（2021-2024年度基盤B「集合的なニーズ・権利に関わるグローバルな正義の比較社会学的研究」課題番号21H00782, 23K20648）であるため、時間的な制約があったことはたしかであるが、一方でテーマ設定の意義を上記の論点に焦点化することから帰結した特徴や課題もある。この点、とりわけ本書で用いられるキーワードや視点（グローバル正義、グローバルサウス、ローカルという表現で着目するアクターのレベル）について説明を付しておきたい。

グローバル正義

先行研究紹介にある通り、このテーマ設定に関しては、「グローバルな問題に対するグローバルなルール設定や解決策の模索」の具体例が主な検討対象とされてきた。紛争国・地域への人道的介入や南北間の経済格差是正を目標とする何らかの国際税・世界税の検討、SDGsの17の目標設定などはわかりやすい。核兵器不拡散条約（NPT）体制は、「従来の核保有国の権利と新たな核開発国の権利が異なるという、非対称的なパワーポリティクスの構造」（中西2013: 59）のもとに構築されているが、先行利益を得ている国々の主導という限定つきでグローバル正義のカテゴリーに含まれる。

しかし本書第2章の文化財返還をめぐる国際規範はどうだろうか。一見すると、それは文化財原産国側の（ナショナリズムを含む）恣意的な——その都度の——集合的な意向に左右される政治問題であり、関連条約はあっても

実質的な強制力が希薄なことから、正義論の範疇から外れるものと受け止められるかもしれない。しかし、文化的・歴史的象徴の地位を与えられる美術品がどこに／誰に帰属しなければならないか、その正当性の基準を提供する規範や法は、ある土地の帰属をめぐる論争と同様に、異議申し立てを行い、正義に訴える側に論拠を提示する。

　別の論点として、法の支配（due process）を紛争後社会に根付かせることは、国際法廷が設置される際の活動目標の一つとなっているが、それは西側先進国が唱導してきたリベラルな価値観というべきもので、（その価値観を受け入れない側にとってはもちろん、理論的には）グローバル正義と異なる論理の階梯に位置づけられるべきだという議論もあるだろう。

　本書の編集にあたっては、こうした用語、あるいは広くグローバル規範とみなしうる視点、さらにはグローバル正義を標榜する政治的な言説を、細かな概念区分を設けずにグローバル正義をめぐる諸側面として包含する立場を採った。その理由として次の二つがある。

　一つは、グローバル正義という概念が流動的であり、その構成要素は変化の過程にあると認識できること。学術誌 *Global Justice : Theory Practice Rhetoric*（2014-）や *Journal of Global Justice and Public Policy*（2014-）、*Global Justice Journal*（2017-）の掲載論文を見れば、国際刑事裁判所（ICC）やレバノン特別法廷といった国際司法関係のテーマが多いものの、「移民女性の医療的権利」や「ヘイトスピーチの地域間比較」、「ミャンマーにおける COVID-19 とジェンダー暴力」、「生命倫理における人種と階級の交錯」さらには「政府／非政府組織が関与する開発援助に対する非道徳的な根拠づけの可能性」や「紛争地における動物保護〔注：中東におけるラクダ〕」という論考もある。「ソーシャルメディアと真実と戦争犯罪」という課題設定は、本書第10章の論考とも関連するだろう。本書もこうした研究潮流にかんがみ、グローバル正義概念の解釈と議論における適用範囲に幅を持たせている。

　もう一つは、先に「グローバル→ローカル→グローバルのベクトル」と表現した図式のはじめの矢印（→）に該当する。各章の事例において何らかの能動的な反応を示す人びとの立場からすれば「グローバルなアクターから正しさを理由に集合的な行動変容を迫られる」経験の総体が、グローバル正義

の経験とおおよそ重なるものと考えられる。このアプローチは、本書が比較社会学的な共同研究から始まったことと関係している。そのような認識から、（グローバル正義の法論理上の根拠を確定するといった）いわば狭義のグローバル正義論と比べると、多様な視点や事例を包含することになった。

グローバルサウス

　本書で取り上げる国・地域のなかには中国が含まれる。サブタイトルのグローバルサウスに中国は該当しないはずだ、という意見もあるだろう。現に日本政府はその立場であり、アジア経済研究所の関連研究グループも、その語を G77[4) から中国を除いた 133 か国と規定している（磯野 2023）。一方、中国とインド、さらにはブラジルといった BRICS の政府は、その公式見解として自らをグローバルサウスの一員として位置づけ、西側先進国主導のグローバル秩序の改変をめざすと公言している。これに対して、日本（を含む先進諸国側）にとって、グローバルサウスという語を用いて対抗国のグルーピングに加担することは、状況認識としても外交戦略としても適切でないとする批判的見解があり、他方で、大学組織や研究ジャーナルの名称として、欧米諸国の間にグローバルサウスの用語が 2010 年代以降広まってきている現実もある（阿部 2024）。そこには、「どの国をグローバルサウスに含めるか」という視点それ自体が論争をもたらす現状がうかがえる。

　もっとも、第 8 章で論じられる中国は 1950－70 年代の中国であり、（当時その用語はなかったわけだが、国際的な文脈で台頭しつつあるという点では）今でいうグローバルサウスに該当するような状況にあった。その意味で第 8 章の議論は、2023 年以降に公式見解として「グローバルサウスの一員であり、グローバルサウスを牽引する」と喧伝する中国政府の立場と関係するわけではない。他方で、当時の中国は社会主義的な正義を世界に広める政治運動のさなかにあり、そこにおいて西側世界とは異なる価値観のもとで「また別の」将来像を掲げつつ、女性の労働に関する「また別の」正しさを追求した。この点において第 8 章の記述は、グローバル正義の今後を展望する本書全体のモチーフに重なるのである。

7

着目するアクターのレベル

　もう一つの論点でありまた課題でもあるのが、先の「グローバル→ローカル→グローバル」の図式における「ローカル」アクターに関わる議論である。各章タイトルから気づく読者もいるかもしれないが、本書の執筆者の専門分野は、社会学・政治学・国際関係論・国際政治学・文化人類学にまたがっている。そのため、分析対象となる「ローカル」のレベルが、政府の場合とそれ以外の、民族集団（組織）や社会運動体、あるいは地域コミュニティであったりする。

　たとえば、グローバル正義の一事例として紛争後社会に設置される特別法廷（シエラレオネやカンボジア等）を取り上げれば、ローカルアクターを現地政府とするか各地の被害者（グループ）——あるいは被告とその弁護士（！）——とするかで、グローバル正義の意味（上記図式の一つ目の矢印）がまったく変わってくる[5]。国内の政治的な緊張や権力関係がその矢印に関わってくる場合、なおさらである。当然、ローカルなアクションがどのようにグローバルな文脈に働きかけていくか（同じ図式の二つ目の矢印）、という観点にも切り取り方の違いとなって影響する。第2章や第3章の事例を、政府レベルではなく、第9章のように地域コミュニティレベルで検討したら、異なる様相でとらえられるに違いない。「下からの」実践に着目した結果、二つ目の矢印がグローバルな領域に働きかけているといえるかどうか、より検討が必要な事例もある。この認識は、グローバル正義の「変容」を判断する際の参照点となるものだが、本書は紙幅の制約もあり、各章の論考、そして全章を通した理論的な課題として、この点を十分に検討することはできなかった。

3. 本書の構成と各章のポイント

　以上取り上げたような特徴あるいは制約を伴いながら、各章の論考は、グローバル正義の価値や制度が新たな課題を前にして異議申し立てを受け、交渉され、その他の働きかけのなかで変容しつつある局面を切り取っている。本書全体は、「これまでグローバル正義を適用される側であった国・地域からグローバルな領域に／で働きかける」ベクトルと、そこに生じる新たなポ

リティクスを中心的に論じる章をまとめた第Ⅰ部と、グローバル正義の今後の展望にヒントをもたらす論点を含む章を集めた第Ⅱ部に分けて構成した。各章が取り上げる事例と、本書のテーマに照らし合わせて着目すべき論点について、以下、簡潔に紹介したい。

　第1章は、大規模人権侵害後の被害者補償の先駆的事例として、フィリピンのマルコス政権後の一連の取り組みに注目する。従来行われてきた、体制移行後や武力紛争後の移行期正義政策は、金銭的補償を十分に実現する条件を欠いていることが多い。それに対して、フィリピンの事例は独裁者による不正蓄財の規模に加えて、スイスとアメリカにおける民事裁判という回路の選択、そこでの成功を受けて、さらに国内での制度的展開が進むというプロセスを辿ったところに特徴がある。この動向は、最終的にスイス政府の外国資金返還方針の変更と2003年国連腐敗防止条約への影響をもたらした。本書のテーマである「グローバル→ローカル→グローバル」のベクトルを指し示す明快な事例となっている。

　第2章では、文化財返還をめぐるグローバル規範の形成と、近年新たな動きを見せている、欧米各国からアフリカへ向けた美術品返還の実態が取り上げられる。植民地期を中心に収集された文化財は、大英博物館やルーブル美術館など「文化財は人類の遺産であるとする文化インターナショナリズム」の立場から依然として返還要求を拒否されるケースが多い。それに対して、2017年に誕生したマクロン政権はアフリカ文化遺産の返還を打ち出し、それを受けて、植民地コレクション返還の公式ガイドラインを作成する国々が出てきた。この変化については、原産国と所有国の現在の政治関係に加えて、歴史的不正義の観点、さらには移行期正義の文脈から認識する heritage justice というパラダイムの生成が参照される。

　第3章は、設立以来アフリカ各国の政治指導者の訴追に集中してきた国際刑事裁判所（ICC、2002-）に地域的に対抗しているアフリカ連合（AU）が推進する「アフリカの問題に対するアフリカによる解決」の動向を分析する。2019年に採択された AU 移行期正義政策は、刑事司法よりも社会経済的正義を重視すべしという指針のもと、南スーダンの大規模暴力に関与してきた。しかし、現状ではめぼしい進捗は見られない。そこにうかがえるのは、グ

ローバル正義の枠組みがローカル化される際に、現地の政治エリートがそれを戦略的に改変しつつ、グローバル正義のオプションを実施しているという評価を確保するラインを模索するという反応であり、先に旧ユーゴ戦犯法廷にセルビア政府が採った姿勢と共通する。ただし、この章の記述が一国による対応ではなく、AU という地域機構が主体となっている点は、大いに示唆的である。

　第 4 章は、ASEAN による人間の安全保障規範受容の分析を通じて、ユニークな理論的視座を提示する。かねてより越境犯罪や地震・津波被害等の問題を抱えていた現地国は、人間の安全保障規範という発想には共感するものの、国家主権や内政不干渉原則が侵食される懸念から拒否した。その代わり「人々を脅かす非軍事的な脅威」に各国政府が取り組む非伝統的安全保障を提案し、その後 ASEAN 共同体構築プロセスに大きな影響を与えた。グローバル規範が適用先で異なる規範に作り変えられる「育種」は地域研究において種々報告されてきている。農学では「原産地から伝播した植物がその地域の環境に適応し、新たな多様性がうまれる」場所を二次センターと呼ぶが、本章はさらに「二次センターで育種された新たな規範が（グローバルに）伝播していく」過程に着目する必要性を指摘しており、本書副題の「新たなポリティクス」の一つの範型が理論的に提示されている。

　グローバル正義に対する働きかけというテーマに対して論争的な事例を対置するのが第 5 章のシリア内戦の帰趨である。「世界最悪の人道危機」と称された 2010 年代の内戦において、アサド大統領は、グローバル正義を掲げる西側諸国は、むしろ自らの利得につながるネオリベラリズムの浸透を目論んでいると非難し、ロシアとともに多極体制を実現することこそが正義であると表明した。一方でアメリカはシリアへの介入にあたって、リビアで起きたような体制転換を目的としなかったため、全面介入を回避するためのグローバル正義の語彙として（自由や民主主義ではなく）大量破壊兵器拡散防止を選択した。このように、欧米主導で提示される一連の価値と、それに対抗する（ロシア・イランを含む）シリア政府側の言説が、グローバル正義の文脈で交錯し、その大義が紛争を長期化させたという分析は、グローバル正義という表現が現実世界で運用される際に付随する困難な展望を示している。

10

現在、世界の先住民人口は「4億7660万人とカウントされ、世界人口の6.2％を占めて」いる（第6章）。そのアイデンティティ表象に制度的な保証を与えているのが、国連による自己規定基準であり、マイノリティが先住民として集合的な権利を主張できるようになったのも、この基準によるプレゼンスの増加が寄与している。他方、第6章で着目するラテンアメリカのメスティサッヘ（混血）カテゴリーは、当人の社会的・文化的状況により、先住民を含む場合とそうでない場合があり、またセトラー・コロニアリズム（入植者植民地主義）による先住民への社会的文化的差別の内面化も起こっている。この章は、ペルーで行われる国勢調査のフォーマット自体が示している、先住民とされる人々の社会的かつ内面的な多義性を一義化する制度的偏向を指摘することを通じ、先住民カテゴリーの運用に際して「善」とされてきたグローバル正義規範が、特定の文脈においては当事者の公的なポジショニングを難しくする実態を指摘している。

第7章で取り上げる伝統的知識（TK）概念は、1992年採択の生物多様性条約（CBD）以降、生物遺伝資源に関する知的所有権問題の俎上に現れた、新たなグローバル規範である。ルイボスを加工する知識は、歴史的には先住民コイサンがヨーロッパからの移民に伝えたが、その後、先住民を排除する形の利益占有システムが形成されてきた。この章では、2010年代に南アフリカで実施された利益配分交渉におけるTKの制度的位置づけを整理し、そこで先住民側の権利を正当化する際に用いられたスチュワード／カストディアンという視点に着目する。これは近代的な知的所有権の前提となる「発明者のオーナーシップ」とは異なる権利認定の基準である。この視点は、グローバル規範であるTKがローカル個別の文脈では直接の実効性を持たず、結果として促進される政治的交渉の結果採用されたものである一方で、当該グローバル規範が進展するうえでの新たな論理を提供していると考察される。

近年、いわゆる「上野千鶴子ブーム」を経た現代中国におけるフェミニズムと女性参加の動向が日本のメディアで注目される機会が増えている。市場経済の浸透とグローバル政治における同国の台頭の一方で、「上野」という西側フェミニズム――女性の権利とアイデンティティに関するグローバル規範――の窓を通した、女性の社会的ポジションの模索が注目されるのである。

他方、1949年の新中国建国以降、女性の労働環境がどのような実態を伴うものであったのか、という点に関する事例研究はほとんどない。第8章では、社会主義体制下で実施された公的な仕事の割り振りである「分配」制度を取り上げ、その当事者の経験に着目する。当時の政治体制・社会システムにおける女性の位置づけは、必ずしも西洋近代的な人権イデオロギーから演繹されるものではなく、経済的な生産性向上という目標から逆算されるものであったにせよ、この章の記述を通した当事者の経験からは、「ゆるい歯車」としてのシステムの隙間に生じうる能動性の発露を見いだすことができる。

　21世紀に入り、植民地期の被害に対する補償や過去清算の動きは、マウマウ蜂起に対するイギリス政府やナミビアのヘレロ人・ナマクア人に対するドイツ政府の対応に見られるようになってきたが、そこでも依然として植民地支配の責任については否定されている。こうした歴史的不正義に起因する社会の亀裂は、たとえば2009年ケニアの選挙後暴力のように、独立後に形を変えて継承される実態がある。第9章では、森林地域の土地所有とそこにおける資源利用をめぐるマイノリティ住民の権利問題に関して、ケニアのマラゴリ・フォレストの事例を取り上げ、植民地期に収奪された土地の行く末をたどる。独立後60年を経た現在でも、住民への権利の返還がない一方、2020年代に入り、住民と行政の関係が大きく変化した。その契機は行政府が住民の土地所有と利用の権利に関して、承認／否定の表明を止め、いわばバッファーゾーンのような扱いに移行したことに求められる。この状況は住民側の立場を安定させるものではないが、歴史的不正義の長く入り組んだ難題に、新たな交渉を生み出す余地を設けている。

　第10章は、国家や企業による犯罪や人権侵害について調査し、デジタル画像・音声データ・衛星イメージ・リーク資料等を再構成し、3Dモデルやデジタルマッピングなど、証言記録や古典的な物証とは異なる証拠を再構成するフォレンジック・アーキテクチャ（FA）の活動に注目する。アーキテクチャと名乗る通り、創設者は建築家であり、グループが取り組む情報提示は、いわば「ビルド（build）されるべきでなかった不正義の空間（の記憶）」を、多様な情報データを用いて再構築するものだ。FAの活動はまた、証拠資料の提出先が裁判所や国連のような公的機関とともにアート分野でも

あるという特異な性格を持っている。司法とアートは相互に最も離れた領域であると感じられるが、後者に足掛かりを置くことは、現在受容されるタイプの証拠の性質を調査の前提として固定化せず、テクノロジーの進化を反映した証拠提示の技法（アート）の可能性をどこまでも追求する姿勢を思わせる。グローバル正義は、常に根拠となる証拠とともに掲げられるが、この章の描写には、イスラエル出身でロンドンに拠点を持つ一方で、パレスチナ寄りの展示からキャリアを始めたヴァイツマンの「グローバルサウスと往還する」実践の可能性に加えて、グローバル正義の変化の兆しを読み取ることができるだろう。

注

1) クロス（2016）は、「南」の国々で実施された移行期正義の伝播を分析しており、このアプローチの嚆矢として位置づけられる。
2) 「新興国はこれからますます自己主張を強め、一国、あるいは複数国で、自分たちに都合の良い外部環境を自分たちの地域に作ろうとするだろう。新興国の対外行動とその基本にある考えを理解するには、それぞれの国をもっと丁寧に見ておく必要がある」（白石 2023）。
3) 「〔グローバルサウスを束ねる価値観は〕サウスを越えて、さらにグローバルな規範を生成していくのだろうか」（峯 2023）。
4) 1964年に77か国で発足した国連グループであり、現在は130を超える新興国・途上国が加盟している。
5) このレイヤー間の相違や相互作用に着目したものとして、Abe（2018）やKelsall（2013）。

文献

阿部利洋（2024）「グローバルサウスというプリズム」『神奈川大学評論』（105）117-131。
磯野生茂（2023）「グローバルサウスの経済的影響力——世界経済の「第三の極」をどうとらえるか」『IDEスクエア』https : //www.ide.go.jp/Japanese/IDEsquare/Eyes/2023/ISQ202320_023.html。
伊藤恭彦（2014）『グローバル・ジャスティス——公正な地球社会をめざす規範』岩波書店。
井上達夫（2012）『世界正義論』筑摩書房。
宇佐美誠（2014）『グローバルな正義』勁草書房。
押村高（2008）『国際正義の論理』講談社。
クロス京子（2016）『移行期正義と和解——規範の多系的伝播・受容過程』有信堂高文社。
白石隆（2023）「「グローバル・サウス」とは何か」『日経研月報』（2023年4-5月号）。
内藤正典・岡野八代編（2013）『グローバル・ジャスティス——新たな正義論への招待』

ミネルヴァ書房。

中西久枝（2013）「アメリカのグローバル・ジャスティスとイランのジャスティス――核開発問題をめぐって」内藤正典・岡野八代編『グローバル・ジャスティス――新たな正義論への招待』ミネルヴァ書房、40-59。

細谷広美（2019）「グローバル化する移行期正義と先住民――ローカリティを代表／代弁するのは誰か？」細谷広美・佐藤義明編『グローバル化する＜正義＞の人類学――国際社会における法形成とローカリティ』昭和堂、27-64。

細谷広美・佐藤義明編（2019）『グローバル化する＜正義＞の人類学――国際社会における法形成とローカリティ』昭和堂。

峯陽一（2023）「グローバルサウスと人間の安全保障」『世界』971：24-33。

牟田和恵・平沢安政・石田慎一郎編（2019）『競合するジャスティス――ローカリティ・伝統・ジェンダー』大阪大学出版会。

Abe, Toshihiro ed.（2018）*Unintended Consequences in Transitional Justice : Social Recovery at the Local Level*, Lynne Rienner Publishers.

Abe, Toshihiro（2019）*The Khmer Rouge Trials in Context*, Silkworm Books.

Kelsall, Tim（2013）*Culture under Cross-Examination : International Justice and the Special Court for Sierra Leone*, Cambridge University Press.

Mold, Andrew（2023）"Why South-South Trade is Already Greater than North-North Trade -and What It Means for Africa"（11 December 2023）,The Brookings Institution. ＜https : //www.brookings.edu/articles/why-south-south-trade-is-already-greater-than-north-north-trade-and-what-it-means-for-africa/＞

Subotić, Jelena（2009）*Hijacked Justice : Dealing with the Past in the Balkans*, Cornell University Press.

第I部

グローバル正義をめぐる新たなポリティクス

第1章
人権侵害補償をめぐるグローバル正義の進展
フィリピン・マルコス戒厳令下の人権侵害補償を通じて

クロス京子

1. グローバル正義としての移行期正義

　ロシアや中国など、法の支配を揺るがす権威主義国家が台頭し、世界的にも民主化の後退が顕著になっている。近年では、国内だけでなく、反体制派に対する国境を越えた人権弾圧が起こるなど、世界の人権状況は悪化の一途を遂げている[1]。

　一方で、こうした身体的暴力を伴う、市民的・政治的権利侵害を対象犯罪として、加害者個人の責任を追及するグローバルな規範化が進み、実際に訴追・処罰に至る事例が増えている（Sikkink 2011）。グローバル正義として確立した「移行期正義（transitional justice）」は、政府による市民に対する大規模な人権侵害への対応をめぐり冷戦崩壊前後に誕生した（Arthur 2009）。移行期正義はその後、紛争下で発生した重大な国際人道法違反を対象とする「紛争後の正義」を含むようになり、国際人権・人道法上の重大犯罪に関する包括的な正義規範として発達した。正義追求の手段としては、刑事裁判を含む責任追及、真実の解明、制度改革、補償と記憶が主要なものとされ、移行期正義は、被害者の「真実を知る権利」と「正義を追求する権利」、「補償／再発防止の保証を受ける権利」を保障する包括的な正義概念とされる（Orentlicher 2005）。

第Ⅰ部　グローバル正義をめぐる新たなポリティクス

　移行期正義は、「国家や社会集団が、真実や正義、償い、和解を通して、過去の人権侵害を清算するための司法、非司法の手段」（Stan & Nedelsky 2023：xlvii）とされるが、明確な定義はなく、多様なアプローチが存在する。これは、移行期正義が導入される社会で、それが必要とされる目的が様々であり、公式・非公式に各国で実施される手法や制度が異なるためである。移行期正義は、権威主義体制や紛争を経験したグローバルサウスと呼ばれる発展途上国の過去を乗り越える取り組みや経験の影響を大きく受け、発展してきたといえる（Carranza 2022：238）。

　近年制度化と実行が急速に進んだのが国際人権・人道法違反の被害者への補償である。補償は、紛争終結後も経済的に困窮し、社会的に周辺化される被害者への直接的な救済であるだけではなく、和解を促す有効な手段として広く認識されているが、優先順位が低く、実施は遅れてきた（UN 2023）。とりわけ被害者への物質的（金銭的）補償は、移行期正義の制度化が進む潮流の中で、権利があっても実施されるとは限らない状態が長く続いてきた[2]。しかし、補償を求める被害者とそれを支える市民団体による政治活動や、訴訟、社会運動が実を結び、賠償金が被害者に支払われる事例もみられるようになっている[3]。国際人権・人道法違反の被害者補償のグローバルな法制度化の背景には、政治・社会・経済的文脈に即したローカルレベルでの多様な補償追求の取り組みがあった（ICTJ 2023）。

　そこで本章は、国内外の手段を活用し、被害者への金銭的補償を実現したフィリピンの事例を取り上げ、グローバルな被害者補償をめぐる規範や制度への影響を論じていく。1965年から1986年まで続いたフェルディナンド・マルコス（Ferdinand E. Marcos：以下、マルコス）独裁政権の崩壊後、新政権は旧政権下の大規模人権侵害と経済的腐敗の課題に取り組むこととなった。2013年になってようやく、アメリカでの民事判決に基づくマルコス戒厳令下[4]の人権侵害被害者に対する賠償とその歴史を記録する資料館の建設が決まった。この決定において重要なのが、二つの移行期正義のプログラムがマルコスの不正蓄財を原資としている点である。フィリピンの事例は、第三国での判決を国内で効力を持たせたほか、先進国政府や銀行に働きかけながら、独裁者の経済犯罪の解明と責任追及を行った先駆的事例である。財政

的制約が課題となる個人賠償の在り方に風穴を開ける事例ともいえるだろう。

　本章では、まず次節でグローバル正義としての人権侵害被害者補償の規範的・制度的発展を概観する。次に、フィリピンのマルコス戒厳令下の人権侵害とその後の移行期正義の取組みを振り返り、第4節においてアメリカの「外国人不法行為請求権法」を用いた損害賠償請求裁判について考察する。第5節ではフィリピン国内における補償実現までを述べ、第6節ではフィリピンのマルコス戒厳令下の人権侵害被害者への補償が、グローバルな被害者補償の規範的・制度的発展にどのように影響しているのかを論じる。

2.　グローバル規範としての被害者の補償を受ける権利

　今日「補償」と訳される「reparation」は、国家間戦争で生じた損害を敗戦国が戦勝国に支払う戦後賠償として国際法で確立された概念である（Marxsen 2021：2）。第二次世界大戦のホロコースト被害者に対するドイツの個人賠償は例外として、補償は長らく国家間で決着される戦後処理の手法として位置づけられてきた。補償が被害者個人の権利と捉えられるようになる契機は、1985年の国連総会で採択された「犯罪および権力乱用の被害者のための正義に関する基本原則宣言」であった。同宣言は、犯罪被害者だけでなく、人権侵害の被害者にも法的正義と償いへのアクセス権を認めた点で画期的とされた（Furuya 2021：29）。その後、被害者の補償を受ける権利は、2005年の「重大な国際人権法違反および深刻な国際人道法違反の被害者のための救済と補償を受ける権利についての基本原則およびガイドライン（The Basic Principles and Guideline on the Rights to a Remedy and Reparations for Victims of Gross Violations of International Human Rights Law and Serious Violations of International Humanitarian Law：以下、ガイドライン）」で確立される[5]。

　ガイドラインでは、国家や個人、企業、武装勢力を含む非国家主体に補償の義務があることを明記する一方、補償の責任が誰にあろうと、人権擁護者としての国家が補償プログラムを施すことを求めている。また、ガイドラインは「補償」を以下のように定義する（UN 2005：annex.para.19–23）。①市民権の回復、居住地への復帰など、被害者が被害を受ける前の状態に戻す「原

状回復（restitution）」、②身体的または精神的損害に対する金銭的補償である「賠償（compensation）」、③医療的・法的な「社会復帰・リハビリテーション（rehabilitation）」、④被害者の名誉回復、謝罪、犠牲者の追悼など被害者の「精神的満足（satisfaction）」、⑤紛争や暴力の「再発防止（guarantees of non-repetition）」である。国際法における「補償」は、事案によって異なる被害者の多様なニーズに対応するために、幅広い手段を意味するようになった。

　このように国際的な人権保護の機運の高まりとともに登場した被害者の補償の権利は、移行期正義の概念的・制度的確立に呼応してスコープが変容し、補償のあり方が拡大したといえる。国内犯罪を対象とした被害者の補償の権利は、旧ユーゴスラヴィアやルワンダなどで起こった多くの市民を巻き込む熾烈な内戦への対応から、国際人権法と国際人道法違反の被害に苦しむ被害者に向けられるようになった（Furuya 2021: 33）。移行期正義は国家による人権侵害から紛争まで幅広い暴力を対象とするため、その主要なメカニズムとしての補償も、紛争後社会の多様なニーズを反映して、物質的（経済的）補償から象徴的補償を含むようになった。

　しかし、移行期正義において補償は後回しにされてきた。一つには、大規模人権侵害や紛争被害者は膨大な数にのぼるため、移行途上の国家には補償を賄う財政的余裕がないことがある。また、公平性の観点から回避されてきたとも考えられる。しかし実際には、当該政府に政治的意思がないため、補償が実施されないことが多い。被害者の多様なニーズにいかに応えるのかという課題に加え、補償には政治的な課題も絡んでおり、誰が正当な被害者なのか、そして誰が補償するのかという点で争いが生じうる[6]。

　以下で見るフィリピンの事例では、国内での裁判が困難であったために、アメリカで民事裁判が行われ、被害者認定と賠償金裁定がなされた。国際法廷や普遍的管轄権を用いた第三国裁判が普及する初期の国外人権裁判であり、人権侵害が認められ、賠償を命じる判決が出たことは画期的であった。また、国家予算でも税金や民間のファンドでもなく、人権侵害の責任者であった独裁者の不正蓄財から賠償金が拠出された、数少ない成功例であり、その先駆性が指摘される（UN 2023: para38-43）[7]。

3. マルコス権威主義体制と移行期正義

　マルコスは 1965 年に大統領に就任し、26 年にわたり独裁を敷いた。他の独裁政権の例に漏れず、国家の人権弾圧と政府内の汚職の程度は相互に強化される関係にあり、大統領 2 期目の後半から、腐敗と暴力は一層深刻化した。マルコスやその家族、取り巻き（クローニー）らによって、フィリピン国内の砂糖やココナッツなどの主要産業が乗っ取られ、経済的利益の寡占が進む一方で、経済が低迷し、所得格差が拡大した。生活困窮への不満から、農民や労働組合、学生団体が左傾化し、抗議運動が激化すると、マルコスは、共産主義勢力とイスラム勢力が武装闘争を開始したことに対抗する名目で 1972 年に戒厳令を公布した（ワーフェル 1992）。これにより、議会と憲法が停止され、政権に批判的な議員や一般市民が令状なしで逮捕された。1986 年の政権崩壊までの間に、7 万人が投獄され、そのうち 3 万 5000 人が拘留中に拷問され、878 人が強制的に失踪し、3257 人が殺害されたという（McCoy 2001: 131）。

　1983 年のベニグノ・アキノ（Benigno Aquino）元上院議員の暗殺事件を契機に、マルコス打倒に向けた運動が政界・経済界にも広がり、街頭では警官隊とデモ隊が衝突する極めて深刻な政情不安に陥った。そして、1986 年 2 月、大統領選挙での不正に対する市民の大規模な抗議が軍部を動かし、ピープル・パワー（エドサ）革命と呼ばれるフィリピン国民の抗議活動によって独裁政権が打倒された。マルコスと家族、取り巻きの一部はアメリカに亡命し、暗殺されたアキノ上院議員の妻のコラソン・アキノ（Corazon Aquino: 以下、コラソンもしくはアキノ）が大統領に就任した。

　自身の政権を「革命政権」と呼んだコラソンは、就任直後から様々な改革に着手した。新憲法の制定、治安司法部門改革、公職追放など、旧政権下で行われた大規模な人権侵害に対応する移行期正義のプログラムが導入された[8]。しかし、アキノ政権は様々な政治勢力から成る寄り合い世帯であり、政権基盤が弱く、前政権下で肥大した軍部の力を削ぐことができなかった。クーデターの危機に何度も見舞われ、戒厳令公布以降の人権侵害の調査を任務とする大統領人権委員会（PCHR: Presidential Commission of Human

Rights）は、軍部の反発を受け、実質的に成果なく早々に解散した。その後PCHRを再編して設置された常設の人権委員会（CHR: Commission on Human Rights）は、1990年までに7944件に上る戒厳令下の人権侵害の申立てを受けたが、実際に裁判に持ち込まれたのは37件のみであった。このうち11名に有罪判決が出たが、いずれも下位の治安部門関係者であった（Aquino 1995: 238-239）。軍部や警察のエリート層には政界に進出するものも現れ、責任者が処罰されることはなかった（McCoy 2001: 139-141）。

　アキノ政権の移行期正義の取り組みで注目すべきなのは、就任2日後に設置された行政規律委員会（PCGG: Presidential Commission on Good Government）である。PCGGの任務は、マルコスや家族、取り巻きによる不正蓄財の回収、収賄や汚職などの経済犯罪の捜査、腐敗防止措置の制度化であった。人権侵害とともに国家財産横領の解明が急がれたのは、マルコスがマラカニアン宮殿（大統領府）に大量の隠匿財産にかかわる文書や資料を残して逃亡していたからであった。マルコス亡命時のフィリピンは、280億ドルに膨れ上がった対外債務を抱え、国民の70%は生活に困窮し、インフレや高い失業率などに直面していた（Carranza 2022: 244）。アキノ政権は、国民から奪い取られたと思われるマルコスと取り巻きの不正蓄財を早急に回収する必要に迫られていた。

　コラソンは大統領行政命令を発出し、不当に得たものと判断されるマルコスと取り巻きの国内にある財産を凍結・回収する権限をPCGGに与えた。回収された資金はすべて、貧しい土地なし農民への農地再分配プロジェクトのために使われることになった（Garcia 2021: 21）。1987年末までに、PCGGは18億ドルを回収したとされる（アキノ 1992: 155）。

　PCGGはまた、マルコスらが資産を保有していると見られる各国政府に対して、資産の処分や移動を禁止し、返還可能な資産をフィリピン政府に返すように協力を要請した。マルコスと取り巻きが国家財政から奪った50億から100億ドルともいわれる現金など資産の大部分は海外に持ち出されており、その多くがスイスやアメリカにあることが分かっていた（Salonga 2000）。PCGGがまず着手したのは、スイスの銀行に預けられていたマルコスと妻のイメルダ（Imelda R. Marcos）の口座の資産凍結であった。1986年4月、

フィリピン政府からの正式な依頼に基づき、スイス政府はマルコス関連の秘密口座の資産凍結を発表した[9]。スイスが外国政府の要請に応じて資産凍結したはじめての事例であった[10]。マルコスの腐敗ぶりは世界でも広く報道されており、隠し資産を凍結することで、スイスの銀行が独裁者の汚職に関与しているとの印象を払拭するねらいがあったとされる（Carranza 2022：249）。

　しかし、実際の資産回収は困難を極めた。1991年、PCGGはマルコス家に対し、スイスにあるマルコスの預金の返還を求め訴訟を起こした。マルコス家は自らの所有資産であることを譲らず、長期間に及ぶ法廷闘争が始まった。1997年、スイス最高裁は、秘密口座にある5億4000万ドルが不正に蓄財された資金であると認定し、フィリピン政府への資金返還にあたり、以下の二つの条件を課した。第一に、フィリピン国内法廷で同資金の不正性が認定されること、第二に、返還された資金で、戒厳令による人権侵害被害者に賠償することであった（Carranza 2022：250）。

　一つ目の条件については、2003年、フィリピン最高裁が、スイスに預けられた現金はマルコスらが汚職によって不正に蓄財した資産であることを認定したことで解決に至った。当初スイス政府は、フィリピン政府に対し、凍結された資金返還のためには、マルコスの有罪判決が必要との条件を課したが、フィリピン側が体制移行の困難な時期にある途上国にあっては、有罪のための証拠収集が困難であることと、1989年にマルコスが死亡しており、本人不在で訴追ができないことを主張し、スイス側が譲歩した。また、第二の条件である被害者への補償については、農地改革ファンドに回収されていた資金がすべて使われることになっていたために、被害者補償のための新法成立のうえで実施することが合意された。これによって、利息を含めた6億8000万ドルが2004年にスイス側からフィリピン政府に返還された。だが、以下で見ていくように、マルコス戒厳令下の人権侵害被害者の補償に関する新法が成立するのは2013年まで待たなければならなかった。

　スイス政府が人権侵害被害者への補償を求めた背景には、国際人権規約や拷問禁止条約の定める被害者への補償義務が国際慣習法として確立しており、締約国に補償義務があるというスイス政府の認識があった（Furuya 2021：30-31）。さらに、フィリピンの特殊事情として、1992年、ハワイの連邦地方裁

判所で人権侵害被害者らが賠償請求訴訟で勝訴しており、原告らは、金銭的賠償を実現するために、フィリピン政府とマルコス家の隠匿財産をめぐって法廷で争っていたことがある。マルコスらが奪った資産は、国内だけでなく先進国を中心に複数の国に、偽名やペーパー・カンパニーを通じて散らばっており、長期にわたって複数かつ複雑な訴訟が続いていた。スイス政府は預金をフィリピン政府に返還することを決めたものの、のちに触れるアメリカでの訴訟で勝利し、正当な権利がある人権侵害被害者に対し、早期の救済をフィリピン政府に求めたのであった（Davidson 2017：270）[11]。

　PCGG は活動開始から 30 年の間に、フィリピン国内をはじめ、アメリカやスイスにあったおよそ 35 億ドルのマルコス政権関連の不正蓄財を回収することに成功した（Carranza 2022：245）。2024 年の執筆時点で未だ決着されていない訴訟も複数あり、隠匿財産の行方や責任の所在も解明されていない。とはいえ、汚職や横領といった経済犯罪の説明責任の追及において PCGG の果たした役割を過少評価すべきではない。PCGG の活動によってスイスからの預金返還が可能になり、そのためにフィリピン最高裁がマルコス口座にあるのは同国民から奪った資金だと認定したことが、のちのイメルダの有罪判決につながったからである（Carranza 2022：249）[12]。

4.　アメリカでの賠償請求訴訟

　1986 年 3 月、マルコス戒厳令下の人権侵害被害者が、「外国人不法行為請求権法（ATS：Alien Tort Statute）」に基づき、ハワイ連邦地方裁判所にマルコスを提訴した[13]。ATS は 1789 年に制定された古い法律で、アメリカが加盟する国際法に違反する不法行為に対し、外国人による民事訴訟の管轄権を連邦地方裁判所に認めるものである（高杉 2016：3）。ATS は長らく使用されなかったが、1980 年代のフィラルティグ[14]事件以降、アメリカに居住、あるいはビジネス拠点がある人物や企業に対して、アメリカ域外で行われた拷問や超法規的殺人（裁判に基づかない生命のはく奪）、戦争犯罪、人権侵害などの賠償請求に広範に援用されるようになっていた[15]。この ATS 裁判は、戒厳令が発令された 1972 年からマルコスが亡命する 86 年の間に行われた、当局による拷問、超法規的殺人、強制失踪の上官責任を問うもので、マルコ

ス個人に損害賠償を求める民事裁判であった。1989 年にマルコスが死亡した後は、裁判はマルコス家（estate）に引き継がれた。人権侵害の被害者らは当初フィリピン国内での訴訟を目指したが、刑事裁判も民事裁判もフィリピンの法律では被告人が物理的に国内に存在することを求めており、ハワイに居住するマルコスを訴追することはできなかった（Davidson 2020：117）。

マルコス戒厳令下の人権侵害集団訴訟は、アメリカ人のロバート・スウィフト（Robert Swift）が代表弁護士を務め、1 万人を超える被害者が賠償を求めた。この訴訟は、ATS を用いて初めて元国家元首を訴えた裁判であり、かつ初の集団訴訟であり、初めての陪審員裁判であった（Ela 2017：481）。

マルコス ATS 裁判では、提訴後被害者や専門家の証言や証拠の吟味がなされ、1992 年にマルコス家に有罪判決が下り、賠償責任が認められた。その後、賠償額を決定するプロセスに入り、137 人の調書が審理された（Garcia 2021：19）。人権侵害という事件の性質上、被害の程度に個人差があっても、集団訴訟では原告全員の詳細な証言が必要とされたわけではなかったのである。1994 年には原告 9539 人に対して総額 12 億ドルの懲罰的損害賠償が、1995 年には 7 億 7600 万ドルの追加の補償的損害賠償が認められた。マルコス家は控訴したが、1996 年に控訴が棄却され、1997 年に判決が確定した。

当初、反マルコス活動家やフィリピン共産党関係者を中心とする被害者たちの多くは、賠償金の獲得ではなく、アメリカでの訴訟を通じて広く世界にマルコスの犯した罪の数々を知らしめることを目指していた（Ela 2017：491）。被害者の中には、アメリカのマルコス支援の歴史を鑑み、同国の国内裁判で勝訴することを全く期待していなかったと公言する者もいた（Davidson 2020：117）。

しかし、予想に反して原告側はマルコス有罪判決と総額約 20 億ドルもの賠償金の裁定を勝ち取った。思いがけない勝訴と巨額の賠償金に被害者らの期待は膨らんだが、実際にマルコス家から支払いがなされることはなかった。PCGG はマルコス家の不正蓄財は国庫に返されるべきとの立場であり、ATS 原告側のマルコス資産の特定や凍結、回収には必ずしも協力的ではなかった。事態を打開するために、1998 年に原告側とマルコス家、フィリピン政府とで示談をする案が挙がった。原告側がスイスの銀行にあるマルコス口座から

第 I 部　グローバル正義をめぐる新たなポリティクス

1億5000万ドルを受け取るのと引き換えに、マルコスの無実と、今後イメルダとその息子のフェルディナンド・R・マルコス・ジュニア（Ferdinand R. Marcos Jr.：以下、マルコス Jr.）はフィリピン国内で民事でも刑事でも責任が問われないという内容であった（Ela 2017: 495-497）。大金が手に入る可能性を前にして原告内の意見は分かれたが、反対が多数を占め、この案は不成立に終わった[16]。

　普遍主義に基づく第三国における人権侵害裁判は、1988年のピノチェト事件で注目されるようになったが、個人賠償が原告に認められた事例はそれほど多くない。ATS裁判としては、1789年から2021年の間に、アメリカ以外の95か国で起こった人権侵害を対象にした計220件の裁判があり、52件で原告に有利な判決が出され、25件が確定した。そのうち6件のみ実際に金銭的な賠償がなされている（TLB 2022）。マルコス人権侵害訴訟では、高額な賠償金を勝ち取る判決を得たものの、強制的に回収することができなかった。マルコスもその家族も罪を認めることはなく、賠償にも応じることはなかった[17]。

　しかし、自国での裁判の可能性がない原告たちにとって、自分たちの被害が国際法違反によるものであるとアメリカの司法で判断された意義は大きい。さらに、ATSに参加した被害者は、証拠開示や証言を通じて不正行為を明らかにし、自らの権利を公に主張することで主体性と尊厳を取り戻すことができた（Davidson 2020: 152-154）。フィリピンの事例では、以下で見るように、ATS裁判でマルコス戒厳令下での人権侵害の法的責任が認められたことが、フィリピン国内でも受容され、新たな補償制度を生み出すことにつながっていった。

5.　フィリピン国内での被害者補償

　ATS訴訟で賠償金獲得の可能性を見出した原告たちは、フィリピン国内でも補償を実現する活動を始めた[18]。2003年、スイスのマルコス秘密口座の預金が不正に蓄財された資産であるとフィリピン最高裁が認定すると、スイスからの預金返還によって補償の原資が調達可能になるとの期待が高まった。ただ、この時は補償実現のための法案は政治的な支持が得られず廃案と

26

なった（Davidson 2020 : 17）。

　2010 年、コラソンの息子のベニグノ・アキノ 3 世（Benigno S. Aquino Ⅲ）の大統領就任によって新法成立のための議会審議が再び動き出した。しかし審議は思いのほか長期に及んだ。特に議論が紛糾したのは、アメリカの ATS 判決をどこまで取り入れるかであった（Davidson 2020 : 172-173）。初期の法案では、補償金全体の 80％ を ATS 原告への賠償に充てることや、ATS 原告は「決定的推定（conclusive presumption）」として、再度の被害者認定が必要でないこと、さらに ATS 原告への賠償金の支払いが優先されることが盛り込まれるなど、新法は第一義的に ATS 原告への補償を実現することを目的として作成されていた。しかし、審議を経て、未だ名乗り上げていない被害者を広く補償対象とすること、またそのために ATS 原告への賠償金支払いを優先しないこと、ATS 原告に加え「英雄記念財団（Bantayog ng mga Bayani Foundation）」[19]が認定する殉教者も「決定的推定」被害者と認定することなどが合意された。ただし、被害の重さに応じて賠償額に差をつけるため、被害者補償法の下で設立される審査委員会が被害認定を行うこととなった（Davidson 2020 : 173）。

　2013 年の 27 回目の革命記念日に、ベニグノ・アキノ 3 世が、共和国法第 10368（Republic Act 10368）「マルコス政権下の人権侵害の犠牲者の補償と認定、当該侵害の記録化、そのための資金調達、その他の目的のための法（An Act for Reparation and Recognition of Victims of Human Rights Violations during the Marcos Regime, Documentation of Said Violations, Approaching Funds Therefore, and for Other Purposes：以下、人権侵害補償法）」に署名した。新法は、1972 年 9 月 21 日の戒厳令公布から 1986 年の 2 月 25 日のマルコス独裁終焉までの間に、マルコス政権によって殺害、拷問、強制的に失踪させられた被害者の勇敢さと犠牲を認め、被害者およびその家族の死や負傷、苦痛、喪失と損害に対し、国家がその被害を賠償する道徳的・法的義務があることを認めている（RA10368 2013 : Sec 2）。フィリピン国内では、マルコスやマルコス家の人権侵害の民事・刑事責任を問う裁判は行われなかったが、同法成立によって、責任の所在が明らかにされ、ATS 原告だけでなく広く国内の被害者の存在が認知された。マルコス政権崩壊か

第Ⅰ部　グローバル正義をめぐる新たなポリティクス

ら 27 年を経てようやく被害者が正義の一端を勝ち取ったといえるだろう[20]。
また、ATS 裁判では、拷問、強制失踪、超法規的殺害のみが損害賠償の対
象とされていたが、人権侵害補償法では不当な逮捕・拘束や望まない亡命な
ども対象に加わった。補償対象となる被害者が広がったほか、保健省や社会
福祉省、教育省など政府機関が連携して被害者やその家族に必要な非金銭的
なサービスが提供されるなど、補償内容も拡充された（RA10368　2013：　Sec
5）。

　人権侵害補償法の趣旨に従い、二つの委員会が設置された。一つ目は、人
権侵害被害者請求委員会（Human Rights Victims' Claims Board：以下、請
求委員会）である。請求委員会は申請者の申し立て内容の真偽を審査し、人
権侵害の深刻度に応じてポイントを付与することで賠償額を決定した。例え
ば、殺害や強制失踪は 10 ポイント、6 か月以上の不当な拘束は 5 ポイント
が付与された[21]。賠償金の原資の 2 億ドル（およそ 100 億ペソ）が認定者に
付与されたポイントの総数で割られ、1 ポイントは 17 万 6779 ペソ（およそ
3100 ドル）で計算された。もう一つの委員会が、人権侵害被害者記憶委員会
（Human Rights Victims' Memorial Commission：以下 MemCom）である。
MemCom は、マルコス政権下の人権侵害の被害者に敬意を表し、記念碑や
資料館などを設立し、被害者の証言や記録の保存・修復・周知を行い、教育
プログラムを制作することを任務としている。資料館はフィリピン大学の
キャンパス内に建設されることになっており、賠償金の利子がその予算とし
て充てられることとなった（RA10368 2013：Sec.27）。

　請求委員会は 2014 年 5 月から賠償請求申請の受付を開始した。想定を大
きく上回る 7 万 5749 人から申請があり、そのうち申請が認められたのは 1
万 1103 人と、認定率は 14％ であった（Garcia 2021：23）。これに請求委員
会が審査なしで人権侵害被害者と認定する 126 人を加えて、1 万 1229 人が
賠償金を受給することとなった。この認定率の低さにはいくつかの理由があ
る。まず請求委員会の予算と人員不足があった（Garcia 2021：23）。一日に
処理する案件に限界があり、請求委員会の決定に上訴しても再審査のための
十分な時間的猶予がなかった。また、より重要な点として、提出された供述
調書や証拠の不備が挙げられる。被害認定を受ける法的要件が厳しく、弁護

士に依頼する金銭的余裕がない申請者にとって、個人で供述書や証拠を準備するには高いハードルがあった。大半の申請者は貧しく、出生証明書や身分証明の提示すら難しいこともあった[22]。さらに、「決定的推定」とされたATSの原告の中にも賠償を認められない事案もあった（Davidson 2020: 176）。一方で、申請書の中には多くの虚偽があり、請求委員会は厳密に審査を行う必要に迫られた面もあるという（Bocar 2024）。

　しかし、約束された賠償金がフィリピン国家によって被害者個人に支払われた意義は大きい。マルコス戒厳令による人権侵害被害者たちは決して無力な被害者ではなく、アメリカとフィリピンで、国際法で認められている補償の権利を訴え、自らの力で勝ち取った。それゆえ、2022年のマルコスJr.の大統領当選で政治力を完全に回復したマルコス家の不処罰に対し、今後も責任追及が継続されることが考えられる。被害者補償法で設置が決まった資料館（The Freedom Memorial Museum）は、請求委員会に提出された供述調書や証拠を保管し、教育プログラムに活用するという（Crisanto 2024）。調書には人権侵害を行った人物の名前が明記されており、将来の刑事訴追の可能性は残されている[23]。PCGGが収集したマルコスの経済犯罪の証拠と請求委員会に提出された人権侵害の証拠は、歴史修正主義に対抗するだけでなく、ポスト・マルコスJr.の正義追求の材料となるかもしれない。

6. マルコス人権侵害補償のグローバル正義への含意

　権威主義体制の崩壊後や紛争後に実施される移行期正義は、それが導入される社会の多様な要請を反映するため、実に様々な形態で実施されてきた。今日グローバル正義として確立している移行期正義は、各国のグッド・プラクティスを人権や法の支配といった普遍的価値に一致する形で国際社会が受容してきたものである（クロス 2016）。

　上述のように、「移行期正義」という概念が登場する前に始まったフィリピンの移行期正義は、二つの意味で先駆的な取り組みであった。第一に、第三国の民事裁判の判決を受け入れ、国内でも人権侵害被害者補償を実施した点である。フィリピンでは、人権侵害にかかわりのあった軍部などの反発もあり、国内での刑事裁判が困難であったため、被害者らはアメリカのATS

裁判に訴えた。今日、普遍主義に基づく第三国での人権裁判の数は増加傾向にある[24]。加えて、刑事裁判よりも要件が緩い民事裁判に訴えることも戦略的な選択として推奨されるようになった（REDRESS 2020 : 9）。フィリピン政府がATS判決を受け入れ、人権侵害被害者に国内で個人補償を行ったことは、ガイドラインが求める「賠償のための有効な外国判決の執行」（UN 2005 : annex.para.17）とも捉えられ、国際法の法的義務を果たし、国際慣習法を強化する取り組みであった。

　第二に、元国家元首の不正蓄財の特定・凍結を行い、回収した資産を用いて個人賠償を行ったことである。これは、資金不足や公平性といった移行期社会の財政的・政治的な課題を克服する、革新的な取り組みであった（Carranza 2022 : 251）。フィリピン政府の要請によって、はじめてスイス政府が秘密口座の預金を凍結し、返還に向けたプロセスが構築された。フィリピンの事例がもたらした直接的な変化としては、1997年、スイス政府が資金返還のために課していた「国内刑事裁判での有罪判決」の要件を緩和したことがある。この方針は、2003年の国連腐敗防止条約にも明記され、ハイチやチュニジアなどの独裁者の資産凍結・回収への道が開かれることとなった（Carranza 2022 : 250）。さらに、腐敗防止の一環としてスイスや世界銀行に資産回復の専門機関が作られ、国家から横領された資産の特定・凍結・回収支援が行われるようになった[25]。

　しかし、ペルーやチリを除いて、回収された資産を用いて大規模人権侵害被害者に対して実際に個人賠償がなされた事例はほとんどない。法整備がなされ制度設計が完了しても、未だ実施に至っていない事例がほとんどである。例えば、イッセン・ハブレ（Hissen Habré）元チャド大統領に終身刑を下したセネガルに設置されたアフリカ特別法廷は、2017年に7396人を超える人権侵害被害者に対して820億CFAフラン（1億3000万ドル）の賠償金を裁定した。被害者は、AUトラスト・ファンドを通じて賠償金を受け取ることになっているが、資金不足のために機能していない。ハブレは在任中に33.2億CFAフランを不法に国庫から横領し、セネガル亡命中に不正蓄財を原資に投資で利益を得ていたとされる（Diab 2020 : 512）。トラスト・ファンドは「有罪者の所有財産を特定し回収」した資金を元に賠償金を支払うことがで

きるが、AU もチャドも、追跡・調査、その後の資金凍結・回収にかける膨大な資金と労力を持ち合わせていない（Diab 2020: 513）。

　このように、実際に不正蓄財を回収し、補償に充てることは未だ困難な状況であるが、移行期正義の国際規範化のプロセスを鑑みれば、不正蓄財を用いた補償の規範化・制度化が進んでいるとも考えられる。例えば、当該国家以外の個人や企業の犯罪責任者からの賠償金の拠出は、新しい規範となりつつある。「ビジネスと人権」の分野において、企業の被害者への補償責任が取り上げられるようになってきた（UN 2022）。さらに移行期正義の範疇を広く捉えれば、犯罪責任者の凍結された資産を活用し、「移行のない」権威主義体制の国外での人権侵害被害者補償や、未だ終結していない紛争の被害者への補償のあり方も模索されている。人権侵害や汚職に関与している個人や組織の資産を凍結するマグニツキー法が西側諸国で導入されるようになった他、ウクライナ侵攻に対する経済制裁として、ロシア政府やその関係者、オリガルヒ（新興財団）の西側にある資産が凍結されている。カナダやイギリス、アメリカは、制裁として凍結した資産を被害者補償や復興に活用する方針を打ち出した。他方で、EU は慎重な姿勢を見せているが、凍結資産の利子の活用には同意している（UN 2023）。グローバルサウスの移行期正義の試みが、グローバル正義として確立し、実践されつつある一例といえるだろう。

注

1）　例えば、サウジアラビア政府によるサウジアラビア人記者ジャマル・カショジ氏のトルコでの暗殺が挙げられる。

2）　権威主義体制や紛争から移行した 91 か国のうち 15 か国しか被害者への補償を行っていない（Olsen et al. 2010: 69）。

3）　例えば、コソボ紛争での性暴力被害者に対し、紛争後 20 年を経た 2018 年にはじめて毎月 230 ユーロの賠償金を支払うことが認められた（UNWOMEN 2018）。

4）　戒厳令は 1981 年に停止されたが、その後も戒厳令下と同様に人権侵害が継続したことから、1972 年の戒厳令公布からマルコスが失脚する 1986 年までを「戒厳令下」と本章では記す。

5）　原案が 1993 年に提出されてから複数の修正が施された。採択が遅れた背景には、加盟国の中に、植民地支配を含む過去の事案の被害者に対して賠償する責任を負わされることを懸念する国があったためとされる（Furuya 2021: 30-31）。

6）　例えば、東ティモールでは誰を正当な被害者とみなすのかをめぐって争いがあり、被

害者救済が遅れた（Cross 2021）。

7) その他、ペルー、チリでも旧体制の独裁者の不正蓄財が回収され、被害者補償に充てられた。ガンビアとチュニジアでは不正蓄財による被害者補償を明記した法律が制定されたが、未だ実行には至っていない（ICTJ 2023）。

8) 今日でいう移行期正義の手法であるが、アキノ政権の体制転換後の取組みについては長らく移行期正義の事例とは捉えられてこなかった。これには、移行期正義の概念がまだ当時は登場していなかったことと、移行期正義が不十分に終わったことがあるとされる（Destrooper 2023：374）。

9) 1986 年 3 月 21 日、Credit Suisse Bank からマルコスとその家族が 2 億 1300 万ドルを現金で引き出そうとしているとの情報があり、スイス政府が凍結命令をすでに出していた（Salonga 2000：49-50）。

10) 1978 年のイラン革命後、イラン政府によって亡命したシャー（皇帝）の隠し財産の凍結が求められたが、スイス政府は拒否している。

11) また当時スイスは第二次大戦中にナチスに協力したとの批判を受けており、人権に配慮がない態度をとることができないという事情もあった（Davidson 2020：168）。

12) イメルダは、ハワイ亡命以前に約 2 億ドルを横領した罪などで 2018 年にフィリピン特別法廷で、有罪判決を受けた。

13) 五つの個人訴訟と一つの集団訴訟であった。個人訴訟には、フィリピン共産党を設立し、その武装部門である新人民軍を指導したホセ・マリア・シソンの訴訟も含まれる（Davidson 2020：117）。本章では、集団訴訟を分析の対象とする。

14) パラグアイで警察によって拷問死させられた息子のパラグアイ国籍の両親が、アメリカに滞在していた首謀者の警察官を発見し、この者に対し損害賠償請求を起こした訴訟。

15) しかし、アメリカ最高裁判所は、2004 年の Sosa 事件において ATS の適用範囲を大幅に限定する判決を下し、2013 年の Kiobel 事件の最高裁判決によって、ATS のアメリカ域外適用が非常に困難になった（高杉 2016）。

16) この示談はフィリピンの特別裁判所が国外への送金を拒否したために、ハワイの地方裁判所で無効とされた。送金額の 1.5 億ドルのうち 35% がスイフトの報酬であったことも特別裁判所が送金を拒否した理由とされる（Davidson 2020：157）。

17) 2010 年になり、ようやくクローニーの隠し資産と押収されたマルコス所有の絵画コレクションの売却益から 1 億ドルの損害賠償の原資が確保され、3 回に分けて 1 人およそ 3000 ドルの賠償金が配布された（Garcia 2021：19）。裁判で賠償が認められたのは 9539 人であったが、賠償金が支払われたのは 7256 人であった（Davidson 2020：158）。

18) 1998 年、Claimants 1081 代表のエッタ・ロサレスはアクバヤン党（民主社会党）から下院議員に当選し、補償法案を提出したが、採択されなかった。また同様の法案が 2001 年に提出されたが、実現しなかった。

19) Bantayog ng mga Bayani はフィリピン語で「英雄の記念碑」を意味する。マルコス独裁政権に抵抗し命を落とした英雄を称える目的で設立された。財団は、マルコス独裁政権と独裁政権時代に死亡または失踪した個人で、その死が直接的または間接的に政権によって引き起こされた、または闘争に参加し、生き残ったがその後死亡した人々を、独自に調査し、殉教者/英雄として認定する。2023 年までに 326 名が登録されている。

Bantayog ng mga Bayani web サイト＜https：//bantayogngmgabayani.org/＞（2024 年8 月 19 日アクセス）

20）　被害者の 1 人は、賠償金の小切手を受け取り、政府への信頼がようやく感じられ、和解する気持ちになったと話した（Rodrigue 2024）。

21）　詳細については、MemCom の web サイトが詳しい。＜https：//hrvvmemcom.gov.ph/roll-of-victims/＞（2024 年 8 月 23 日アクセス）

22）　ATS 訴訟に参加せず、今回申請を行った多くの被害者は活動家ではなく、どの組織にも属していない市民であったという。その多くが武装組織の掃討作戦に巻き込まれた市民であった。それゆえ、被害者であることの証明が困難であった。弁護士を装い、被害者から多額の手数料を騙し取る詐欺も横行したという（Bocar 2024）。

23）　MemCom の事務局長は、マルコス Jr.政権が誕生したことで、供述調書などの資料が喪失することや予算が削減されることを懸念していた（Crisanto 2024）。

24）　普遍的管轄権を用いて国際人権・人道法違反の責任追及を行う民間団体が世界で様々な支援活動を行っている。例えば、イギリスの REDRESS やスイスの TRIAL が挙げられる。

25）　例えば、Basel Institute on Governance の The International Centre for Asset Recovery や、世界銀行の STAR（Stolen Asset Recovery Initiative）が挙げられる。

参考文献

アキノ、A. ベリンダ（1992）『略奪の政治——マルコス体制下のフィリピン』伊藤美名子訳、同文館。

クロス京子（2016）『移行期正義と和解——規範の多系的伝播・受容過程』有信堂高文社。

高杉直（2016）「国際不法行為訴訟によるグローバル・ガヴァナンス——米国の外国人不法行為法を素材として」『国際法外交雑誌』115（1）：1-19。

ワーフェル、デービッド（1992）『現代フィリピンの政治と社会——マルコス戒厳令体制を超えて』大野拓司訳、明石書店。

Aquino, Belinda A.（1995）"The Human Rights Debacle in the Philippines," in Naomi Roht-Arriaza ed., *Impunity and Human Rights in International Law and Practice*, Oxford University Press, 231-242.

Arthur, Paige（2009）"How 'Transitions' Reshaped Human Rights : A Conceptual History of Transitional Justice," *Human Rights Quarterly*, 31b : 321-367.

Carranza, Ruben（2022）"Transitional Justice, Corruption and Mutually Reinforcing Accountability : What the Global South Can Learn from the Philippines," in Leith A. Payne, Laura Bernal-Bermudez and Gabriel Pereira（eds.）, *Economic Actors and the Limits of Transitional Justice : Truth and Justice for Business Complicity in Human Rights Violations*, Oxford University Press, 236-264.

Cross, Kyoko（2021）"The Pursuit of Justice, Truth, and Peace : Reflections on Twenty Years of Imperfect Transitional Justice in Timor-Leste," *Asian Journal of Peacebuilding*, 9（1）: 139-162.

Davidson, Natalie R.（2017）"Alien Tort Statue Litigation and Transitional Justice : Bringing the Marcos back to the Philippines," *International Journal of Transitional Justice*, 11 :

33

第 I 部　グローバル正義をめぐる新たなポリティクス

257–275.

———（2020）*American Transitional Justice : Writing Cold War History in Human Rights Litigation*, Cambridge University Press.

Destrooper, Tine（2023）"Remembering Martial Law : An Eco-System of Truth Initiatives and the Emergence of Narrative Documentations in the Philippines," *The International Journal of Transitional Justice,* 17 : 370–387.

Diab, Nader Iskandar（2020）"Too Soon until It Got Too Late : Reparations a Reality for Hissène Habré Victims," in Garla Ferstman and Mariana Goetz（eds.）, *Reparations : For Victims of Genocide, War Crimes and Crimes against Humanity*, 505–526.

Ela, Nate（2017）"Litigation Dilemma : Lessons from the Marco Human Rights Class Action," *Law and Social Inquiry*, 42（2）: 479–508.

Furuya, Shuichi（2021）"The Right to Reparation for Victims of Armed Conflict : The Intertwined Development of Substantive and Procedural Aspects," in Christian Correa, Shuichi Furuya and Clara Sandoval（eds.）, *Reparation for Victims of Armed Conflict*, Cambridge University Press, 16–91.

Garcia, Robert Francis B.（2021）*Disrupting Cycles of Discontent : Transitional Justice and Prevention in the Philippines*, ICTJ.

ICTJ : International Center for Transitional Justice（2023）*Advancing Victims' Rights and Rebuilding Just Communities : Local Strategies for Achieving Reparation as a Part of Sustainable Development*, ICTJ.

Marxsen, Christian（2021）"Introduction ; The Emergent of an Individual Right to Reparation for Victims of Armed Conflict," in Christian Correa, Shuichi Furuya and Clara Sandoval（eds.）, *Reparation for Victims of Armed Conflict*, Cambridge University Press, 1–15.

McCoy, Alfred（2001）"Dark Legacy : Human Rights under Marcos Regime," in *Memory, Truth Telling and the Pursuit of Justice : A Conference on the Legacies of the Marcos Dictatorship*, Ateneo de Manila University, 129–144.

Olsen, D. Tricia, Leigh A. Payne and Andrew G. Reiter（2010）*Transitional Justice in Balance : Comparing Processes, Weighing Efficacy*, United States Institute of Peace Press.

Orentlicher, Diane（2005）*Report of the independent expert to update the Set of principles to combat impunity*, E/CN.4/2005/102/Add.1.

REDRESS（2020）Financial Accountability for Reparations of Torture and Other Serious Human Rights Abuse, Redress.

Salonga, Jovito R.（2000）*President Plunder : The Quest for the Marcos Ill-Gotten Wealth*, UP Center for Leadership, Citizenship and Democracy & Regina Publishing CO.

Sikkink, Kathryn（2011）*The Justice Cascade : How Human Rights Prosecutions Are Changing World Politics*, W W Norton & Co Inc.

Stan, Lavinia, and Nadya Nedelsky（2023）*Encyclopedia of Transitional Justice*, Second Edition, Cambridge University Press.

TLB : Transnational Litigation Blo（2022）"Has the Alien Tort Statute Made a Difference?" ＜https : //tlblog.org/has-the-alien-tort-statute-made-a-difference/＞（2024 年 8

34

月 14 日アクセス）

UN General Assembly（2005）*The Basic Principles and Guideline on the Rights to a Remedy and Reparations for Victims of Gross Violations of International Human Rights Law and Serious Violations of International Humanitarian Law*, A/RES/60/147.

UN General Assembly（2022）*Implementing the third pillar : lessons from transitional justice guidance by the Working Group*, A/HRC/50/40/Add.4.

UN General Assembly（2023）*Promotion of truth, justice, reparation and guarantees of non-recurrence*, A/78/181.

UNWOMEN（2018）"First applications in for long-awaited compensation for conflict-related sexual violence survivors in Kosovo." ＜https : //eca.unwomen.org/en/news/stories/2018/02/first-applications-in-for-compensation-for-conflict-related-sexual-violence-survivors-in-kosovo＞（2024 年 8 月 14 日アクセス）

＜インタビュー＞

Bocar, Byron（Former Commissioner of HRVCB）へのインタビュー、Taguig City、2024 年 1 月 24 日。

Crisanto, Victor A. Carmelo（Executive Director of HRVVM）へのインタビュー、Quezon City、2024 年 1 月 23 日。

Rodrigue, May（Executive Director of Bantayog ng mga Bayani）へのインタビュー、Quezon City、2024 年 1 月 23 日。

35

第2章
文化遺産の返還がグローバルな正義になるとき

ヨーロッパ諸国におけるミュージアムの脱植民地化

松浦雄介

1. 文化財返還問題とは何か

　文化財返還問題（以下「返還問題」）とは、単純化して言えば、ある文化財が最初に創られた国（以下「原産国」）と、現在それを所有する国（以下「所有国」）とのあいだで、当該の文化財の所有をめぐって争われる問題である。何らかの理由で当該文化財が原産国から所有国に移り、長い時間が経過した後に原産国がその返還を求め、所有国がそれを拒否するとき、「文化財は誰のものか」をめぐって紛争が生じる。

　グローバル正義という観点から見たとき、返還問題の特徴は、この問題をめぐる国際規範の形成過程にある。序章が論じるように、従来のグローバル正義をめぐる議論では、欧米先進諸国の主導によって形成されたグローバルな規範や制度が、歴史的・文化的文脈の異なる非西洋社会に適用されるときに生じる多様な反応や帰結に焦点が当てられてきた。返還問題の場合、1960年代以降、原産国の主張する正義と所有国の主張する正義とが競合してきたが、国連やユネスコなどの国際的な舞台で原産国側、とりわけアフリカやラテンアメリカの国々がこの問題を継続的に提起したため、原産国側の主張をもとに、違法に持ち出された文化遺産の返還を定める国際規範が確立されてきた。返還問題の国際規範について概観した河野は、第二次大戦後、とりわ

37

け 1960 年代以降、国連やユネスコにおいて原産国がたびたび返還問題を提起してきたことを示している（河野　1995）。また、この規範の中心的な構成要素である文化財不法輸出入等禁止条約（通称「1970 年ユネスコ条約」）について、その成立過程で原産国の積極的な働きかけがあったことを指摘する論稿もある（Nafziger 2013；加藤 2018a）。返還問題の場合、国際規範の形成にあたって非西洋の国々が重要な役割を果たしてきたのである。しかし、この規範にはさまざまな限界があり、具体的に問題を解決する力を十分に持っておらず、原産国と所有国双方の主張が平行線のままという状況は大きく変わることはなかった。ところが近年、フランスをはじめとする主な所有国で、植民地から持ち出された文化遺産（以下「植民地コレクション」）について返還の可否を判断するガイドラインがつくられ、それにもとづいて文化財が原産国に返還される例が見られるようになっており、従来の国際規範のあり方に小さくない変化が起きつつある。

　以上が、返還問題にかんする国際規範形成の大まかな歴史的経緯である。この経緯をより明確に理解するために、本章は次の三点を論じる。まず、返還問題にかんする原産国と所有国双方の主張について、この問題の基本枠組とされてきたメリーマンの議論を参照しつつ確認する。続いて、1960 年代の植民地独立を契機とし、国連やユネスコの内外で、原産国の積極的な問題提起によって返還問題が論じられ、国際規範が形成されてきたこと、しかしその規範は所有国の意向によって制限をかけられ、多くの限界をもつ弱い規範であることを示す。そして最後に、近年主な所有国であるヨーロッパ諸国で、植民地コレクションの返還に積極的に取り組む流れが拡がっていることに注目し、その要因の一つとして植民地主義をめぐる歴史認識の変化があること、そしてこの変化により原産国と所有国との考えが部分的に一致し、返還問題の規範はいくらか強くなり、文化遺産をめぐるグローバルな正義の実現に少し近づいたことを示す。

2.　返還問題における二つの正義

文化ナショナリズムと文化インターナショナリズム
　返還問題をめぐっては、何十年にもわたって原産国と所有国との主張がぶ

つかってきた。メリーマンが双方の主張を文化ナショナリズムと文化インターナショナリズムとして概念化して以来、この概念セットは返還問題を理解するための基本的な枠組みとされてきた（Merryman 1986；Prott 2005；Soirila 2021）。そこで最初にメリーマンの議論を確認することから始めることにしよう。

文化ナショナリズムとは、文化財はそれを創り出した原産国のアイデンティティと深く結びついた文化遺産だから、原産国から切り離すことができないという主張である。ある国のなかで過去から現在まで大切に継承されてきた（またはそうされるべきであった）ものであり、それゆえその国の人々が自らの文化的ルーツを知り、それをつうじて自らが何者であるかを知るよすがとなる。だからそれはその国そのものと切り離すことができず、他国への移転は制限されるし、不本意にも他国へ持ち出されたものは返還されるべきという主張が帰結する。1960年代以降、原産国は国連やユネスコなどの内外で返還問題を繰り返し提起するなかで、この主張を展開した。

他方の文化インターナショナリズムとは、文化財は、それが最初に創られた国や現在所有する国がどこであれ、人類の共有遺産であるというものである。この「人類の共有遺産」やそれに類する表現は、文化財保護をめぐる国際規範が確立されるなかで用いられるようになり、条約では1954年にハーグで採択された「武力紛争の際の文化財保護条約」（通称「1954年ハーグ条約」）の前文に初めて現れる。この主張からは、文化財を保存・管理するのはどの国であってもよく、もっとも適切に保存・管理することのできる国にあってこそ、文化財の価値は保護されるという判断が導かれる（Merryman 1986: 831-832）。

これらは、文化財のグローバルな分配的正義における二つの異なる立場ということができる。メリーマンは文化インターナショナリズムの優位性・正当性を主張し、その主な根拠として次の2点を挙げる。第一に、原産国には文化財を適切に保護する体制がない。ただ死蔵しているだけで、目録もなく、展示もせず、研究活用もされないことが多い。文化財を他国で保存・管理することを認めることで、より多くの人々の鑑賞や見学、研究に役立てることができる。第二に、文化財の合法的な売買を禁止すると、結果的に文化財の

闇市場での売買が増えてしまう。管理を厳しくすれば違法取引が増え、それへの対応として管理を厳格化する結果、さらに違法取引が増えるという悪循環が生じる。盗掘者（「ワッケーロ」）[1]が文化財を扱うと、文化財を壊したり、正確に記録を取らないため文化財にかんする重要な情報が不明のままになるリスクがある。それゆえ文化財をもっとも適切に保護する方法は、市場での取引に委ねることである。文化財の最良の所有者は誰かという問いの答えは、市場が出す。高い対価を払って文化財を購入する人は、その価値を、それゆえ適切な保存の重要性を理解する人と想定されるからである。メリーマンのいう文化インターナショナリズムは、国境を越えた自由な交換や取引が文化財の分配と所有の最適解を決めると信奉する点で文化市場主義ともいえる。

　2002 年、大英博物館の主導により、ルーブル美術館やボストン美術館、プラド美術館など欧米諸国にある 18 のミュージアムが「普遍的なミュージアムの重要性と価値にかんする宣言」を共同発表した。この宣言では、「ミュージアムは一つの国の市民だけのためにあるのではなく、あらゆる国の人々のためにある」と、人類の共有遺産としての文化財という視点から、原則として文化財を返還しないと宣言された。この宣言名に見られるように、欧米諸国のミュージアムはインターナショナリズムよりも普遍主義の語を好む。2010 年には、エジプトのカイロにペルー、チリ、ギリシャ、イタリア、インド、中国など 20 カ国以上の原産国が集まり、「文化遺産の保護と返還のための国際協力に関する会議」が開催された。これは、先述の宣言が鮮明にした欧米ミュージアムの返還拒否の姿勢に対抗するため、原産国間の連携協力の推進を目的として開かれた会議である。2002 年の共同宣言と 2010 年の国際会議により、原産国と所有国との対立構図があらためて鮮明になった。

「文化財」と「文化遺産」

　ここで、「文化財」（cultural property）と「文化遺産」（cultural heritage）という二つの言葉の意味の違いについて明確にしておこう。日本では、1950 年の文化財保護法制定以来、文化庁を中心に前者が使用され、1992 年にユネスコ世界遺産条約に加盟して以降、後者の使用頻度も増えてきた。ユネス

コや国連もまた、かねてよりどちらの語も用いているが、しだいに「文化財」よりも「文化遺産」のほうが多用されるようになっていると言われる（Prott & O'Keefe 1992）。ユネスコで採択された文化財・文化遺産関連の五つの国際条約（武力紛争の際の文化財保護条約（1954）、文化財不法輸出入等禁止条約（1970）、世界遺産条約（1972）、水中文化遺産保護条約（2001）、無形文化遺産条約（2003））を例に挙げると、条約名からも条文中の二つの語の使用頻度からも、世界遺産条約以降は「文化遺産」が中心的になっていることがわかる。

　二つの語の意味の違いを明確にするために、ユネスコにおいて「文化財」から「文化遺産」に比重が移る転換点にある文化財不法輸出入等禁止条約（以下「1970 年ユネスコ条約」）を取り上げ、条文中の用例を詳しく見てみよう。同条約第 2 条第 1 項には「文化財の不法な輸入、輸出及び所有権譲渡が当該文化財の原産国の文化遺産を貧困化させる」という文言がある。また、第 4 条には「次の種類の文化財が各国の文化遺産をなす」とある。これらの文言は、二つの言葉に違いがあると想定しないかぎり、意味不明な同語反復になるが、もちろん意味の違いがあるからこそ、このような表現がなされているのである。

　1970 年ユネスコ条約は、多額の利益を求めて盗掘される（当然ながら未指定の）文化財の売買を禁止することを目的として制定された条約である。それゆえ、条文中で「文化財」という語の前後には、「輸入」、「輸出」、「所有権移転」、「交換」、「持ち出し」、「移動」など、所有権の移転および所在地の移動に関係する語があわせて用いられている[2]。

　それにたいして、「文化遺産」という語の前後に頻出するのは「国」（「原産国」、「自国」、「各国」などを含む）である。第 2 条第 1 項の「文化財の不法な輸入、輸出及び所有権譲渡が当該文化財の原産国の文化遺産を貧困化させる」という文言は、その典型例である。文化遺産とは、ある国において、その文化的価値ゆえに過去から現在まで保存・継承されてきたものという含意がある。つまり、「文化財」が、文物をそれが創られた文化的文脈から切り離して取り扱うこと、そしてそれを移転や交換することが可能であるとの考えを含意するのにたいし、「文化遺産」は、文物が特定の文化のなかで、そ

の文化を共有する人々によって継承されてきた（または継承されるべきだった）経緯を重視し、文物と文化や人々とは切り離せず、それゆえ移転も交換も不可能であり、不当にも移転や交換がなされた場合には返還されるべきという考えを含意する。ユネスコや国連が「文化財」よりも「文化遺産」を多用するようになったことは、これら国際機関の文物にたいする考え方の変化の表れと見ることができる。

3. 文化財返還をめぐる国際規範の形成

1970 年ユネスコ条約

　文化財保護にかんする国際規範は、19 世紀後半以降に戦時国際法がつくられるにともない、その一環として形成されていったが、文化財返還にかんする国際規範をつくる動きが現れたのは第一次大戦後であり、当事国として想定されていたのは、多くの場合ヨーロッパ内の国々であった。第二次大戦後に設立された国連とユネスコで、ヨーロッパ外の国々を含むかたちで返還問題が本格的に論じられるようになったのは 1960 年代以降である。1960 年12 月、国連総会の決議「植民地および人民に対する独立付与に関する宣言」（通称「植民地独立付与宣言」）（A/RES/ 1514（XV））が、賛成 89、反対0、棄権 9 で採択された[3]。独立した国々は次々に国連やユネスコに加盟し、両機関の加盟国数が急速に増加するなかで、この問題について取り組む機運が高まり、1964 年の第 13 回ユネスコ総会では、「文化財の不法な輸出、輸入及び所有権移転の禁止及び防止する手段に関する勧告」が採択され、第 16回ユネスコ総会で「文化財の不法な輸入、輸出及び所有権移転を禁止し及び防止する手段に関する条約」（通称「1970 年ユネスコ条約」）として採択された。同条約は 1972 年にエクアドル、ブルガリア、ナイジェリアの 3 カ国で発効した（河野 1995：297-307；Efrat 2009 ：36；加藤 2018a：69-72）。

　条約制定の議論は原産国の積極的な働きかけによって始まったが、アメリカをはじめとする所有国の参加と協力を引き出すために大幅に譲歩をした結果、成立した条約は返還問題を解決するうえで多くの限界を抱えることになった。その最たるものが条約の不遡及である。この条約は関係国が批准等を行い、効力が発生した後に生じた問題にのみ適用され、それ以前の事例に

は適用されない。先述のとおり、アメリカを除く主な所有国が本条約を批准したのが 2000 年前後以降であり、アフリカ諸国が強く返還を要求する植民地コレクションは完全に対象外となる。

　また、本条約は締約国が文化財指定したもののみを対象とするため、未指定の文化財（たとえば盗掘によって新たに発見されたもの）は対象外となり、南米諸国が望んだ盗掘の防止を完全なものとすることはできない（Efrat 2009: 39; 加藤 2018a: 83）。1990 年から 93 年半ばまでに、国際刑事警察機構（INTERPOL）が受け付けた盗難美術品 250 件のうち、アフリカ諸国からの届け出は 1 件しかなかったが、これはアフリカで盗難が少ないからではなく、作品の登録が確実に行われていないので、届け出できないからである（河野 1995: 303）。

　さらに、本条約は「文化財の不法な輸入、輸出及び所有権譲渡が当該文化財の原産国の文化遺産を貧困化させる主要な原因の一つである」（第 2 条）という論理を明確に打ち出した。次節で見るように、この論理は 70 年代以降ユネスコや国連が原産国の主張に近いかたちで返還を規範化するさいの主要な論拠とされるものだが、1970 年ユネスコ条約は、原産国の文化遺産のみならず、所有国が外国から合法的に入手した文化財も、「各国の文化遺産」として保護の対象としている（第 4 条（c）〜（e））。この点からも、原産国が返還を要求する文化遺産の多くが条約の対象外となる。

　このように、1970 年ユネスコ条約には多くの限界がある[4]。メリーマンはこの条約が文化財の移転・交換に規制をかけたことをもって、ユネスコが文化インターナショナリズムから文化ナショナリズムに傾いたことの表れと評するが（Merryman 1986）、原産国はむしろこの条約に市場国・所有国の要求が大幅に入れられた結果、規制の範囲があまりに狭くなったことを問題視した。本条約作成におけるアメリカ代表団の一員であったポール・バトア（Paul M. Bator）は次のように述べている。「ユネスコ条約の条文は、アメリカがリーダーシップを発揮してユネスコの過半数を説得し、穏健かつ妥協的な立場を採用させた成果である。ソビエト圏諸国と多くの第三世界諸国の立場は、文化財の国際貿易を事実上すべて終了させるものであったが、それは拒否された」（cited in Efrat 2009: 37）。

43

第Ⅰ部　グローバル正義をめぐる新たなポリティクス

国連およびユネスコにおける返還問題の展開

　上述のとおり、1970年ユネスコ条約は種々の限界のため、原産国が返還を求める文化遺産の多くが条約の対象外となった。それゆえ条約制定後、原産国はこの限界を克服すべく、国連やユネスコの内外で、演説や決議、政府間委員会や専門家委員会、国際会議など多様な手段により問題解決を追求してゆく。

　1973年の第28回国連総会で、ザイールのモブツ（Mobutu Sese Seko）大統領が演説を行い、旧宗主国にアフリカの美術品の返還を求めた。

　　発展途上国、とくにかつての植民地諸国の主張のなかで、とりわけ重要な問題があります。これはわれわれの国の文化遺産にかんするものであります。植民地期のあいだ、われわれは植民地主義や奴隷制、経済的搾取に苦しんだだけではなく、とりわけ、われわれのあらゆる芸術作品の野蛮で体系的な略奪にも苦しみました。こうして豊かな国はわれわれの最良の、われわれの特別な芸術作品を盗み、それゆえわれわれは経済的のみならず、文化的にも貧しいのであります。

ここでは、1970年ユネスコ条約が提示した「文化財流出が原産国の貧困化をもたらした」という論理が、より激しい言葉で述べられている。この演説以降、ザイール代表は一貫して返還問題にかんする国連決議を主導した。

　モブツ大統領の演説を受けて国連総会に提出された決議「収奪の犠牲となった国への美術品の返還」（A/RES/3187（XXⅧ））は、文化財返還を正面から取り上げた初の決議である。決議名にある「返還」の原語は"restitution"である。返還問題の議論において、「返還」を表す語としてほかに"return"や"repatriation"なども用いられ、それらは単に「元の所在地や所有者への移動・移転」を意味するのにたいし、"restitution"には「不法行為によって生じた損害の賠償」や「元のあるべき状態の回復」といった含意がある。この語は、植民地コレクションの返還を問題にするときに、とりわけよく用いられる。そこには、返還により植民地主義下の不法行為を是正し、原産国が被った損害を回復するとの含意がある。

44

原産国は国連やユネスコに加盟した直後から、返還を訴えてきた。しかし、1960 年にコンゴ・ブラザヴィルがこの問題を取り上げたときに主張したのは文化財の「買い戻し」（redemption）であり、「返還」（restitution）ではなかった。それから 13 年後に採択された決議では、後者の語を用いて返還が要求されたのである。この決議は賛成 113、反対 0、棄権 17（西欧諸国、アメリカ、南アフリカ、日本）で採択された（河野 1995：324）。

1973 年の決議以降、文化財返還にかんする国連決議はほとんど恒例化し、70 年代は毎年、80〜90 年代は 2 年に 1 回、2003 年以降はほぼ 3 年に 1 回という頻度で決議が採択されている[5]。決議文はほとんど定型化しており、前回の決議文がほぼそのまま踏襲される。そのため、国連のこの問題への取り組みは形骸化しているように見えるが、決議として採択し続けることで、国連としての意志を最低限示し続けているとも言える。

1978 年の第 20 回ユネスコ総会では、セネガル出身のムボウ（Amadou-Mahtar M'Bow）事務局長が「かけがえのない文化遺産の創作者への返還のために」と題する演説を行った。

> 歴史の激動のなかで、多くの人民は、永続的なアイデンティティを体現する貴重な遺産の一部を奪われてしまいました。〔……〕ときに何百年にもわたって、この略奪の犠牲になった人民は、かけがえのない作品を奪われただけでなく、自分自身をより良く知り、他者が彼らをより良く理解してくれる助けとなったはずの記憶を奪われたのです。〔……〕芸術作品や文書記録を創作国へ返還することにより、人々は記憶とアイデンティティを取り戻すことができ、そして世界史をつくる諸文明間の長い対話が、諸国民が相互に敬意を払いながら続いていることを示すのです。（M'bow 1978）

翌 79 年以降、この演説は先述の国連による文化財返還にかんする決議で、ほぼ毎回言及されている。

原産国は、国連やユネスコ以外の場でもこの問題を追及してきた。その一例として非同盟諸国首脳会議が挙げられる。モブツ大統領が演説を行った

第Ⅰ部　グローバル正義をめぐる新たなポリティクス

1973 年国連総会の前月、アルジェ（Algiers）で開かれた第 4 回非同盟諸国
会議では、文化遺産を豊饒化させ、文化的アイデンティティを再確認する必
要性が強調された。この豊饒化は、文化財の自由な移動によってではなく、
元あった国への返還によって達成されるものとされている。1983 年には平
壌（Pyongyang）で第 1 回非同盟および発展途上国教育・文化大臣会議が開
催された。77 の国と 22 の国際機関が参加したこの会議で採択された宣言で
は、植民地期の文化財略奪についての非難が述べられた。

> 文化財を発展、保護、保存し、文化遺産のあらゆる側面を積極的に発展
> させることによって、国民文化のすぐれた伝統の尊厳と価値を高めるこ
> とが重要である。現在非同盟および他の発展途上国が国民文化の構築に
> 従事している時に、帝国主義者、植民地主義者、シオニストその他の外
> 国勢力によって略奪され又は持ち去られた文化財の原所有国への回復
> （restitution）を遅らせてはならない。（河野 1995：317-318 に引用）

　このように、1960 年代以降、文化財返還問題がユネスコや国連の内外で、
主に南米諸国とアフリカ諸国の積極的な働きかけにより、条約、決議、国際
会議、委員会などの手段をつうじて国際規範の形成が追求され、そしてそれ
らは第三世界／グローバルサウスを中心とする原産国の賛同・支持を得てき
た。ただし、1970 年ユネスコ条約の不遡及をはじめ、この国際規範には
種々の限界があり、具体的な問題を解決する力は限られている。「普遍的な
ミュージアムの重要性と価値に関する宣言」に見られるように、今日に至る
まで所有国は文化インターナショナリズム／文化普遍主義の名のもとに返還
要求を拒否する原則的立場を完全には変えていない。その意味で、この規範
は弱い規範である[6]。

4.　植民地コレクションの返還

　これまで見てきたとおり、今日なお原産国と所有国双方の主張に隔たりが
あるが、その一方で、ヨーロッパのミュージアムが植民地コレクションの返
還にむけて積極的に取り組む例が相次いでいる。もっとも象徴的な出来事は、

フランスのマクロン（Emmanuel Macron）大統領が 2017 年に行った演説である。同年 11 月、第 5 回 AU-EU サミットへの参加のためにアフリカを訪れたマクロンは、ブルキナファソのワガドゥグ大学で演説を行った。これまでのフランスとアフリカの関係について反省的に振り返り、今後の両者のあるべき対等な関係や両者が協力して取り組む課題を論じた演説の終わり近くで、マクロンは突如としてフランスにあるアフリカ文化遺産の返還を宣言した。

> アフリカ諸国の文化遺産の大部分がフランスにあるというのは、私には受け入れられません。これには歴史的説明があるでしょうが、妥当で永続的、かつ無条件なかたちで正当化できるものではありません。アフリカの遺産は個人のコレクションやヨーロッパのミュージアムにのみあるわけにはいきません。アフリカの遺産はパリと同様、ダカールやラゴス、コトヌーでも展示されるべきです。それが私の優先事項の一つです。私は今後 5 年間で、アフリカ文化財をアフリカに、一時的または恒久的に返還するための条件を整えたいと思います[7]。

後日、大統領はセネガル人思想家フェルウィン・サール（Felwin Sarr）とフランス人美術史家ベネディクト・サヴォワ（Benedicte Savoy）に、返還問題の歴史的背景と返還原則にかんする報告書作成を依頼し、翌 18 年サールとサヴォワは「アフリカの文化遺産返還に関する報告——新たな関係倫理に向けて」（以下「サール・サヴォワ報告書」）を作成し、大統領に提出した。この演説と報告書にもとづき、2020 年 10 月に法律が国会で制定され、翌 21 年パリのケ・ブランリ美術館に所蔵されていたベナンの文化財 26 点とセネガルの文化財 1 点が両国に返還された。

　返還された文化財が過去に原産国を離れ、そして今日原産国に戻るに至った経緯について、ここでは紙幅の都合上、ベナンの文化財に限定して簡潔に述べることにする。1892 年から 94 年まで、アルフレッド・ドッズ（Alfred Amédée Dodds）大佐率いるフランス軍は、現ベナンにあったダホメ王国に侵攻し、アボメイ（Abomey）の王宮にあった品々を略奪した。ドッズはフ

ランス帰国後、それらをパリのトロカデロ民族学博物館（1937年パリ万博を機に人類博物館に改編）に寄贈した。2000年代にケ・ブランリ美術館の開館にともない、人類博物館所蔵の民族学的資料の多くがケ・ブランリに移管されることになり、26点の文化財も同館所蔵となった（Beaujean 2019）。返還されたのは、歴代の王を象徴する半獣半人の彫像や、彫刻を施された王宮の門、玉座、笏、祭壇など、王宮を飾り、王の威光や権威を高める象徴的・儀礼的なものや軍服、装飾品などである（Beaujean 2019）。

　ベナンが最初にフランス政府にたいして一連の文化財の返還要求を行ったのは、同国のタロン（Patrice Talon）大統領が就任して間もない2016年7月である。タロンが返還問題に積極的な理由は、軍事侵攻によって破壊されたベナン国民のアイデンティティ（大統領が演説でたびたび使う表現では「われわれの魂」）を取り戻したいという大義と並んで、文化財をベナンの社会経済的発展、具体的には観光産業に資する資源として活用したいという意図があるからである。この意図が率直に語られたのが、2018年5月にユネスコが開催した国際会議「文化財の流通と文化遺産の共有」である。この会議の目的は、マクロン大統領がワガドゥグでアフリカ文化財の返還を公言したことを受けて、諸文化間の協力や交流をつうじた平和の実現という、創設以来ユネスコが追求してきた理念について、今後のあるべき方向性を議論することだった。文化インターナショナリズムと文化ナショナリズムとのバランスを取ることを常に求められるユネスコとしては、返還を各国による自文化の囲い込みや、文化財の所有権をめぐる国家間の争いの激化にではなく、逆に諸文化間の協力や交流の促進につなげるために必要な課題について検討する必要があった。そこでこの会議では、原産国と所有国双方の大臣（文化大臣や観光大臣、外務大臣など）や研究者、専門家などが集まり、文化財の流通と文化遺産の共有（この会議のタイトル自体が、文化インターナショナリズムと文化ナショナリズムのあいだに立つユネスコの立場を示唆している）について、それぞれの立場から意見を表明し、対話を行った。会議に来賓として招かれたタロン大統領は、スピーチの中で、流通や共有といった理念について、自国の立場から次のように語っている。「文化財の返還、共有、流通は、ベナンにとって、貧困と闘う手段であり、雇用や富を生み出す要因であり、社会や

経済の発展の道具でもあります。開発援助や開発協力に役立つという目的に資するもの全てです」。さらに、先述した 1973 年の国連決議（「収奪の犠牲となった国への美術品の返還」）や 1978 年のムボウ・ユネスコ事務局長の演説に言及しながら、返還の必要性や原産国が所有する妥当性を論じたあとで、あらためて「私たち発展を目指す国々にとって、それ〔文化財の返還や流通、文化遺産の共有：引用者注〕は、率直で誠実かつ効果的な開発援助の手段である」と述べている[8]。つまりベナンの立場としては、あくまで文化財にたいする自国の所有権を前提とし、自国の社会的・経済的・文化的発展に寄与するかたちで流通や共有を推進することが重要なのである。たとえば文化財が返還されてベナンのミュージアムに保管・展示され、観光・文化産業が活性化し、文化財を見学する外国人観光客が増え、同国の経済が潤うことが、ベナンにとって正しい文化財の流通や共有である。同国では、タロン大統領のもと観光産業を発展させるためにさまざまなミュージアムや観光名所、リゾート施設の建設や既存施設の修復が進められている。たとえば、かつて奴隷貿易の拠点として幾多の奴隷を送り出した海辺の町ウィダー（Ouidah）（タロン大統領の出生地でもある）は、とりわけ大統領が観光開発に力を入れている地域であり、筆者が現地調査を行った 2023 年 6 月時点で、かつてのポルトガルの城塞（この地における奴隷貿易商人の多くはポルトガル人だった）であった歴史博物館は修復工事中であり、さらに海岸沿いには中国資本による観光リゾート施設が建設中である。また、アボメイの王宮（1985 年ユネスコ世界遺産登録）の敷地横に、近い将来、フランスの資金援助によって新しいミュージアムが建てられ、返還された文化財はこのミュージアムで保管・展示される予定である。このように、今日のベナンにとって文化財は、ベナン人の魂やアイデンティティであると同時に自国の社会経済的発展の道具でもある。一見相反するように見えるこれら文化財の二面性は、ベナンにおいて矛盾することなく共存している。

　2016 年にベナン政府がフランス政府に返還を要求した際には、国有財産の譲渡を禁ずるフランス国内法の規定を理由に拒否されたが、翌 17 年、先述のマクロン演説により方針が転換され、返還への道が開かれた。2021 年 11 月のベナンへの返還後、ベナン大統領官邸内の庭園で返還を祝う公式セレモ

ニーが開催された。その後 2022 年 2 月から 5 月まで、官邸敷地内で開催された展覧会「過去と現在のベナン芸術」において、返還文化財がベナン人現代アーティストの作品と併せて展示された。マスメディアや facebook などで盛んに報道されたこともあり、一連の返還過程は大きな反響を呼び、多くの人々が見学に訪れた[9]。

　この出来事は、フランスとベナンの二国間での出来事にとどまらず、双方の周辺諸国にも影響が波及した。アフリカ側では、ベナンの成功体験に刺激され、西アフリカ諸国経済共同体（Communauté économique des États de l'Afrique de l'Ouest：CEDEAO）が、メンバー国の連携・協力を促進するために、文化財返還を 2019 年度から 23 年度の地域行動計画の主要なテーマに位置づけた。

　ヨーロッパ側では、フランス以外の主な所有国でも、公的機関によって植民地コレクションの返還について体系的な取り組みがなされた。以前から、所有国が原産国に文化財を返還する例は稀に見られたが、それらは二国間の個別の事情に応じてなされる例外的なものだった。一国（しかも世界中の文化財を所有する大ミュージアムを文化大国の証として自負する国）の大統領が、公式の場で返還を宣言したことのインパクトは大きく、このマクロン宣言とサール・サヴォワ報告書が「ゲーム・チェンジャー」(European Parliament 2021) となり、他の主な所有国でも政府や議会が何らかのかたちで関与して植民地コレクション返還の公式ガイドラインが作成された。ドイツでは、2018 年にドイツ博物館協会が返還原則の明確化のため二つのガイドライン「植民地に関連するコレクションの取扱いの枠組原則」と「植民地に関連するコレクションのケア」を作成し、翌 19 年には改訂版が各州の文化大臣によって合意された。オランダでは、2020 年に政府の依頼を受けてオランダ文化評議会が報告書「植民地コレクションと不正義の承認」を発表し、翌 21 年、政府は報告書のほとんどの提案を採用した[10]。ベルギーでは、2021 年に博物館関係者や文化遺産保存の専門家、研究者などのグループが報告書「ベルギーにおける植民地コレクションの管理と返還のための倫理原則」を発表し、翌 22 年 7 月に国会で「ベルギー国の植民地期の過去に関連する物品の譲渡可能性を承認し、回復（restitution）と返還（return）のための法的枠組み

を決定する」法律が採択された。イギリスでは、2022年8月に文化・メディア・スポーツ省の独立行政法人アーツ・カウンシル・イングランドが「返還（restitution）と帰還（repatriation）——イングランドの博物館のための実用ガイド」を発表した。上述の国々の場合と異なり、イギリスのガイドラインは返還問題の歴史的背景としての植民地主義については何も論じておらず、文字通り実用的ガイドラインに徹したものであるが、公的性格が強い点は共通している。

　このように、マクロン宣言以降、ヨーロッパの主な所有国のあいだで、植民地コレクション返還の公式ガイドラインが作成され、それをもとに返還に取り組む傾向が広がっている。この背景には何があるのだろうか？　フランスにかんしていえば、同国がベナンさらには西アフリカにおいて持つ政治的・経済的・軍事的などの利害が背景的要因としてあったのはたしかである。他の所有国にもそのような個別事情がそれぞれあった可能性は考えられる。しかし、所有国と原産国の二国間で利害が一致して返還が実現することは、従来から散見されたことである。今回の出来事の新しさは、所有国側が返還の公式ガイドラインを定め、今後は返還の是非について、個別の利害関係にもとづいた判断ではなくガイドラインにもとづいた判断をすることになった点、そしてフランスの決定が周辺の所有国に連鎖反応を引き起こし、返還問題の国際的規範に少なからぬ変化をもたらした点にある。これら一連の事態が生じた要因として、冷戦後の所有国＝旧宗主国における植民地主義の認識をめぐる変化がある。

　2001年に国連の主催により南アフリカのダーバンで国際会議「人種主義に反対する世界会議」が開催された。同会議で採択されたダーバン宣言の行動プログラム第158条では、奴隷制や植民地主義が人道に反する罪であり、それらが現代の発展途上国における貧困や低開発、不平等などの原因となっているとの認識が示された。そしてそのような問題を解決するために取り組むべき課題の一つとして、「美術作品、歴史的文物を、二国間協定または国際文書にもとづいて原産国に返還すること」が挙げられている。

　2007年には国連総会で「先住民族の権利に関する国際連合宣言」（通称「先住民族権利宣言」）が採択された。同宣言第11条および第12条では、不

第Ⅰ部　グローバル正義をめぐる新たなポリティクス

当に獲得された先住民族の文化的・知的・宗教的・精神的財産にたいして、国家が返還等の対策に関与すべきとうたわれている。この財産には遺骨が含まれていたことから、先住民族による遺骨返還運動の根拠となり、いくつかの国で遺骨返還が進むことになった。

　このように、冷戦後、植民地主義や先住民の抑圧などが歴史的不正義であり、その負のレガシーとして今日の貧困や不平等があるとの認識が、国連を中心として広まってきた。それと呼応するように、イギリスやオランダ、ドイツやイタリアなどの旧宗主国が、それぞれ自国の植民地支配またはそのなかで生じた虐殺などについて謝罪と賠償を行う事例が見られるようになった（永原編 2009；Stahn 2020）。この文脈のなかで、文化遺産返還が植民地主義の負のレガシーを清算する行為の一環として認識されるようになってきたのである。

　アカデミズムにおいても、植民地コレクションの返還について活発に論じられるようになっている。その際、しばしば正義、とりわけ移行期正義や修復的正義などの概念が適用される（Joy 2020；Stahn 2020；McAuliffe 2021；Visconti 2022；Chechi 2023）。これらの正義概念が重宝されるのは、返還問題がグローバルノースとグローバルサウスのさまざまな国のあいだで頻発するようになり、国家間の個別交渉を制御するグローバルな枠組みの必要性が高まっているものの、先述のように所有国と原産国との原則的立場の隔たりが既存の国際条約等では容易には埋められない状況で、これらの概念が問題解決の別のアプローチとして期待されているからである。マッコーリフは、「返還が移行期正義のメカニズムであるという明白な事実を超えて、この分野〔移行期正義：引用者注〕は、グローバルノースにおける返還への集団的責任を支えるために、アイデンティティと脱植民地化をめぐるより広範な議論の中にこれらの問題〔返還にかんする具体的な諸問題：引用者注〕を位置づける診断ツールを提供している」と述べている（McAuliffe 2021： 687）。スターンもまた、関係諸国の立場の違いにより返還問題の厳密な法的解決が困難ななか、代わりとなるプロセスをつうじて返還問題の規範に変化が生じていると述べ、そのプロセスの一例として移行期正義を挙げている（Stahn 2020： 827）。

52

このように、移行期正義や修復的正義の概念が植民地主義の問題を扱う際の枠組みとされるわけだが、問題の性質の違いに応じて議論も従来と異なる面がある。たとえば従来の移行期正義が、アパルトヘイトや旧ユーゴ戦争など比較的近い過去に起こった暴力を対象とし、加害者や被害者がまだ存命の場合が少なくないのにたいし、植民地主義の場合、加害者や被害者がすでに生きていない場合や、あるいは法制度や政治体制による構造的差別のように、そもそも特定の個人に帰責できない不正義もある。それゆえ移行期正義の概念を植民地主義の問題に適用するとき、特定の個人（加害者／被害者）よりも、植民地主義の負のレガシーとして残存する現代の構造的な問題に照準をあて、その解決や是正に主眼が置かれる（Stahn 2020）。たとえば人種差別や不平等、貧困などは、植民地主義の歴史に直接的または間接的に起因しており、その負のレガシーである。それゆえ植民地主義の歴史と向き合うことは、過去の問題ではなく現在の問題に対処することである。文化遺産の返還も、このような文脈で捉えられる。アフリカの文化遺産全体のうち 90〜95% がアフリカ大陸の外にあると推測され、その大部分はヨーロッパのミュージアムにある（Sarr & Savoy 2018：9）。この偏在は、植民地独立以後も残り続ける植民地主義の負のレガシーにほかならない。植民地コレクションを返還することは、負のレガシーを清算し、ミュージアムを脱植民地化することであり、それをつうじて旧宗主国と旧植民地との関係を修復することである（Sarr & Savoy 2018：34；Stahn 2020；Chechi 2023）。

　ヨーロッパにおけるこれら一連の変化は、返還問題が新しい局面に入ったことを示しているのだろうか？　アフリカの文化遺産の大部分がヨーロッパのミュージアムにあるという状況は、未だ大きくは変わっていない。フランスのケ・ブランリ美術館にはアフリカの文化遺産が約 7 万 2000 点あるとされるが、マクロン大統領のワガドゥグ演説から 7 年が経過している本章執筆時点で、実際に返還されたのは先述の 27 点と、その他数点のみである。マクロン宣言の大胆さと実際に返還されたものの少なさとの落差は、フランスの建前と本音の違いと見えなくもないが、返還の実現には時間がかかるのもたしかである。サール・サヴォワ報告書をはじめ、各国で作成されたガイドラインに共通するのは、略奪など違法な、あるいは倫理的に正当化し難い手

段で移転されたことが明確なものについては原産国に返還するという基準である。しかし、すべての文化財について原産国から所有国のミュージアムに移る経緯の正確な記録があるわけではなく、経緯の詳細がわからないものも少なくない。それゆえ作品の来歴調査が重要となるが、この調査は多くの時間的・金銭的コストを要する。この来歴調査の実例として、ケ・ブランリ美術館が 2025 年に予定している「ダカール－ジブチ調査団」についての企画展が挙げられる。この調査団は 1931 年から 33 年にかけて、フランス国家から資金援助を受け、民族学者マルセル・グリオール（Marcel Griaule）を団長として、セネガルのダカールからジブチまでアフリカ大陸を横断しながら各地で民族学的調査を行った。調査団は調査の過程で幾多の文化財を収集したが、その収集方法は時に問題のあるものだったとされ、同調査団メンバーだった民族学者ミシェル・レリス（Michel Leiris）が『幻想のアフリカ』（1934）で批判的に記している。同館では、セネガルやマリ、チャド、カメルーン、ジブチの国立博物館などの専門家をフランス文化省の助成金で招へいし、連携・協力しながら一連の文化財の来歴について調査を行っており、その成果が 2025 年の企画展で公表される予定である[11]。後述するように、フランスにとってアフリカ文化財を返還することは、普遍主義の否定ではなく、普遍主義をフランスまたはヨーロッパの外部に開き、文化の協力・交流を進めることだが、アフリカのミュージアムの専門家と連携しながら実施される来歴調査は、その具体的な一例と見ることができるだろう。

　もちろん、調査によって来歴を十分に明らかにできず、返還の是非を即断しにくい場合が少なからずあること、それゆえ今後も返還をめぐる検討作業は長い時間がかかることが予想される。それでもなお、この変化の意義は小さくない。先述のとおり、従来の返還問題の国際規範は、原産国と所有国とがそれぞれ異なる正義を主張する状況を大きくは変えないままであったが、植民地コレクションについては両者の考えがある程度一致し、問題解決にむけて前進したからである。この変化は、所有国が原産国の文化ナショナリズムを受け入れたことを意味しない。ヨーロッパ諸国は、インターナショナリズムまたは普遍主義の理念を捨ててはいないからである。たとえばマクロン大統領は、2021 年 10 月にケ・ブランリ美術館で行われたベナンへの 26 点

の文化遺産返還を記念する式典で、文化遺産を返還された国がそれを国有化することは「狂気の沙汰」であり、返還はフランスとベナン両国間の協力や作品や人材の循環をつうじて、誰でも普遍主義にアクセスできるようにするためのものであると述べた[12]。つまり返還は、文化遺産の所有国から原産国への一方向の移動で完結するものではなく、協力や循環、共有といった双方向（さらには多方向）の移動へと発展させることをつうじて、西洋中心主義的な傾向の強かった普遍主義またはインターナショナリズムを、その名にふさわしいものとなるよう、西洋の外部に開くことなのである。

　本章で論じることのできなかった論点は多い。残された課題のうち、ここでは２点挙げておきたい。近年植民地コレクションの返還が急速に進んだ要因として、本章では所有国の植民地主義をめぐる歴史認識の変化に焦点をあてたが、それがすべてではない。少なくともフランスの場合、返還は同国のアフリカにかんする政治的・経済的・軍事的な利害計算をふまえた戦略的判断という側面もあった。返還問題において、正義と利益とはどのように関係するのだろうか。また、ヨーロッパの所有国にとって植民地コレクションの返還は文化ナショナリズムへの転向を意味するわけではなく、循環や交流、共有をつうじて、より開かれた文化インターナショナリズム／文化普遍主義を実現するものとされるが、所有国と原産国とのあいだに大きな格差がなお存在している状況において、それはどのように具現化されるのだろうか。

　これらの課題については、別の機会にあらためて論じることにしたい。原産国と所有国との原則的立場の隔たりのため、さまざまな限界を抱えた返還問題の国際規範が、植民地コレクションについて両者の考えが部分的にせよ一致したことにより、いくらかその限界を克服し、文化遺産をめぐるグローバルな正義の実現に少し近づいたことを確認し、本章を結ぶことにしたい。

注

1) 「ワッケーロ」（huaquero）とは、南米のインカ文明などの遺跡を盗掘し、入手した貴金属や装飾品などを闇市場で密売する盗掘者のことである。後述するように、1960年代にメキシコやペルーが文化財返還問題を国連で提起した背景の一つには、ワッケーロによる盗掘・密売品が欧米諸国で売買される状況があった。メリーマンが文化財の合法的売買の必要性を主張するのも、ワッケーロが絡んだ闇市場の存在を念頭に置いてのこ

第Ⅰ部　グローバル正義をめぐる新たなポリティクス

とである。

2）　1970 年ユネスコ条約の全文については外務省公式ウェブサイトを参照。https：//www.mofa.go.jp/mofaj/gaiko/treaty/treaty_020414.html（2024 年 10 月 20 日最終確認）

3）　棄権したのはアメリカ、イギリス、フランス、ベルギー、ポルトガル、スペイン、南アフリカ、オーストラリア、ドミニカ共和国である。

4）　1970 年ユネスコ条約の他の限界として、国家間の対応しか想定されていないため、私人間（たとえば原産者の遺族とコレクター）の返還問題が対象外となる点が挙げられる。この点を補うことを目的の一つとして、1995 年に私法統一国際協会で「盗取された又は不法に輸出された文化財に関するユニドロワ条約」（1995 年ユニドロワ条約）が締結された（加藤　2018b）。しかし、所有国はこの条約への参加に慎重で、本章執筆時点でフランスとオランダが署名のみして批准せず、日本を含めそれ以外の主な所有国は署名もしていない。

5）　所有国に文化財の返還を求める国連決議が採択された年は以下のとおりである。1973（二つ）、1975、1976、1977、1978、1979、1980、1981、1983、1985、1987、1989、1991、1993、1995、1997、1999、2001、2003（二つ）、2006、2009、2012、2015（三つ）、2017 年。

6）　返還問題の国際規範が弱いということは、それらがまったく無意味で無力だということではない。この規範が近年起こった武力紛争に由来する返還問題の解決に寄与した事例は少なからずある。弱い規範であるとは、返還問題の多くの部分を占める条約制定以前に発生した問題を解決する力が限られているという意味である。

7）　Élysée, "Discours d'Emmanuel Macron à l'université de Ouagadougou", https：//www.elysee.fr/emmanuel-macron/2017/11/28/discours-demmanuel-macron-a-luniversite-de-ouagadougou.（2024 年 10 月 20 日最終確認）

8）　Présidence de la république de Bénin , "Allocution du Président de la République à la Conférence Internationale sur la circulation des biens culturels et le patrimoine partagé", https：//presidence.bj/actualite/discours- interviews/100/Projet-dallocution-du-President-de-la-Republique-du-Benin-a-loccasion-de-la-Conference-Internationale.（2024 年 10 月 20 日最終確認）

9）　アルジャジーラ・フランス語放送によれば、2022 年 2 月から 5 月までの 3 ヵ月で 18.6 万人が見学に訪れた。https：//www.youtube.com/watch?v=KZ90anH9pec.（2024 年 10 月 20 日最終確認）

10）　フランスやドイツ、ベルギーなどで返還検討の対象とされる植民地コレクションが、ほとんどアフリカのものであるのにたいし、オランダの場合アジアの文化遺産が含まれる。2023 年 7 月にオランダ政府は、植民地期にオランダ軍が略奪したインドネシアの文化遺産 472 点とスリランカの文化遺産 6 点を、両国に返還することを公表した。

11）　2023 年 8 月に筆者が行った同館学芸員 G・ボージャン氏へのインタヴューによる。同館 HP も参照。https：//www.quaibranly.fr/fr/collections/provenances/mission-dakar-djibouti-1931-1933.（2024 年 10 月 20 日最終確認）。

12）　Élysée, "Discours du Président de la République à l'occasion de la restitution de 26 œuvres des trésors royaux d'Abomey à la République du Bénin". https：//www.elysee.fr/front/pdf/elysee-module-18701-fr.pdf.（2024 年 10 月 20 日最終確認）

参考文献

加藤紫帆（2018a）「国境を越えた文化財の不正取引に対する抵触法的対応（2）——グローバル・ガバナンスのための抵触法を目指して」『法政論集』278：57-86。

―――（2018b）「国境を越えた文化財の不正取引に対する抵触法的対応（3）——グローバル・ガバナンスのための抵触法を目指して」『法政論集』280：173-202。

河野靖（1995）『文化遺産の保存と国際協力』風響社。

永原陽子編（2009）『「植民地責任」論——脱植民地化の比較史』青木書店。

Beaujean, Gaëlle（2019）*L'art de cour d'Abomey : Le sens des objets*, Les presses du reél.

Chechi, Alessandro（2023）"The return of cultural objects displaced during colonialism. What role for restorative justice, transitional justice and alternative dispute resolution ?," *The International Journal of Restorative Justice*, 6（1）：95-118.

ICOM.（2004）Declaration on the importance and value of universal museums. *ICOM News*, 1： 4. ＜https：//archive.org/details/cmapr4492＞（2024年10月20日最終確認）

Efrat, Asif（2009）"Protecting against Plunder : The United States and the International Efforts against Looting of Antiquities," *Cornell Law Faculty Working Papers*,47： 1-87.

European Parliament（2021）"Colonial-era cultural heritage in European museums," *At a Glance*.＜https：//www.europarl.europa.eu/thinktank/en/document/EPRS_ATA（2021）696188＞（2024年10月20日最終確認）

Joy, Charlotte（2020）*Heritage Justice*, Cambridge University Press.

M'bow, Amadou-Mahtar（1978）"A Plea for the Return of Irreplaceable Cultural Heritage to Those Who Created It," *UNESCO Courrier*, XXXI, 7, 4-5.

McAuliffe, Padraig（2021）"Complicity or Decolonization? Restitution of Heritage from 'Global' Ethnographic Museums," *International Journal of Transitional Justice*,15（3）： 678-689.

Merryman, John H.（1986）"Two Ways of Thinking about Cultural Property," *American Journal of International Law*, 80： 831-853.

Nafziger, James A. R.（2013）"The 1970 UNESCO Convention : Insights, Circumspections, and Outlooks," in Jorge A. Sánchez Cordero（ed.）, *La Convención de la UNESCO de 1970 : Sus Nuevos Desafíos*, Universidad Nacional Autónoma de México, 211-228.

Prott, Lyndel V.（2005）"The International Movement of Cultural Objects," *International Journal of Cultural Property*, 12（2）：225-248.

Prott, Lyndel V. & Patrick J. O'Keefe（1992）"'Cultural Heritage' or 'Cultural Property'?," *International Journal of Cultural Property*, 1（2）： 307-320.

Sarr, Felwin & Benedicte Savoy（2018）"Rapport sur la restitution du patrimoine culturel africain : Vers une nouvelle ethique relationnelle," ＜https：//www.vie-publique.fr/files/rapport/pdf/194000291.pdf＞（2024年10月20日最終確認）

Soirila,Pauno（2021）"Indeterminacy in the cultural property restitution debate," *International Journal of Cultural Policy*, 28（1）： 1-16.

Stahn,Carsten（2020）"Reckoning with colonial injustice : International law as culprit and as remedy?," *Leiden Journal of International Law*, 33（4）： 823-835.

第Ⅰ部　グローバル正義をめぐる新たなポリティクス

United Nations（2002）"World Conference against Racism, Racial Discrimination, Xenopho-
　　bia and Related Intolerance Declaration and Programme of Action,"＜https：//www.
　　un.org/en/conferences/racism/durban2001＞（2024 年 10 月 20 日最終確認）
United Nations（2007）"Declaration on the Rights of Indigenous Peoples,"＜https：//
　　www. un. org / development / desa / indigenouspeoples / declaration-on-％20 the-rights-of-
　　indigenous-peoples.html＞（2024 年 10 月 20 日最終確認）
Visconti, Arianna（2022）"Restitution and return of cultural property between negotiation
　　and restorative justice： time to bridge the river", *The International Journal of Restora-
　　tive Justice*, 5： 1-24.

第3章
地域化する移行期正義とアフリカ連合の戦略性

EU との相違と南スーダンの現況から考えるアフリカ連合移行期正義政策

藤井広重

1. アフリカ連合による移行期正義への関与——アフリカを主体化して考える

　アフリカ連合（African Union：AU）は 2019 年 2 月にアフリカ連合移行期正義政策（AU Transitional Justice Policy： AUTJP）を AU 総会にて採択した（AU 2019）。AUTJP は、アフリカからの移行期正義に関する初めての包括的な政策指針であり、数多くの紛争を抱えているアフリカは、移行期正義に携わるアクターにとっての最前線でもある。しかし、移行期正義の取り組みは、リベラルで西洋的な側面が、国際規範、制度、さらにはドナーや専門家にまで浸透している。ウヴィン（Uvin 2001）が、紛争後の社会において、内部あるいは地域的な解決策が出てくるとき、それらはしばしば、国際的な法原則の西洋的な倫理的理想に適合しないと論じたように、移行期正義の取り組みがローカルなるものとの間に摩擦を生み出すこともあった。2004 年当時の国連事務総長コフィ・アナンも、「結局のところ、外部から押しつけられた法の支配改革、司法の再建あるいは移行期正義のイニシアティブは、成功も持続可能性も望めない。国際連合と国際社会が果たすべき役割は、連帯であって、代替ではないはずである」と国連安保理への事務総長報告書にて主張している。

　たとえば、国家建設のアプローチをめぐっては、介入する側の論理を色濃

く反映した試みが増加しすぎたがゆえに、2000 年代には介入される側が主体的に国家建設に関与するローカルオーナーシップという言葉で、それまでに強まった介入の色彩を薄めようと試みられてきた（篠田 2019）。同様に、移行期正義におけるローカルオーナーシップの重要性も、国際社会から十分に認識され[1]、このような緊張はグローバルノースとグローバルサウスの衝突として、また、人権における文化相対主義の議論に通じるところである。したがって、地域機構である AU が、アフリカの移行期正義の領域にてイニシアティブを取ることは、ローカルオーナーシップの観点から歓迎すべき動向であり、AUTJP を通してアフリカの移行期正義の取り組みが大いに進捗する可能性を有している。

　もっとも、ローカルオーナーシップの議論は、介入を試みるアフリカの外からの力と、これを受け止める国家／ローカルという構図のもと、強い介入する側と弱い介入される側との非対称な関係性が議論の前提にあった。この点、スタン（Stahn 2005）はローカルオーナーシップの問題を問うことさえ、ある種のパターナリズムを示唆し、武力紛争後の住民全体を病理化する危険性があると指摘しており、慎重に検討しなければならない領域であることに間違いない。ただし、近年のアフリカをめぐっては、戦略的価値の高まりとともに、これまでとは異なる捉え方が必要となってきた。たとえば、多くの紛争地を抱え、力の裏付けが乏しいがゆえに弱いと捉えられてきたアフリカであるが、アフリカ域外からの介入のあり方そのものをアフリカが選択しており、介入する側の論理に必ずしも従っているとは限らない事例が散見されるようになってきた。換言すれば、アフリカは、もはやアフリカ域外からの干渉を自らの利益のために受け入れ、その論理に追従するような客体化された地域ではなくなっている。国際システムの重要な要素として、アフリカをめぐる国際関係はこれまでになく重要な時期を迎えており（Abrahamsen 2017；Odoom & Nathan 2017）、アフリカは、より主体的に介入のあり方を選択し、さらに介入をめぐるルールや規範に対し、影響力を行使しようと試みている。

　特に、国際刑事裁判の領域においては、アフリカ諸国が AU のアリーナにて、アフリカとしての「ひとつの声（one voice）」を形成する政策を推し進

め、アフリカ域外と交渉を試みている（藤井 2021）。アフリカは、アフリカの意思に基づいて国際的な制度やルールに影響力を行使しようとしている。つまり、このような視角から AUTJP を検証するとき、AU 主導の移行期正義がアフリカ諸国にもたらす利益、そして、その戦略性がみえてくる。それは、これまで移行期正義を推し進めてきたアクターたちが望むような移行期正義とは決して限らない。もちろん、アフリカ発として移行期正義をめぐる議論の発展に資する可能性もありながら、同時に AUTJP のレトリックが大規模暴力に関与した権力者の体制強化につながる可能性もある。AUTJP はまだ成立したばかりであるため、AU が関与した移行期正義に対する評価は今後の事例蓄積を待つ必要があるが、本章では AU が AUTJP の枠組みから、紛争後の移行期にあるアフリカ諸国にて「どのような移行期正義」をすすめようとしているのか、AUTJP 成立に至る議論や現況の取り組みから検証することで、アフリカ域外で形成されてきた移行期正義に対する AU の戦略性や今後の展望を執筆時 2024 年 8 月までの情報に基づき探ることにしたい[2]。

そこで、第 2 節では移行期正義の定義と枠組みについてアフリカを対象とした議論や先行研究を中心に整理する作業を行い、第 3 節にて AUTJP 成立に至る議論の背景、概要、ヨーロッパ連合（EU）にてすでに成立している移行期正義の政策枠組みとの比較を通して、AU が進めようとしている移行期正義について明らかにする。そして、第 4 節にて AU が関与し移行期正義に取り組む南スーダンの現況についてまとめ、結論にて AUTJP をめぐって AU が形成する内と外との関係性について指摘したい。

2. 移行期正義の定義と制度的オプション

まず、本章の問いにて「どのような移行期正義」と表現したのは、次のような理由がある。移行期正義は公式および非公式なメカニズムが混紡された多様な取り組みである。国連は、移行期正義を、説明責任を確保し、正義を実現し、和解を達成し、再発防止を保証するために、大規模な人権侵害の遺産と折り合いをつけることを目指す一連の政策と定義している（OHCHR 2014: 5）。しかし、実際に移行期正義は、重なり合いしばしば矛盾する多数の個別テーマを包含している（Clark 2009, 191）。この代表的な例が、法廷と

真実委員会である。この二つは、移行期正義の基本的な制度的オプションでありながら（阿部 2021）、両立させることが難しい。

　一方が、個人の罪を司法の場で裁く制度的オプションであることに対し、他方は真実を明らかにすることで、罪を問わずアムネスティ（恩赦）を付与することも含む非司法の制度的オプションである。南アフリカ型のアムネスティを前提とした真実委員会の設置は不処罰終止を掲げる国際社会の潮流の中で一般的ではなくなっているものの、アカヴァン（Akhavan 2009）はこのような平和と正義の対立を、盲目的に正義を追求する「司法ロマン主義」と、権力者をなだめることで平和を求めるシニカルな「政治的リアリズム」に区別できると論じた。正義の追求は、敵対行為の延長を伴うが、平和の追求は多少の不正義に身を任せる必要があるとの認識がある（Manas 1996：43）。しかし、2004 年国連事務総長報告書では、「正義と平和は相反する力ではなく」、「適切に追及されれば、互いを促進し、維持することができ」、「正義と説明責任を追及するかどうかが問題ではなく、いつ、どのように行うのか」が問題であると主張される（UN 2004：8）。後者の事務総長報告書が示すように、平和と正義を二項対立としてではなく、プロセスとして捉えることもできよう。

　だが、たとえばシエラレオネの真実和解委員会は、「いかなる状況下でも、平和のために正義を手放してはならないと主張する者は、武力紛争が長期化する可能性を正当化する準備をしなければならない」と最終報告書に記している（SLTRC 2004 ：365）。グロノとオブライエンも、平和と正義を順次追求する可能性を認めつつも、特定の紛争被害社会の状況や、提案されている正義と平和の介入の性質によっては何らかのトレードオフが必要になると主張する（Grono & O'Brien 2008）。つまり、実践における両者の緊張関係は現実には避けては通れない問題であり、だからこそ、移行期には当事国の政治エリートが、紛争後の責任追及を行う裁判や真実委員会の活動に介入を行い、影響力を行使しようと試みる余地は生まれてくるのである（Loyle & Davenport 2016）。

　移行期正義に向き合わなければならなくなった政府は、①真実を明らかにし、国内の司法で刑事訴追を行う、②真実を明らかにし、国際的な司法で刑

事訴追を行う、③真実を明らかにし、いつか何らかの形で司法での裁きを実施することを約束する、④真実を明らかにするが、司法による裁きを行わない、⑤何もしない、という選択肢から自ら政策を選び、ときに移行期正義のプロセスにおいて変化することになる。

　本章は厳密に上記五つの分類や事例の当てはめを目的としていないものの、具体的に、①ではケニア 2007 年選挙後暴力、②ではシエラレオネ内戦やルワンダジェノサイド、④では南アフリカのアパルトヘイト、⑤では 2002 年に終結したアンゴラ内戦などが考えられる。本章で分類を示したのは、③の状態にある政府が選択する移行期正義の行方について、とりわけ 4 節で議論する南スーダンの位置づけを明らかにするためである。移行期正義をプロセスとしてみたとき、③の国家は後に①や②になるのか、もしくは④となるのか、永遠に③のままであるのか、当事国内にてどのようなダイナミズムがあり、それがどのように移行期正義の成否につながるのか、先行研究では十分に明らかにされていない。

　この点、2002 年に常設の国際的な刑事裁判所としてローマ規程に基づく国際刑事裁判所（International Criminal Court: ICC）が活動を開始して以降、国連が不処罰終止の立場を明確にしたことは移行期正義をめぐる転換点といえよう。不処罰とは、「暴力行為の加害者が、起訴や逮捕、裁判につながりうるいかなる調査の対象にもならないために、そして、仮に罪が明らかになったとしても、適切な有罪判決を受け、被害者への補償を実施することがないために、刑事、民事、行政あるいは懲戒処分のいずれにおいても、法律上または事実上、暴力行為の加害者に責任を問うことが不可能」な状態のことをさす（UN 2005）。また、不処罰は、被害者の脆弱性を顕わにするだけでなく、犯罪に対する国際社会の無関心を示し、それ自体で人権侵害を構成するとも指摘され（Birdsall 2009: 4）、当事国だけではなく国際社会が一丸となって取り組むべき課題となっている。そのため、大規模暴力を経験した国の政府は、否応なしに刑事訴追についても検討する必要に迫られるのであり、先に触れたアムネスティを前提とした南アフリカ型の真実和解委員会の設置は、現在では極めて難しい。ゆえに、今後アフリカで取り組まれる移行期正義の重要な枠組みとなる AUTJP が、どのような背景と意図によって成立し、

その概要がいかなるものであるのかを確認する作業は欠かせない。

3. アフリカ連合移行期正義政策（AUTJP）

AUTJP 成立の背景

　AUTJP は、2005 年に採択された紛争後の復興・開発（Post Conflict Reconstruction and Development： PCRD）政策を基礎とし、補完するものと位置づけられている。PCRD は、AU 内にて国家再建を主導する機関として、2006 年にガンビアのバンジュールで開催された第 9 回 AU 閣僚執行理事会にて承認された。PCRD は、紛争の影響を受けた人々を含め、紛争から抜け出した国々のニーズに応え、争いの激化を予防し、暴力の再発を避け、紛争の根本原因に対処し、持続性のある平和を強固にすることを目的とした包括的な措置と定義される（AU 2006： para.14）。そして、①安全保障、②人道、緊急支援、③社会経済的再建と開発、④政治的ガバナンスと移行、⑤人権、正義、和解、⑥女性とジェンダー、の六つの主要分野から構成されている。PCRD は、従来の軍事的安全保障の要素だけでなく、ガバナンス、移行期正義、人権といった分野にも言及しており、治安機構や司法制度の改革を経済発展と明確に結びつけていることに独自性がある（Mlambo 2015）。この PCRD によって、AU が平和構築に取り組むための枠組みが整理された。だが、実際に PCRD によって AU が平和構築に関与するための制度的枠組みが出来上がってきたからといって AU の資源が平和構築に十分な形で向けられたわけではなかった（藤井 2023）。そこで AUTJP は、PCRD で示された多様な平和構築の取り組みを補完することが期待されている。

　もっとも、起草段階においては、AUTJP が PCRD の平和構築を補完するという名目が表立っていたわけではなく、アフリカの移行期正義に関する政策枠組みの集大成として位置づけられてきた。AU の移行期正義への関心は、ICC の介入やハイブリッド法廷の検討が行われた 2009 年のダルフールに関する AU ハイレベル・パネル報告書（Report of the African Union High-Level Panel on Darfur）にて、主要な移行期正義の原則に言及されたときから確認することができる。そして、2013 年 2 月に AU 賢人パネル（African Union Panel of the Wise）による報告書「アフリカにおける不処罰、真実、平和、

正義、和解──機会と制約（Non-Impunity, Truth, Peace, Justice, and Reconciliation in Africa: Opportunities and Constraints）」が提出されたことを受け、AU 平和安全保障理事会にて AU による移行期正義政策の策定に関する勧告が採択された。同報告書は、アフリカが 1990 年代初頭以降、不処罰に対処し真実と正義を求め、分断された社会における和解を可能にするための新しい政策のための広大な実験場としての役割を果たしてきたと指摘する。

　そしてこのとき、アフリカは移行期正義に関する豊富な経験を整理する必要に迫られていた。それは、まさにこの 2010 年代前半において、アフリカ諸国と AU が対 ICC 戦略のなかで、「アフリカの問題に対する、アフリカの解決」をスローガンに掲げており、アフリカが自らの紛争責任に取り組むことができるということを、対外的に示す必要性があったからである（藤井 2016 a, b）。ただし、AUTJP で示された紛争責任に対する取り組みは、法的というよりも政治的な側面が色濃く出ている。2020 年に AU 法務部高官へのインタビューの際、AUTJP への見解をうかがったが、AUTJP の策定には平和安全保障部門の担当者が主に関わっており、法務部はほとんど関与していないとの返答があった[3]。このため、驚くべきか、当然ともいうべきか、AUTJP は不処罰への取り組みを掲げ、地域的な裁判所の役割について触れながらも、ICC についての言及がまったくない。

AUTJP の概要と特徴

　上記議論を踏まえ AUTJP は、移行期正義について「過去の侵害、分断、不平等を克服し、安全保障と民主的・社会経済的変革のための条件を創出するために、包括的な協議プロセスを通じて社会が採用する様々な（公式・伝統的あるいは非正式の）政策措置と制度的メカニズムを指す。〔……〕報復を超え、調停、コミュニティ参加、返還を強調する伝統的な正義のアプローチを活用することで、本政策における移行期正義の概念は、影響を受ける社会の特定の文脈や文化的ニュアンス、さらには平和と正義の両方におけるジェンダー、世代、民族文化、社会経済、開発の側面を考慮する総合的な政策を通じて、暴力的紛争と不処罰に関するアフリカの懸念に対処しようとするもの」と示した（AU 2019: para. 19）。ここからも AUTJP は、修復的・応

第Ⅰ部　グローバル正義をめぐる新たなポリティクス

表1　AUTJP で示された6つの目的

AUTJP の具体的な目的
1　紛争後および非紛争国における移行期正義の活動の適時性、有効性、調整を改善し、社会正義と持続可能な平和の基礎を築き、暴力の再発を防止する。
2　紛争の根本原因に対処する手段として、社会的結束、国家建設、必要な場合には包括的な国家改革を強化する。
3　紛争、深刻な人権・人道法違反、排除のレガシー、歴史的不公正から脱却した社会の全体的かつ包摂的な社会経済的変革と発展のための政策課題を定める。
4　復興、国民的癒しおよび深刻な人権侵害行為に対する国家および非国家主体のアカウンタビリティの計画と実施を奨励し、迅速化する。
5　国家および非国家主体を含む、移行期正義プロセスに関与する多様な主体間の相乗効果および調整を強化する。
6　移行期正義プロセスの設計、実施、監視、評価において、補完性の原則や原理を適用するための明確なパラメーターを確立する。

出所）AU（2019）より筆者作成

報的な正義を超えて、社会経済的な変革も目標に位置づけていることがうかがえる[4]。具体的に示された AUTJP の目的は、表1の六つである。

　AUTJP は四つのセクションから構成されており、セクション1は AUTJP の目的や目標、また定義や原則が確認され、セクション2では移行期正義の指標となる要素、セクション3では横断的課題について、そして、セクション4では関連アクターと実施のメカニズムについてまとめられている。度重なる紛争によって、数多くの平和構築に取り組んできたアフリカ諸国の経験から引き出された AUTJP は、暴力的であり、権威主義的なレガシーを持つ国家が、持続可能な平和、正義および民主的秩序に向けた移行期を乗り切るための実践的な指針を提供している。これまで取り組まれてきた移行期正義では、刑事司法と説明責任に焦点を当てた応報的アプローチが優先されたことに対し、AUTJP では応報的な刑事司法の要求と社会が和解を達成し共有する民主的な未来への迅速な移行の必要性とのバランスが大事にされている。これは、2016年3月の第672回 AU 平和安全保障理事会にて確認された「和解と正義の二つの概念を現場で適用する際に普遍的なアプローチやモデルは存在しない」との認識とも一致している。そのため、国家のオーナーシップにも重点が置かれ、外国の資源や能力に頼る前に、ローカルなレベル

66

で利用可能で適切なすべての公式もしくは伝統的メカニズムを適用、利用することの必要性が強調された。

この点、セクション 1 では、「正義」、「伝統的正義」、「移行期正義」、「移行」、「被害者」、「法の支配」などの重要な概念が定義されており、アフリカの伝統的正義のメカニズムの特徴として、①責任と被害者の苦しみを認めること、②反省を示すこと、③許しを請うこと、④補償金や賠償金を支払うこと、⑤和解、の 5 点が列挙されていることは興味深い。AUTJP にて移行期正義は、刑事司法のような公式なメカニズムだけでなく、象徴的・対話的な正義や伝統的・宗教的な儀式のプロセスの重要性を認識する伝統的正義のメカニズム、そして文化的・社会的に関連した形の賠償も含みながら実施されることが確認された。すでにアフリカでは、ルワンダのガチャチャ（gacaca）、シエラレオネのファンブル・トック（Fambul Tok）、ウガンダのマト・オプト（Mato oput）、ブルンジのバシンガンタヘ（bashingantahe）、モザンビークのマガンバ霊媒（Magamba）などの伝統的な正義のメカニズムの経験がある。AUTJP では、正義、平和、説明責任、社会的結束、和解、癒しに取り組むために、公式なメカニズムとともに伝統的正義のメカニズムも利用されることが促進されている（AU 2019：paras.56-59）。このことは、AUTJP が伝統的正義のメカニズムに公式なメカニズムと同等の地位を与えていると評される（Moyo-Kupeta 2024：198）。

このようにアフリカの移行期正義は、紛争後や権威主義体制からの移行期に限らず、より広く植民地統治下から続く社会的不正義や選挙暴力後の社会の再構築に至るような非常に広範な平和構築の枠組みの中にて検討が進められてきた。AUTJP では移行期正義の包括的な戦略を具体的な行動に移すためのガイドラインが提供され、ガバナンスや開発の課題に関しても、被害国が修復的で変革的な正義に取り組むための能力を強化することが含まれる。AU は AUTJP を、戦争犯罪に対する刑事司法を優先し、他の形態の正義よりも応報的正義を推し進めるという狭い法的議論から脱却させ、過去のレガシー、不平等、その他の社会的不正といった持続性のある平和を構築するために対処すべき問題や社会の脆弱性にまで、広範に適用できるツールとして開発した。そのため、AU は当事国が紛争責任を曖昧にしたまま「正義に取

り組んでいる」と主張したとしても、AUTJPによって拡大した移行期正義のオプションを踏まえ、反対の立場を示したり、積極的な介入を選択したりすることはないであろう。

刑事司法をめぐるヨーロッパ連合との相違

　伝統的正義のメカニズムを公式なメカニズムと同等に扱うAUTJPに対し、EUはローカルオーナーシップを重視しながらも異なる立場を採る。EUでは、2015年11月に「移行期正義への支援に関するEU政策枠組み（EU's Policy Framework on Support to Transitional Justice）」が外務理事会会合にて採択された。この政策枠組みにて、EUは移行期正義のプロセスを支援するために、パートナー諸国および国際・地域機構との関与において、積極的かつ一貫した役割を果たし続けることを確保することを目指している。「移行期正義の措置は、互いに切り離されたもの、あるいは競合するものとみなされるべきではなく、むしろ相互に補強しあうものであるべき」という移行期正義への包括的なアプローチが確認され、伝統的正義のメカニズムが果たす役割についても認めている（EU 2015: 9）。

　しかし、「移行期正義プロセスへの早期の関与は、不処罰に対するシグナルとなり、正義と法の支配への道を開くものであるため、望ましい」と説明されるように、EUが提示する移行期正義の政策枠組みは、刑事司法への取り組みを中心として展開されている。端的に表されているのは、随所にICCをパートナーとした移行期正義の推進を説いている点である。EUでは真実委員会や伝統的正義／非公式な司法のメカニズムは、刑事司法の代用として機能すべきではなく（EU 2015: 6）、これらのメカニズムも「国際規範と基準を尊重する」必要があるとの立場を示している（EU 2015: 9）。さらにEU政策枠組みでは、和解を司法の代替としては考えてはいない（EU 2015: 3）。EUは当事国が刑事司法への関与を回避するために移行期正義を利用しようとすることを警戒していることがうかがえる。

　もっともAUも、戦争犯罪、人道に対する犯罪、ジェノサイド罪などの重大犯罪に関与した者へのアムネスティについては否定的である。しかし、AUTJPにはアムネスティの項目が設けられ、その基準が定められている。

AUTJP は和平プロセスを支援し、移行期正義の目的の追求を促進する可能性がある場合には、アムネスティを検討する余地を残している（AU 2019 : paras. 89-92）。このような AU の刑事司法に対するスタンスは、そもそも刑事司法の必要性は所与のものではなく、問題となっている社会、文化、政治さらには安全保障と照らして判断すべきであるとの考えが根底にあり、この点は EU の移行期正義の考え方と決定的に異なるといえよう。

　それでは、異なる価値観を含んだ AU による移行期正義を EU は支援しないのかといえば現時点でそうではない。EU は AU 加盟国が国家レベルで AUTJP に取り組むことを支援する「アフリカにおける移行期正義のためのイニシアティブ（Initiative for Transitional Justice in Africa : ITJA）」と呼ばれるプロジェクトを AU とともに立ち上げ、総額約 500 万ユーロの拠出を表明した。ITJA は、2023 年 10 月 25 日に開始された 3 年間のプロジェクトであり、ICTJ（International Center for Transitional Justice）、ATJLF（Africa Transitional Justice Legacy Fund）、CSVR（Centre for the Study of Violence and Reconciliation）の三つの組織から成るコンソーシアムによって実施される。ITJA は、技術支援を提供し、知識の生産と管理を促進し、市民社会と被害者団体の能力を強化することによって、AUTJP とそれに付随するロードマップの国内適用を促進することを目指している。特徴的な取り組みとして、ITJA はアフリカの女性がより有意義に移行期正義プロセスに参加できるようになることに焦点を当てており、このようなアプローチを展開することによって多くの市民社会組織の AUTJP への参加が期待されている。

4. 南スーダンの移行期正義——政治エリートたちの存在

　最後に、南スーダンにおける移行期正義の進捗について確認することで、AU が関与してきた移行期正義の一端を明らかにする。南スーダンは 2011 年にスーダンから独立した世界で一番新しい国連加盟国である。独立以降も繰り返されてきた大規模暴力に対し、移行期正義の実施が喫緊の課題としてあげられている（藤井 2016b）。現時点では、2018 年 9 月 12 日に南スーダンの紛争当事者がエチオピアのアディスアベバで署名した「南スーダンにおける衝突の解決に関する再活性化された合意（Revitalized Agreement on the

Resolution of the Conflict in the Republic of South Sudan: R-ARCSS）」が最も新しく、この第 5 章に移行期正義に関する記述がある。再活性化と呼ばれるのは、2013 年 12 月 13 日に発生した南スーダンでの大規模衝突に対し、2015 年 8 月 17 日に「南スーダンにおける衝突の解決に関する合意（ARCSS）」が紛争当事者間で一時的に成立していたためである。しかし、2016 年 7 月 7 日に再び首都ジュバを中心に暴力的な衝突が重なったことによって、ARCSS は破綻していた。そこで、2017 年 6 月 12 日に東アフリカの準地域機構である政府間開発機構（IGAD）は、南スーダンに関する臨時首脳会議にてハイレベル再生フォーラム（HLRF）を設立し、紛争当事者との複数回の協議の末に R-ARCSS は成立に至った[5]。

　この 2015 年 ARCSS および 2018 年 R-ARCSS の第 5 章にて移行期正義への取り組みとして、真相・和解・癒やし委員会（Commission for Truth, Reconciliation and Healing: CTRH）、南スーダン・ハイブリッド法廷（Hybrid Court for South Sudan: HCSS）、補償・賠償機関（Compensation and Reparation Authority: CRA）が示された。これらが導入される契機となったのは、AU 平和安全保障理事会による「南スーダンの武力紛争中に行われた人権侵害やその他の虐待を調査する」南スーダン調査委員会（AUCISS）の設置とその活動報告書である。AUCISS は、2013 年 12 月 30 日にガンビアの首都バンジュールで開催された第 411 回 AU 平和安全保障理事会の会合にて設置が決まり、2014 年 3 月に活動を開始した。

　AUCISS の任務は、2013 年 12 月の衝突によって発生した人権侵害を調査し、説明責任、和解および回復をすべての南スーダンのコミュニティ間で確保するための最も適切な手段を勧告することであった。オバサンジョ（Olusegun Obasanjo）元ナイジェリア大統領が AUCISS の責任者となり、2014 年 10 月に勧告を含むオバサンジョ・レポートとも呼ばれる報告書が AU 委員長へ提出された。このとき、同報告書は南スーダン政府と SPLM-IO の和平交渉が進展するまで非公開とされた。最終的に、ARCSS への両者の署名を受け、2015 年 9 月にニューヨークで開催された第 547 回 AU 平和安全保障理事会の会合にて、同報告書とこれに付された個別意見を一般に公開することが決定された。公開された報告書では、政府および反政府側ともに大規模な人権

侵害への関与が指摘され、国際的な刑事裁判所を一時的に設置する必要性が勧告された。この勧告が IGAD 主導の和平プロセスに移行期正義を含めるきっかけとなった。

　CTRH、HCSS および CRA はそれぞれ独立して、南スーダンにおける真実、和解、癒し、補償、賠償の促進という共通の目的を推進することが R-ARCSS にて明記されている（第 5 章 1.3）。しかし、この中で具体的な進捗を確認できるのは、CTRH と CRA である。大きな動きとして、AU は移行期正義に関連する法的文書の採択プロセスを支援するため、南スーダン政府と協力し、2023 年 5 月 15 日から同 17 日にかけてジュバにてキール大統領を司会に「移行期正義メカニズムに関する全国会議」を開催した（Radio Tamazuj 2024；Amani Africa 2024）。その後、同年 10 月に CTRH と CRA の法案を承認する閣議決定が行われ、2023 年 12 月 5 日に両法案は暫定議会に提出され、現在も審議が継続している。もっとも、R-ARCSS 第 5 章 4.1 は、再活性化された国民統一暫定政府（Revitalized Transitional Government of National Unity：RTGoNU）の 2020 年 2 月発足から 6 ヵ月以内に CTRH および CRA を設立しなければならないことに言及しており、現時点での立法作業はかなりの遅れということになる。

　このように AU が AUTJP の枠組みを活用し、南スーダンに関与していることはうかがえるが、問題はまったく進展がみられない HCSS である。興味深いことに、衝突に関与してきた当事者たちは、HCSS 設置に対し正面から否定することはしない。たとえば、キール大統領は自ら大統領司令を発し、2013 年衝突に関する事実調査委員会を立ち上げたこともある。しかし、具体的な調査に関する情報は公開されることはなく、政府の取り組みは一見すれば不処罰を放置せず説明責任を果たそうとしている姿勢に映るが、これらの動きが刑事司法につながることはなく、対外向けのパフォーマンスと捉えることもできる（藤井 2016b）。実際のところ政治的・軍事的エリートのほとんどは説明責任のメカニズムに反対しており、弱体化させてきたと指摘される（Magara 2021）。また、HCSS をめぐっては市民社会組織の間にも温度差があり、HCSS を進めようとする市民社会組織は、和解を優先すべきと考える市民との間に亀裂を生み、さらに政治エリートたちからは外部アジェンダ

を宣伝しているとの批判に晒されている（Magara 2021）。

　以上の南スーダンの現況からは、南スーダン政府が本気で移行期正義に取り組んできたとはいえず、AU も最も直接的に関与できるはずの HCSS に対し、具体的な働きかけが進捗に結びついたことを示す情報は見当たらない。AU 法務部高官は、HCSS を設置するための準備は AU 側では整っているため、今（2020 年）は南スーダンからの要請を待つことが我々のできることだと強調し[6]、また別の AU 高官は、南スーダンでは 2024 年末に選挙が予定されており、HCSS のような司法による裁きを現時点で導入するのは、現実的ではないと考えている[7]。不処罰との闘いが求められる近年の潮流において、刑事司法に取り組むことは避けられないとしても、このような AU 側のスタンスは、被疑者に証拠隠滅や証人となりうる人物の特定など時間の猶予を与えてしまっている。つまり、AU が関与していても、当事国の政治エリートは平和構築の担い手として、移行期正義の制度的オプションの中から最も都合の良いものを選択できている。

　このことは、前節でも指摘したように、AUTJP が移行期正義のオプションを増やしたことで、移行期正義の実施に後ろ向きな当事国も、何らかの移行期正義に取り組んでいるとの評価につながることを意味する。もっとも、EU は刑事司法を回避した移行期正義を望まない。しかし、AUTJP はアフリカの移行期正義として AU 総会にて成立し、国際社会の潮流としてローカルオーナーシップが掲げられる以上、AU が関与する移行期正義の政策は批判を受けにくくなると考えられる。したがって、AUTJP はアフリカ諸国にとって、移行期正義の実践面で有益であるだけではなく、アフリカ域外との関係でも、AU が担保する政策根拠であるため、自らが望む移行期正義を進めるための便利なツールとして機能するのである。

5.　アフリカ連合による移行期正義の展望

　近年のアフリカ政治をめぐる議論は、アフリカを主体化し、アフリカ域外との関係性を捉え直そうとする。たとえば、ビショフ（Bischoff et al. 2016）は、現在の主要な国際関係論からは非西洋の諸国家や地域が国際政治にとってしばしば周縁的な存在とみなされていると批判し、伝統的な国際関係論か

らのパラダイムシフトを提唱している。さらに、アフリカと国際関係論をめ
ぐる近年の潮流として、アフリカの経験に焦点を当てた理論を構築し、概念
や理論がアフリカ発祥であることを強調するため「アフリカ国際関係論（Af-
rican IR）」と呼称する研究の一群が成果を重ねている（Isike & Iroulo 2023）。
このようにアフリカを主体化し、内と外との関係が学術的に再構築されよう
としているなかで、あらためて地域機構が果たす役割も問われている。本章
もこれらの視点に立脚し、考察を進めてきたことで明らかにしてきた以下の
3点を結びとして指摘したい。

　まず、本章で確認してきたAUTJPは、まさにアフリカの経験に基づいた
アフリカの解決を導く地域機構のグッドプラクティスとなる可能性を秘めて
いる。移行期正義の地域化は、その地域の実情にあわせた政策枠組みとして
機能することが大いに期待される。ただし、過去のICCとの関係からも推
察できるように、AUTJPはこれまで国際社会が推し進めてきた、不処罰の
終止と紛争後の責任追及を曖昧にしてしまう可能性があり、刑事司法をめぐ
る今後の動向がAUTJPの評価における懸念材料となる。そして、当事者の
責任を曖昧にしたままの移行期正義政策は、平和構築の場面では政府の正統
性を担保するレトリックに利用されてしまうおそれがある。南スーダンの事
例をみると、HCSSは政敵を罰するための道具になりうるし、現在進捗して
いるCTRHとCARも賠償金を通じて特定の有権者に報いるために操作され
るかもしれない。本章で確認した南スーダンの現況は、AUがAUTJPの枠
組みによって移行期正義を実施しようとしても、当事国の政治エリートが移
行期正義に介入する環境が未だ残されている現実を示している。そうだとす
れば、AUTJPによるAUから当事国への関与は、移行期正義の制度的オプ
ションが実践される段階よりも、制度的オプションが導入できる環境形成の
段階でより強めるべきである。

　次に、AUの能力は、AUが自由に利用できる財源と密接に結びついてい
る。慢性的に財源不足に悩むAUは、AUTJPを軌道に乗せるうえで最大の
ドナーであるEUが欠かせない。だが、両地域機構が示した移行期正義に対
するアプローチは特に刑事司法の領域において異なる。とすれば今後、
AUTJPの枠組みにて実践が繰り返されるなかで、EUはAUに対し、また、

AUもEUに対し、どのような関係性を構築するのか興味深い。つまり、両者の相互作用によって移行期正義をめぐる新たな展開があるのか、もし何かしらの変化があるのであれば、AUそれともEUのどちらが、どちらに妥協したのか、ここに移行期正義の刑事司法をめぐって規範と利益が交差するダイナミズムを捉える必要性が浮かび上がってくる。ICCとの関係においてすでに論じてきたように、アフリカ諸国はAU総会決定をアフリカの総意として巧みにアフリカ域外との交渉にて利用する（藤井2021）。移行期正義の領域においても同様に、アフリカ諸国は自己の主張や利益を追求するために、AUTJPをアフリカの総意としてアフリカ域外との交渉ツールとすることが十分に考えられる。

　最後に、AUはアフリカの内の政治エリートと外の主にEUとの峡間からAUTJPに取り組むことになる。AUTJPの評価は、これから蓄積される多くの事例を参照することでより立体的に検証することが可能となるため、もうしばらく時間は必要であるが、今後はAUTJPがアフリカの移行期正義や変革的正義をめぐる議論の拠り所になっていくであろう。そして、AUTJPの実践が繰り返されるなかで、AUはアフリカの内と外とどのような関係性を築くのか注目に値するが、対外的には戦略的でも、アフリカの内に向けては鈍重な対応が見受けられる。移行期正義は地域機構であるAUの行動様式を理論的に検証できる興味深い領域となった。この点、筆者は必ずしも、AUが移行期正義の実践にあたって刑事司法に積極的に取り組まなければならないと考えていない。それは、国家レベルの訴追がない場合でさえ、市民社会はさまざまな形態の民事訴訟に訴え、それによって法の支配の回復に貢献してきており（Brankovic & Merwe eds. 2018）、制度が整えば、国家でなくともそれを巧みに活用できる人材がアフリカには多く存在しているからである[8]。AUの限りある資源を、アフリカの持続可能な平和のためにどのように配分すべきか、AUTJPの今後の実践を精査することでAUの役割と機能に対する考察につなげ、さらに深めたい。

謝辞：本稿はJSPS科研費［基盤研究（C）21K01343：代表 藤井広重］および公益財団法人 三菱財団2024年度学術研究助成を受けた研究成果の一部である。

注

1) たとえば阿部（2019）は、南アフリカの真実和解委員会が国民和解とローカルオーナーシップの理念を制度化し、ローカルアクターの多様な反応が意図せざる結果となって移行期正義に貢献している現象を指摘している。

2) このような観点から、本章は移行期正義研究の規範という側面ではなく、力や利害関係を前提に移行期正義に関与するアクターを射程にしている。他方、移行期正義の和解という規範概念が多系的に普及するプロセスを丁寧に追い、国際から国内、国内から国際のレベルへの双方向の作用について検証した先行研究としてクロス（2016）がある。

3) 2020年2月21日、筆者によるアディスアベバのアフリカ連合本部にて実施したAU法務部職員とのインタビュー。

4) たとえば、AUTJPには、再分配的正義（社会経済的正義）が公平で包括的な開発を実現するために追求される移行期正義の柱として、土地改革、財産権の保護、またアファーマティブ・アクション等に言及しながら導入された（AU 2019: paras.67-70）。

5) R-ARCSSの主要当事者には、暫定国民統合政府（TGoNU）のキール大統領（Salva Kiir）、SPLM-IOのマチャール（Riek Machar）、SPLM-FDsのクオル（Deng Alor Kuol）、南スーダン野党連合（SSOA）のチャン（Gabriel Changson Chang）があげられるほか、さらにいくつかの政党と市民社会組織の代表という形で16人が署名した。

6) 2020年2月21日、筆者によるアディスアベバのアフリカ連合本部にて実施したAU法務部職員とのインタビュー。

7) 2024年3月14日、筆者によるアディスアベバのアフリカ連合本部にて実施したAU平和安全保障担当職員とのインタビュー。

8) これは筆者の主観的な見解ではあるものの、これまでアフリカの南部と東部を中心に、法律家協会や非政府組織への聞き取り調査を行ってきた経験から、アフリカの市民社会は法を権力への対抗手段として積極的に学び、司法の場での活動に結びつけている、と感じている。このような市民社会の力強さについては本章で言及できなかったが、過小評価してはならず、規範研究が注目してきたように移行期正義における重要なアクターと認識している。

参考文献

阿部利洋（2019）「南アフリカの移行期正義とその後——和解・ローカルオーナーシップ・意図せざる結果」『国際問題』679: 36-47。

――――（2021）「移行期正義の社会学」『社会学評論』72（3）: 208-223。

クロス京子（2016）『移行期正義と和解——規範の多系的伝播・受容過程』有信堂高文社。

篠田英朗（2019）「国家建設の戦略的指針としてのオーナーシップ原則」藤重博美・上杉勇司・古澤嘉朗編『ハイブリッドな国家建設——自由主義と現地重視の狭間で』ナカニシヤ出版、67-80。

藤井広重（2016a）「国連と国際的な刑事裁判所——アフリカ連合による関与の意義、課題および展望」国際連合学会編『国連研究』国際書院、17: 121-148。

――――（2016b）「南スーダンにおけるハイブリッド刑事法廷設置の試み——外と内の論理からの考察」『アフリカレポート』54: 107-119。

――――（2021）「国際刑事裁判所をめぐるアフリカ連合の対外政策の変容——アフリカ

の一体性と司法化の進捗からの考察」『平和研究』57 : 137-165。

———（2023）「アフリカ連合による平和構築の課題および展望——2016 年ガンビア大統領選挙後の移行期における取り組みを中心に」『広島平和研究』10 : 13-32。

Abrahamsen, R.(2017) "Africa and International Relations : Assembling Africa, Studying the World," *African Affairs*, 116（462）: 125-139.

Akhavan, P.(2009) "Are International Criminal Tribunals a Disincentive to Peace? Reconciling Judicial Romanticism with Political Realism," *Human Rights Quarterly*, 31 : 624-654.

Amani Africa（2024）"Discussion on Transitional Justice and Post-Conflict Peacebuilding," Amani Africa, 5 Feburary 2024. <https : //amaniafrica-et.org/discussion-on-transitional-justice-and-post-conflict-peacebuilding/>（2024 年 8 月 30 日アクセス）.

AU（African Union）（2006）*Post-Conflict Reconstruction and Development Policy Framework*, African Union.

———（2019）*African Union Transitional Justice Policy*, African Union.

Birdsall, Andrea（2009）*The International Politics of Judicial Intervention Creating a More Just Order*, Routledge.

Bischoff, P. et al.(2016) *Africa in Global International Relations : Emerging Approaches to Theory and Practice*, Routledge.

Brankovic, Jasmina and Hugo van der Merwe（eds.）（2018）*Advocating transitional justice in Africa : The role of civil society*, Springer.

Clark, Phil（2009）"Establishing a Conceptual Framework : Six Key Transitional Justice Themes," in Phil Clark, and Zachary D. Kaufman（eds.）, *After Genocide : Transitional Justice, Post-Conflict Reconstruction and Reconciliation in Rwanda and Beyond*, Columbia University Press, 191-206.

EU（European Union）（2015）*The EU's Policy Framework on Support to Transitional justice*, European Union.

Grono, N. and A. O'Brien（2008）"Justice in Conflict? The ICC and Peace Processes," in N. Waddell and P. Clark（eds.）, *Courting Conflict : Justice, Peace and the ICC in Africa*, Royal African Society, 13-20.

Isike, C., and L. C. Iroulo（2023）"Introduction : Theorizing Africa's International Relations," *African and Asian Studies*, 22（1-2）: 3-7.

Loyle, Cyanne E. and Christian Davenport(2016) "Transitional Injustice : Subverting Justice in Transition and Postconflict Societies," *Journal of Human Rights*, 15（1）: 126-149.

Magara, I.S.(2021) "Timing of Transitional Justice Mechanisms and the Implications for the South Sudan Peace Process," *Journal of the British Academy*, 9（S2）: 9-33.

Manas, J.E.(1996) "The Impossible Trade‐off : "Peace" versus "Justice" in Settling Yugoslavia's Wars," in R.H. Ullman（ed.）, *The World and Yugoslavia's Wars, Council on Foreign Relations*, Council on Foreign Relations, 42-58.

Mlambo, Norman（2015）"The African Union Security Sector Reform and Governance : Challenges for African Peace and Development," in Paul Jackson(ed.), *Handbook of International Security and Development*, Cheltenham : Edward Elgar : 209-213.

Moyo-Kupeta, Annah（2024）"Three Decades of Transitional Justice Practice in Africa : Reflections on Lessons Learnt Towards an African Transformative Justice," *International Journal of Transitional Justice*, 18（2）: 191-200.

Odoom, I. and A. Nathan（2017）"What/who is still Missing in International Relations Scholarship? Situating Africa as an Agent in IR Theorizing," *Third World Quarterly,* 38（1）: 42-60.

OHCHR（The Office of the United Nations High Commissioner for Human Rights）（2014）*Transitional Justice and Economic, Social and Cultural Rights*, HR/PUB/13/5, UN Publication.

Radio Tamazuj（2024）"Activist : Revive implementation of stalled Transitional Justice Mechanisms," *Radio Tamazuj*, 20 May 2024. <https : //www.radiotamazuj.org/en/news/article/activist-revive-stalled-accountability-as-transitional-justice-process>（2024年8月30日アクセス）.

SLTRC（Sierra Leone's Truth and Reconciliation Commission）（2004）*Witness to Truth : Report of the Sierra Leone Truth and Reconciliation Commission, vol. 3B*, GPL Press.

Stahn, Carsten（2005）"Justice Under Transitional Administration : Contours and Critique of a Paradigm," *Houston Journal of International Law*, 27 : 312-342.

UN（United Nations）（2004）A/58/874, 20 August 2004.

———（2005）E/CN.2005/102/add.1, 8 February 2005.

Uvin, Peter（2001）"Difficult Choices in the New Post-Conflict Agenda : The International Community in Rwanda After the Genocide," *Third World Quarterly*, 22（2）: 177-189.

第4章
グローバルな規範の受容と拒絶の
はざまで

「人間の安全保障」規範をめぐる剪定、育種、寄生

足立研幾

1. グローバルな正義・規範のニーズ拡大

　冷戦終焉後、グローバル化の深化が加速していくなかで、環境、移民・難民、感染症、紛争等のグローバル・イシューへの注目が高まった。こうしたグローバル・イシューへの取り組みに際し、その基盤となる共通の規範、基準を作る必要性が高まった。グローバルな正義への関心が高まり（Pogge ed. 2001；Risse 2011；ミラー 2011）、具体的なグローバルな規範に関する研究（Finnemore and Sikkink 1998）が、冷戦終焉後盛んに行われるようになったのにはそうした背景がある。その際、冷戦に「勝利」した欧米諸国は、自らが信じるリベラルな価値観が普遍性を有すると考えがちであった（Fukuyama 1992）。それゆえ、そうしたリベラルな価値観に基づくグローバルな規範が伝播すれば、グローバルな正義を実現できるとの見方をとるものが少なくなかった。初期の規範研究においては、「正しい」規範がそこにあり、それを広める努力が適切になされれば、規範はグローバルに伝播すると考えるものが少なくなかった。奴隷禁止規範や（Nadelman 1990）、反アパルトヘイト規範（Klotz 1995）、非人道兵器禁止規範（Price 1997）などに関する研究はそうした例である。

　しかし、「所与の普遍的規範」が伝播すればグローバルな正義が達成でき

るという見方ではとらえきれない現実に対して、徐々に目が向けられるようになった。例えば、世界各地で頻発する紛争や内戦に対して、リベラルな価値観に基づいた諸規範に従った平和構築活動が欧米諸国主導で行われていた。しかし、こうした活動はグローバルな正義を実現するものというよりも、むしろ欧米の価値観を押し付けるものであり、現地の持続的平和構築にとって有害ですらあるという批判がされるようになった（Richmond 2011）。また、普遍的規範とされるものであっても、その規範内容の解釈をめぐって競合がみられることは少なくない（Wiener 2014）。例えば、子供兵の使用を禁止すべきという規範には世界中の多くの人が同意できるとしても、子供の具体的な定義は、社会、文化、宗教、歴史、民俗、地域的背景などの相違によって多様である（細谷・佐藤編 2019：10-11）。それゆえ、グローバルな共通の規範、基準を形成する際には、解釈や定義をめぐる競合が発生する。

　普遍的に支持が得られない規範も少なくない。新たに規範が提示されると、それに反対する立場のアクターが対抗する規範をしばしば提示する。そうなると、異なる規範を支持する勢力間で、激しい駆け引きが繰り広げられる（Bloomfield and Scott eds. 2016）。その結果、いずれかの規範が共有される場合もあれば、両者の規範を複合した規範が形成されることもある（栗栖2005）。いずれの規範も幅広い支持を得ることができず、分断が継続することもある。例えば、エイズ薬の特許をめぐって、「人命を救うため、エイズ薬は特許保護の例外にすべき」という規範が訴えられた一方で、「人命を救う創薬を促進するため、薬は特許保護の例外にすべきでない」という対抗規範が唱えられた。両者の激しい対立の結果、公衆衛生が特許より優先されるという原則が確認された一方で、医薬品を特許保護の例外にすべきではないという立場は維持された（足立 2014）。

　これらの研究は、規範や正義が多様で、時として対立することを明らかにした。一方で、グローバルな課題に取り組むためには、多様な正義の中から、国際社会における共通の規範やルールを構築する必要がある。しかし、そのようなグローバルな規範は、往々にしてローカルな正義との衝突を引き起こす（細谷・佐藤編 2019；牟田・平沢・石田編 2012）。グローバルな規範とローカルな現場の接触面で、いったいいかなる相互作用、現象が生じているのか

という点についてはこれまで十分に研究がなされてきたとはいいがたい。

　そうした研究が皆無なわけではない。例えば、アチャリヤ（Amitav Acharya）は、ローカルアクターの営為によって、グローバルな規範が現地の実情にあうよう変容されることがあることを明らかにした（Acharya 2004）。しかし、その後も、グローバルな規範とローカルな現場の接触面の多様な相互作用についての研究はあまり深まってこなかった。本章が焦点を当てるのはまさにこの点である。グローバルな規範とローカルな現場との接触面における相互作用の態様にはいかなるものがあるだろうか。グローバルな規範がローカルな現場でそのまま受容されることはそれほど多くない。一方、グローバルに広まりつつある規範を、完全に拒絶することも容易なことではない。グローバルな規範の受容と拒絶のはざまでは多様な相互作用が行われている。この態様を明らかにしていくことが本章の目的である。その際、グローバルな正義を実現すべく 1990 年代後半以降盛んに提唱された人間の安全保障規範を事例に取り上げて考察を進めていく。

2.　人間の安全保障規範の登場と規範唱導国としての日本

　人間の安全保障概念が初めて公的に提唱されたのは、1994 年に国連開発計画（UNDP）が刊行した『人間開発報告書』においてであった。本報告書は、人間の安全保障を「人々が、安全、そして自由に選択権を行使でき、またそうした選択の機会は将来完全に失われることはないと自信を持つこと」と定義している（UNDP 1994 : 23）。そして、その具体的構成要素としては、「恐怖からの自由（freedom from fear）」と「欠乏からの自由（freedom from want）」を挙げている。この両概念は国連設立当初より重視されていた。しかし、冷戦対立が激化するなかで、いわゆる国家安全保障に過度に関心が集まるようになり、後者、すなわち「欠乏からの自由」の側面にあまり注目が集まらないようになっていった。冷戦終焉後、「過度に領土を重視するものから、人間を重視するものへ」、そして「軍備によるものから、持続可能な人間開発を通したものへ」と安全保障概念を転換させることを、本報告書は訴えた（UNDP 1994 : 24）。

　人間の安全保障概念の内容をめぐっては、当初「恐怖からの自由」を強調

第Ⅰ部　グローバル正義をめぐる新たなポリティクス

する立場と、「欠乏からの自由」を強調する立場の間での対立がみられた[1]。内容、解釈をめぐる競合は存在したものの、個々人を安全保障の対象とみなすべきという主張は、徐々に支持を広げていった。というのも、グローバル化が進展し、国家を守るべき対象としていてはうまく対応できないグローバル・イシューが頻発するようになっていたからである。これらグローバル・イシューに対応するうえで、「人間の安全保障を重視すべき」という規範（以下、人間の安全保障規範）が存在感を増し、この規範に基づき、グローバルな正義を追求しようとする動きが強まった。

　その際、人間の安全保障規範を伝播すべく、国際的にリーダーシップを発揮した規範唱導国の一つが日本であった（Adachi 2023a）。1995 年 10 月、国連創設 50 周年記念総会において、村山富市首相が人間の安全保障概念に言及しつつ、開発援助や人道支援、予防外交、軍備管理・軍縮などに、一層積極的に取り組むことを誓った（内閣総理大臣官房監修 1998：165）。村山政権に代わった橋本龍太郎政権では、外務大臣の小渕恵三が、経済危機によって深刻化したアジア諸国の失業や貧困の問題を人間の安全保障の課題と位置付けた[2]。1998 年 7 月、橋本に代わって小渕が首相に就任すると、人間の安全保障規範を伝播すべく積極的に外交活動を展開した。12 月 16 日にはハノイにおける演説で、小渕首相は人間の安全保障の観点からアジア通貨危機の影響を受けている社会的弱者対策を緊急に進めることを表明し、あわせて国連に人間の安全保障基金を設置するため 5 億円拠出することを発表した[3]。

　その後、小渕は外遊のたびに人間の安全保障規範に言及しその伝播に努めた[4]。2000 年の国連ミレニアム・サミットにおいては、急逝した小渕の後を継いだ森喜朗首相が、日本が人間の安全保障を外交の柱に据えることを明言した。そして、人間の安全保障のための国際委員会を発足させ、この考え方をさらに深めていくことを呼びかけた[5]。これを受けて、緒方貞子国連難民高等弁務官（当時）とアマルティア・セン（Amartya Sen）を共同議長とする 12 名の有識者からなる人間の安全保障委員会が創設された。

　日本は人間の安全保障規範の精緻化と伝播においてリーダーシップを発揮した。その際、国連人間の安全保障基金への資金拠出に加えて、政府開発援助（ODA）を積極的に活用した。1999 年 8 月に外務省が策定した「政府開

82

発援助に関する中期政策」においては、ODA の基本的な考え方の一つとして人間の安全保障を強調することが確認された。2003 年に改訂された『政府開発援助大綱』においては五つの基本方針の一つとして人間の安全保障の視点が掲げられた。1995 年度から開始されていた「草の根無償資金協力」は、2003 年度に「草の根・人間の安全保障無償資金協力」へと改称のうえ大幅に拡充された。川口順子外相は、1999 年に小渕の提唱によって設置された人間の安全保障基金とあわせ、「これら二つの手段を互いに連携させながら、一層積極的に活用していきたい」と述べている[6]。

　日本が人間の安全保障規範の伝播と当該規範に基づいた政策実践に特に力を入れたのは東南アジア諸国に対してであった。東南アジア諸国は、もともと日本が ODA 供与を行ううえで重視していた地域であった。日本が人間の安全保障規範を外交上重視し始めたきっかけとなったアジア通貨危機で大きな影響を受けたのも東南アジア諸国であった。さらに、SARS（重症急性呼吸器症候群）、スマトラ沖地震といった人間の安全保障規範に基づいて対処することが効果的と思われる問題が次々と東南アジア諸国を襲った。それゆえ、日本は東南アジア諸国に対して、積極的に人間の安全保障規範を伝播し、当該規範に基づいた支援を実施しようとした。

3. 人間の安全保障規範と東南アジア諸国の接触——ローカル化の模索？

　日本をはじめとする規範唱導国が東南アジア諸国に人間の安全保障規範の伝播を試みた際、東南アジア諸国はいったいいかなる反応をしたのであろうか。すなわち、グローバルに支持を広げつつあった人間の安全保障規範と、東南アジア諸国の接触面では、いかなる相互作用がみられたのであろうか。アジア通貨危機、SARS、スマトラ沖地震などの被害で苦しんでいた東南アジア諸国の政策決定者にとって、人間の安全保障規範に基づいてなされる政策自体は魅力的なものだったと思われる。こうした政策を実施すれば、日本をはじめとする国の支援が期待でき、また被害に苦しむ人々からの支持の増加も期待できたからである。しかし、東南アジア諸国の政策決定者は、人間の安全保障規範に対しては拒否感をあらわにした。タイのピツワン（Srin Pitsuwan）外相が 1998 年の ASEAN 拡大外相会議で、人間の安全保障に関する

会議を開くことを提案した際には、会議を開催することにすら支持が得られなかったという（Jumnianpol and Nuangjamnong 2015 : 7）。

　東南アジア諸国の政策決定者間で、人間の安全保障規範に対する支持が得られなかった理由は、安全保障の対象を個々の人間にすることに対する警戒感があったからである。個々の人間を安全保障の対象にすると、国家が主権を手放すことになるとの懸念や、西洋諸国による人道介入を招くのではないかとの疑念を抱く政策決定者が少なくなかった（Acharya 2007 : 21）。東南アジア諸国の政策決定者間では、主権尊重規範や内政不干渉規範が強く支持されており、人間の安全保障規範はこれらの規範と衝突するとみなされがちであった。彼らの多くは、いわゆる伝統的安全保障概念を支持していた。すなわち、他国の軍事的脅威からいかに自国を軍事的手段で守るかということを安全保障の最優先課題と考えていた。人間の安全保障規範は、この伝統的安全保障概念と相容れないととらえられた。

　アジア通貨危機や、SARS などの感染症、あるいはスマトラ沖地震やその後の津波被害は、国家を守るべき対象として対処してもうまく対応できない。しかし、これらの問題に適切に対処しなければ、国家の安全すら脅かされる。アジア通貨危機を受けて、タイやインドネシアでは政権交代が起こるなど、政権の安全保障にとってもこれらの課題に適切に対処することが重要な課題であると認識されるようになっていた。こうしたなか、東南アジア諸国では、人間の安全保障規範をそのまま受け入れるのではなく、ローカルな現実にあわない要素を剪定（除去）することで、規範を受け入れやすいものに修正することが試みられた（Acharya 2004 : 245）。

　人間の安全保障規範の具体的にどの部分が、東南アジア諸国のローカルな現場と軋轢を生んでいたのであろうか。人間の安全保障概念は、①安全保障の対象を個人とし、それゆえ、②安全保障上の脅威を軍事のみならず非軍事を含むものとし、③安全保障を提供する主体も国家に加え非国家主体を含むものと考え、④安全保障確保の手段も軍事・非軍事双方を含むものとみなす。伝統的安全保障概念に比べると、安全保障の対象、脅威の源泉、安全保障の主体、安全保障確保の手段、いずれにおいても、より包括的な概念となっている。

表 1　伝統的安全保障、人間の安全保障、非伝統的安全保障

	脅威	手段	客体	主体
伝統的安全保障	軍事	軍事	国家	国家
非伝統的安全保障	非軍事	軍事、非軍事	国家＞コミュニティ＞個人	主として国家
人間の安全保障	軍事、非軍事	軍事、非軍事	個人	国家、非国家

出所）筆者作成

　東南アジア諸国では、脅威の源泉に非軍事的課題を含むことには特に反発はなかった。そもそも、越境環境問題や人身売買、麻薬取引の問題を抱えていた東南アジア諸国では、1970 年代から非軍事的脅威を安全保障の課題に含める見方が存在した（Alagappa 1998 : 624）。また上述の通り、非軍事的な脅威に次々と襲われた東南アジア諸国では、脅威の源泉を非軍事に拡張して安全保障に取り組むことの重要性が認識されていた。東南アジア諸国の政策決定者が抵抗したのは、安全保障の対象を個人とすることであった。そのことが、国家主権や内政不干渉原則と衝突することを懸念したからである。

　このような状況を受けて、カバレロ＝アンソニー（Mely Caballero-Anthony）らは、人間の安全保障規範のうち、「安全保障の対象を個人とする」という要素を剪定（除去）し、人間の安全保障規範を東南アジア諸国でも受け入れられやすい形に修正しようと試みた。彼女たちは、非伝統的安全保障概念を提案した。この非伝統的安全保障概念は、国家、および人々を脅かす非軍事的な脅威を非伝統的安全保障の課題とし、国家がそれに取り組む必要性を強調するものであった。非軍事的脅威に対処するためには、軍事以外に非軍事的手段を用いることもある。この点、人間の安全保障と同様である。また、国家のみならず、コミュニティや個人も安全保障の対象となりうる。ただし、非伝統的安全保障概念は、基本的に安全保障の対象を国家とし、国家の安全を確保したうえで、コミュニティや個人の安全にも目を向ける必要性を説いた。安全保障の主体についても基本的には国家とした（Caballero-Anthony 2018）。人間の安全保障規範をもとにしつつ、より東南アジア諸国に受け入れられやすいよう国家が主導し、非軍事的脅威に対処すべきと訴える非伝統的安全保障規範を提示したのである（表 1）。その際、伝統的安全保障概念を否定するのではなく、それを補完するものとして、非伝統的安全保障

概念を位置付けた。

　非伝統的安全保障規範は、安全保障の客体としても主体としても国家の優越性を強調しつつ、非軍事的脅威に対処すべきとするものである。人間の安全保障規範が、種々の脅威に対応するために個々人のエンパワーメントを行うことを重視するのに対して、非伝統的安全保障規範は種々の脅威に対処する国家の能力構築の重要性を強調する。「非伝統的安全保障は、人間の安全保障の脅威に対処するために、国家の役割を重視する」ものであるといえる（Caballero-Anthony 2018 : 8）。実際、非伝統的安全保障概念に基づく政策によって、人間の安全保障問題への対処も進展した。これまで安全保障の課題とされてこなかった感染症問題が、ASEAN サミット等で東南アジア諸国間の安全保障協力が必要な課題と認識されるようになったり（Caballero-Anthony 2008 : 516）、人身売買売買対策に関する東南アジア諸国間の協力が進展したりしたのはこうした例である（Yusran 2018 : 268）。

4.　規範のローカル化と育種

　非伝統的安全保障規範は、人間の安全保障規範と共通点が多い。前節で見たとおり、非伝統的安全保障規範に基づいた政策によって、人間の安全保障の課題に一定の改善もみられる。しかし、人間の安全保障規範の核心となる要素は、安全保障の対象を国家から個人へとシフトさせることである。人間の安全保障規範の核心となる要素を剪定（除去）した非伝統的安全保障規範は、人間の安全保障規範とは、本質的に異なるものであるといわざるをえない。オリジナルの規範の本質的な部分を、ローカルな現実に合うよう剪定（除去）したものは、ローカル化された規範というよりも、別の規範とみなすべきである。

　非伝統的安全保障規範に基づいて、多くの人間の安全保障の課題への対処が進展したことは事実である。しかし、核心となる要素が異なる以上、非伝統的安全保障規範に基づいてとられる政策が、人間の安全保障を損なうこともある。例えば、都市のスラムは犯罪の温床となり国家の安全を脅かす懸念があるため、非伝統的安全保障規範の観点からすればスラム一掃政策をとることが正当化される。実際そうした政策がしばしば東南アジア諸国ではとら

れている。しかし、人間の安全保障という観点からすればスラム一掃政策は到底許容できない。感染症問題にしても、非伝統的安全保障規範に従えば、国家の公衆衛生を守るため感染者の隔離や排斥が許容される。しかし、こうした政策は、感染者の人間の安全保障を著しく損なうものである（Adachi 2020）。非伝統的安全保障規範は、人間の安全保障規範とは似て非なるものなのである。

　このようにグローバルに広まりつつある規範を参考にしつつ、異なる規範を作り出すことを規範の育種（breeding）と呼ぶ（Adachi 2023b）。これまで、新たな規範が（主として先進国によって）作り出されると、それが途上国に伝播する（≒押し付けられる）という構図を想定しがちであった。しかし、実際には、自国の現状にあうように微修正するローカル化にとどまらず、グローバルな規範を参考にしつつも、新たな規範を生み出す育種が行われることもある。そして、この新規範は、他国に（時としてオリジナルの規範以上に）伝播することがある。先進国で形成された規範を受け入れることに抵抗感がある国にとっては、育種された新規範の方が受け入れやすいこともあるからである。

　欧米などの先進国で形成される規範は、あくまで欧米諸国の社会、文化的背景に根差したものであり、非欧米地域で受け入れられるとは限らない。欧米諸国と非欧米諸国間の、政治、経済的な力の差が大きかったときには、欧米諸国で形成された規範を、非欧米諸国が受け入れざるをえないことも少なくなかった。主権国家と認められるためには、欧米諸国が設定した「文明基準」を満たす必要がある時期すらあった（Gong 1984）。こうした文明基準は、国家承認に際して用いられなくなった。しかし、冷戦終焉後、イデオロギー対立が消滅すると人権や民主主義、法の支配といった欧米出自のリベラルな価値観が、「新たな文明基準」とみなされつつあるとの指摘がなされた（Don-nelley 1998; Jackson 2000）。実際、グローバルな正義や規範の必要性が高まった時期、普遍的なグローバルな規範として、こうした欧米出自のリベラルな価値に基づく規範が盛んに唱えられた。

　しかし、欧米出自のリベラルな価値観は、必ずしも普遍的価値観なわけではない。そこには欧米の社会、文化に特有な特徴があり、非欧米地域の国々

にもとから存在する正義や規範と衝突する要素がないわけではない。非欧米地域の存在感が増し、新興国・途上国の台頭が著しい近年、欧米諸国が形成する規範を、非欧米諸国がそのまま受け入れることを拒否することも出てきた。リベラル国際秩序の揺らぎが盛んに指摘されるようになるなかで、欧米諸国が形成した規範をグローバルな規範とみなし、それが世界中に広まるという見方をとることはますます不適切になりつつある。

原産地から他の地域に伝播した植物がその地域の環境に適応し、新たな多様性が生まれることはしばしばある。こうした場所のことを二次センターと呼ぶ (Harlan 1992)。規範の伝播プロセスにおいてもこうした二次センターの存在に注目することは重要である。非軍事的な脅威に安全保障の課題として対処することの重要性は共有しつつも、人間の安全保障規範をそのまま受け入れることには抵抗感をもつ国は少なくなかった。東南アジア諸国はまさにそうした国々であった。その東南アジアを二次センターとして、東南アジア諸国の環境に適応するよう人間の安全保障規範を「品種改良」し育種されたのが非伝統的安全保障規範であった。

東南アジア諸国で新たに育種された非伝統的安全保障規範は ASEAN 各国の政策決定者の間で広まった。その結果、ASEAN 共同体構築プロセスにおいて、非伝統的安全保障規範が大きな影響を与えた。ASEAN 憲章では、「あらゆる脅威、越境犯罪、国境を越える課題に効果的に対応することが ASEAN の目的である」と述べられている。また、ASEAN 憲章は、国家に主導権を残し、国家中心主義の立場を維持するものとなっている (Collins 2008 : 326)。非伝統的安全保障という文言こそ用いていないものの、ASEAN 憲章は、実態としては非伝統的安全保障規範に基づくものといえる (Caballero -Anthony 2010 : 6-7 ; Allès 2019)。

非伝統的安全保障規範の方が、人間の安全保障規範よりも受け入れやすい国や地域は少なくなかった。ASEAN と中国の間で非伝統的安全保障協力が進展しているし (Arase 2010)、中国とインドの間でも同様である[7]。2003年に米州機構で採択された「米州の安全保障に関する宣言」の中でも、安全保障概念を、非伝統的な脅威を含むものへと拡張する必要性が認識されていることが明記された[8]。先進国中心に形成された規範をもとに、二次セン

ターで育種された新たな規範が広まる現象はこれまでほとんど見過ごされて
きた。しかし、オリジナルの（欧米諸国が形成するリベラルな）規範が、必
ずしも非西欧地域の実情にあうとは限らない。欧米諸国による押し付けへの
抵抗が強まっている現在、こうした非西欧地域を二次センターとして育種さ
れた規範が世界に伝播するプロセスに注目する必要性は高まっていると思わ
れる。

　人間の安全保障規範をもとに育種された非伝統的安全保障規範は、一見類
似しているように見えて、全く異なる効果を生みうるものである。人間の安
全保障規範は、個々人の安全を高めるべきと考えるのに対して、非伝統的安
全保障規範は国家の安全のために個人を犠牲にすることをいとわない。それ
どころか、伝統的安全保障概念以上に、個々人を犠牲にする可能性すらある。
というのも、伝統的安全保障概念と異なり、非伝統的安全保障概念の下では、
ありとあらゆるものが安全保障の課題となりうるからである。非伝統的安全
保障規範は、権威主義体制の国がこれまで行ってきた非リベラルな政策を、
人間の安全保障「的」な規範によって覆い隠す都合のよいものとなりかね
いのである（Allès 2019）。

5.　人間の安全保障規範への寄生

　グローバルな規範とローカルな現場との相互作用は、規範の剪定（ローカ
ル化）と育種だけではない。グローバルな規範を表面上受容しているように
見せかけつつも、実態としては当該規範とは全く異なる規範を保有している
場合もある。人間の安全保障規範についていえば、フィリピン政府による人
間の安全保障への盛んな言及がこれにあたる。以下では、こうしたグローバ
ルな規範とローカルな現場との相互作用についてみていこう。

　人間の安全保障規範が登場してきた際、フィリピンでは国家主権規範や内
政不干渉規範は堅持されており、人間の安全保障規範に対する警戒感が強
かった。ピープルパワー革命を経験したあと、フィリピンでは安全保障概念
の再定義が行われ、人間を安全保障の対象に加え、非軍事的脅威も安全保障
の課題とみなすようになった（Cabilo and Baviera 2010 : 34）。とはいえ、人間
は国家の構成要素という位置づけであり、安全保障の対象は主として国家で

あり続けていた。人間の安全保障規範が唱えられるようになって以降も、ラモス（Fidel Ramos）政権、エストラーダ（Joseph Estrada）政権、いずれにおいても、安全保障の対象は主として国家であり続けた（Valencia-Santelices 2013）。アロヨ（Gloria Macapagal-Arroyo）大統領は、人々の重要性を強調し、貧困との戦いを政権の最優先課題に掲げた（Macapagal-Arroyo 2001）。とはいえ、アロヨ大統領は、常に「強い共和国」をスローガンに掲げ、貧困との戦いも、国家制度を強化することで追求しようとした。フィリピンでは、非伝統的安全保障規範に基づき、安全保障政策が追求されていたといえる。

　しかし、2007 年に成立した対テロ法（Act to secure the state and protect our people from terrorism）の短縮名は、なぜか「人間の安全保障法」と名付けられた。この人間の安全保障法は、テロリズムを国家安全保障及び人々の福祉にとって有害で危険であると非難している（section 2）。安全保障の対象には、国家に加えて人間を含んではいる。ただし、法律の短縮名を除いては人間の安全保障に対する言及はない。それどころが、本法律は、テロ容疑者を令状なしに逮捕することを可能とするなど、人間の安全保障を損ないかねないものである（Arugay 2012：38）。また、安全保障の対象は基本的に国家とされている。それにもかかわらず、フィリピン政府はなぜこの対テロ法に「人間の安全保障法」という短縮名を付けたのであろうか。

　テロ対策を進めることは人間の安全保障の向上に寄与する面はある。ただし、本法律成立に際して、アロヨ大統領はほとんど人間の安全保障という語には言及していない。唯一の言及は、「経済社会開発が、人間の安全保障の達成を保証する最善の方法である」と述べた箇所のみであり、対テロ法と人間の安全保障の関係には触れていない[9]。この対テロ法は、審議中、国内外から人権侵害を助長することへの懸念が表明されていた。人間の安全保障法という名称を付けることで、国内外の人権侵害に対する懸念を和らげようとしたのかもしれない。いずれにせよ、対テロ法に「人間の安全保障法」という短縮名を付けたことは、人間の安全保障規範の受容を示すものとはいえそうにない。このように、一定以上広まっている規範に対して、当該規範を受容することなしに、何らかの効果を期待して規範に言及したり、規範を受容しているかのように振る舞ったりする行動を、規範への寄生（parasitizing）

と呼ぶ（Adachi 2023b）。

　規範への寄生は、アロヨの後を継いだアキノ（Benigno Aquino III）政権のもとでも継続した。アキノ政権期の安全保障政策は、非伝統的安全保障規範に従ったものであった（National Security Council 2011：24）。それにもかかわらず、陸軍が作成した『国内平和と安全保障計画（Internal Peace and Security Plan)』は繰り返し人間の安全保障に言及し、人間の安全保障アプローチを採用したとうたっている。ただし、安全保障の対象は国家とされており、安全保障を提供するのも主として陸軍とされていた。それにもかかわらず、人間の安全保障に繰り返し言及し、人間の安全保障アプローチの採用を掲げている背景には、アロヨ政権期に悪化した陸軍のイメージを回復しようとしていたことがあると思われる（Adachi 2023b：58-61）。

　ドゥテルテ（Rodrigo Duterte）政権期にも、人間の安全保障規範への寄生は継続した。ドゥテルテ政権が発表した『国家安全保障政策2017-2022（The National Security Policy 2017-2022)』は、安全保障の対象として国家に加えて人間に言及している。また、国家安全保障の課題として、一番目に人間および政治的安全保障（Human and Political Security）を挙げている。一見、人間の安全保障規範を受容しているようにも見えるが、子細にみてみると、『国家安全保障戦略2017-2022』は安全保障の対象として国家を最優先し、安全保障を提供する主たる主体である国家の機能を強化することがうたわれている。陸軍が作成した『開発支援及び安全保障計画2017-2022（AFP Development Support and Security Plan 2017-2022)』においては、人間の安全保障への言及はみられるものの、アキノ政権期に作成した『国内平和と安全保障計画』とは異なり人間の安全保障アプローチは採用していない。アキノ政権期に、陸軍のイメージはある程度改善したこともあり、かつてほど積極的に人間の安全保障に言及する必要性もなくなったのかもしれない。国内外の人権侵害批判を緩和したり、軍のイメージ回復を図ったりすべく、アロヨ政権期以降、たびたび人間の安全保障という語に言及するようになったフィリピン政府ではあるが、その安全保障戦略は非伝統的安全保障規範に従ったものであり続けた。

　非伝統的安全保障規範と人間の安全保障規範との相違が劇的な結果で現れ

たのが、ドゥテルテ大統領が推し進めた「麻薬戦争」であった。ドゥテルテは、麻薬問題を国家安全保障上の危機と位置付け、「麻薬戦争」を推し進めた。非軍事的問題を、安全保障上の脅威と位置付け、軍事的および非軍事的手段を駆使して、国家が主体となり問題解決にあたろうとした。麻薬常習者に対して、人間の安全保障規範の観点から対応することも可能であった。しかし、ドゥテルテは、麻薬常習者を犯罪者として厳しく罰する方針で臨み、麻薬常習者の取り締まりにおいては「人権など気にするな」、必要なら「撃ち殺せ」と命じた（Bencito 2016）。麻薬問題を安全保障化し、軍をしばしば麻薬問題への対処に際して動員した。人間の安全保障規範ではなく、非伝統的安全保障規範に基づき対処することで、軍が国家安全保障のためという大義名分のもと、麻薬問題において過剰な取り締まりを行ったり、人権侵害を行ったりした（Utama 2021）。

　新型コロナウィルス感染症が蔓延すると、国家やコミュニティの安全のために個人の権利を侵害することが、ドゥテルテ政権下ではますます正当化されるようになった（Hapal 2021）。2020 年 7 月には、人間の安全保障法の後継法である対テロ法が成立した。本法は、人間の安全保障法以上に、人権侵害を可能にする恐れがあるとして国内外から批判されている（Region 2020）。本法の短縮名から人間の安全保障という語が消えたことは象徴的である。フィリピンは人間の安全保障規範に寄生することすらやめ、内外に対して取り繕うこともなくなった。様々な非伝統的安全保障の脅威に対して、時に人権侵害もいとわず、国家が国家安全保障のために取り組んでいく姿勢が一層顕著となった。人間の安全保障規範をもとに育種された非伝統的安全保障規範は、フィリピンにおいては、政府が多様な問題を安全保障化し、権威主義的手法で問題対応にあたる道具と化したのである。その結果、人間の安全保障が大きく損なわれることにつながっているのである。

6. グローバル規範の受容と拒絶のはざまで

　グローバルな正義を実現するために、グローバルな規範を構築する必要性は高まっている。しかし、グローバルな規範とローカルな現場の接触面でいかなる相互作用が行われるのかという点についての考察は深められてこな

かった。国際関係論における規範研究においては、グローバルな規範がローカルな現場に持ち込まれた場合、それが遅かれ早かれ受容されることを当然視しがちであった。グローバルな規範を普遍的な規範とみなす傾向が強かったからである。せいぜい、ローカルな実情に合わせて若干の修正が行われることが指摘されるにとどまっていた。オリジナルの規範を本質的に変容させることを想定していなかったからこそ、規範を広く伝播していくうえで規範のローカル化を行うことは積極的に評価されていた。人間の安全保障規範に関しても、アチャリヤは東南アジア諸国で受け入れられるためにはローカル化することが必要とすら指摘していた（Acharya 2007 : 13）。

　グローバルな規範の形成過程においては、多様な正義の中から特定の規範や正義が選択される。それゆえ、グローバルな規範は、時としてローカルな正義と衝突することが避けられない。その際、グローバルな規範そのものや、その一部の要素を剪定（除去）した程度の規範では、ローカルな現場では受け入れ不可能な場合もある。一方で、グローバルな規範を完全に拒絶することもまた困難なことが少なくない。本章で明らかにしたように、グローバルな規範の受容と拒絶の間には、ローカル化という言葉でひとくくりにできない多様な相互作用が存在する。

　ローカル化という概念自体、これまで、「ローカルな実情に合うように、オリジナルの規範の一部の要素を剪定することで、規範を受容すること」と定義されており、十分に精緻化されてきたとはいいがたい。とりわけ、剪定（除去）する要素によっては、オリジナルの規範の内容が、根本的に改変されうることに対して十分に注意が払われてこなかった。しかし、本章で明らかにしたように、オリジナルの規範の本質的な要素を剪定してしまうと、似て非なる規範が生み出される。そうした規範は、もはやローカル化された規範と呼ぶべきではない。オリジナルの規範をもとにしつつ、新たに育種された規範は、時としてオリジナルの規範への抵抗感が強い国に、オリジナルの規範以上に受け入れられることすらありうる。非伝統的安全保障規範には、そうした兆しが見える。

　また、他の目的のために、規範を受容することなく規範に言及するのみの規範への寄生といった行動も確認された。グローバルな規範とローカルな現

第Ⅰ部　グローバル正義をめぐる新たなポリティクス

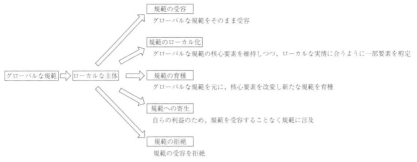

図1　グローバルな規範に対するローカルな対応
出所）筆者作成

場の接触面の相互作用の態様は、これまで考えられてきた以上に複雑で多様なのである。本章での議論をまとめたものは図1となる。本章は、規範の剪定（ローカル化）の概念をより精緻化し、これまでローカル化とひとくくりにされてきた現象の中には、ローカル化とみなすべきではないものが存在することを明らかにした。しかし、こうした分析は、人間の安全保障規範という一事例に基づいて行ったものにすぎず、グローバルな規範とローカルな現場の接触面にはさらに多様な相互作用も存在するかもしれない。

　グローバルな規範の伝播に際して、ローカルな現場で様々な軋轢が生じていることが明らかになりつつある。また、（先進国が主として形成する）グローバルな（リベラルな）規範が、必ずしも普遍性を持ちえないことは明瞭になりつつある。そうしたなか、グローバルな規範を伝播させようとする試みに対抗し、ローカルな現場で多様な形の相互作用が繰り広げられていることに対する理解を深めることは必須であると思われる。とりわけ、ローカルな現場が二次センターとなり、新たな規範が育種され広まる現象や、規範を受け入れるふりをするにすぎない規範への寄生といった現象が、グローバルな正義や規範に対して有する含意について考察を深めていくことは重要であろう。

注
1）　こうした競合は徐々に解消され、2012年の国連総会において、人間の安全保障に関

する共通理解が形成され、人間の安全保障に関する国連総会決議（A/RES/66/290）が採択された。

2)　1998年5月に東南アジア諸国を訪問した際、シンガポールで行った「21世紀への展望——日本とアジア」と題した外相演説。演説本文は、外務省HP <https : //warp.ndl. go.jp/info : ndljp/pid/11552799/www.mofa.go.jp/mofaj/press/enzetsu/10/eo_0504.html>（2024年8月11日アクセス）。

3)　ヴィエトナム国際関係学院主催講演会における小渕総理大臣政策演説「アジアの明るい未来の創造に向けて」。演説本文は、外務省HP <https : //www.mofa.go.jp/mofaj/press /enzetsu/10/eos_1216.html>（2024年8月11日アクセス）。

4)　1999年3月の韓国、4月のアメリカ、6月のアイスランド訪問時の演説など。フランスのジョスパン首相が1999年12月に訪日した際にも、共同コミュニケの中で、人間一人一人の尊厳を守ることの重要性に言及している。

5)　国連ミレニアム・サミットにおける森総理演説、2000年9月7日。演説は、外務省HP <https : //www.mofa.go.jp/mofaj/press/enzetsu/12/ems_0907.html>（2024年8月11日アクセス）。

6)　「人間の安全保障国際シンポジウム－国際社会が様々な脅威に直面する時代におけるその役割－川口外務大臣挨拶」、2003年2月25日、外務省HP <https : //www.mofa.go.jp /mofaj/press/enzetsu/15/ekw_0225.html>（2024年8月11日アクセス）。

7)　例えば、インドのシン（Monmahan Singh）首相と中国の李克強副首相の2013年の共同声明で、非伝統的安全保障の脅威に対して、協働して取り組むとしている。インド外務省HP <https : //www.mfa.gov.cn/eng/zy/gb/202405/t20240531_11367270.html>（2024年8月11日アクセス）。

8)　"Declaration on Security in the Americas"（OEA/Ser.K/XXXVIII), 28 October 2003. <https : //www.oas.org/juridico/english/decl_security_en.pdf>（2024年8月12日アクセス）。

9)　人間の安全保障法成立に際してのアロヨ大統領のスピーチ。スピーチ全文は、フィリピン政府のHPを参照。<https : //www.officialgazette.gov.ph/2007/07/20/speech-of-president-arroyo-at-the-launching-of-the-human-security-act-of-2007/>（2024年8月13日アクセス）。

参考文献

足立研幾（2014）「新たな規範の伝播失敗——規範起業家と規範守護者の相互作用から」『国際政治』176 : 1-13。

栗栖薫子（2005）「人間安全保障「規範」の形成とグローバル・ガヴァナンス——規範複合化の視点から」『国際政治』143 : 76-91。

内閣総理大臣官房監修（1998）『村山内閣総理大臣演説集』日本広報協会。

内藤正典・岡野八代編（2013）『グローバル・ジャスティス——新たな正義論への招待』ミネルヴァ書房。

細谷広美・佐藤義明編（2019）『グローバル化する＜正義＞の人類学——国際社会における法形成とローカリティ』昭和堂。

三浦聡（2005）「複合規範の分散革新——オープンソースとしての企業の社会的責任

第Ⅰ部　グローバル正義をめぐる新たなポリティクス

(CSR)」『国際政治』143：92-105。

ミラー、デイヴィッド（2011）『国際政治とは何か——グローバル化とネーションとしての責任』富沢克ほか訳、風行社。

牟田和江・平沢安政・石田慎一郎編（2012）『競合するジャスティス——ローカリティ・伝統・ジェンダー』大阪大学出版会。

Acharya, Amitav（2004）"How Ideas Spread：Whose Norms Matter? Norm Localization and Institutional Change in Asian Regionalism," *International Organization*, 58（2）：239-275.

Acharya, Amitav（2007）*Promoting Human Security：Ethical, Normative and Educational Frameworks in South-East Asia*, UNESCO.

Adachi, Kenki（2020）"Consequence of Norm Localization：Achievements and Challenges of Localized Human Security in Southeast Asia," *Ritsumeikan International Affairs*, 17：1-17.

Adachi, Kenki（2023a）"Why Did Japan Engage in Human Security Diplomacy?" in Keiji Nakatsuji（ed.）, *Japan's Security Policy*, Routledge, 198-213.

Adachi, Kenki（2023b）"Parasitizing Human Security Norm?：Analysis of the Philippines Government's References to Human Security," *Journal of Human Security Studies*, 12（2）：51-69.

Alagappa, Muthiah（1998）"Asian Practice of Security：Key Features and Explanations," in Muthian Alagappa（ed.）, *Asian Security Practice：Material and Ideational Influences*, Stanford University Press, 611-676.

Allès, Delphine（2019）"Premises, Policies and Multilateral Whitewashing of Broad Security Doctrines：A Southeast Asia-Based Critique of 'Non-traditional' Security," *European Review of International Studies*, 6（1）：5-26.

Arase, David（2010）"Non-Traditional Security in China-ASEAN Cooperation：The Institutionalization of Regional Security Cooperation and the Evolution of East Asian Regionalism," *Asian Survey*, 50（4）：808-833.

Armed Forces of the Philippines（2010）*Armed forces of the Philippines Internal Peace and Security Plan "Bayanihan."*, Armed Forces of the Philippines.

Armed Forces of the Philippines（2017）*Armed Forces of the Philippines Development Support and Security Plan "Kapayapaan" 2017-2022*, Armed Forces of the Philippines.

Arugay, Aries A.（2012）"From State to Human Security：Implications for Security Sector Reform in the Philippines," in Chantana Banpasirichote et al.,（ed.）, *Mainstreaming Human Security：Asian Perspectives*, Chula Global Network in collaboration with International Studies Development Program, Chulalongkorn University, 30-44.

Bencito, John Paolo（2016）"Duterte：Kill all the 'Narco-pols,'" *Manila Standard*, August 6.

Bloomfield, Alan and Shirley Scott eds.（2016）*Norm Antipreneurs：The Politics of Resistance to Global Normative Change*, Routledge.

Brooks, Thom ed.（2023）*The Oxford Handbook of Global Justice*, Oxford University Press.

Caballero—Anthony, Mely（2008）"Non-traditional Security and Infectious Diseases in

ASEAN : Going beyond the Rhetoric of Securitization to Deeper Institutionalization," *The Pacific Review*, 21 (4) : 507-525.

Caballero—Anthony, Mely (2010) "Non-traditional Security Challenges, Regional Governance, and the ASEAN Political-security Community (APSC)," *Asia Security Initiative Policy Series Working Paper No. 7*, Centre for Non-Traditional Security Studies, 1-14.

Caballero—Anthony, Mely (2016) *An Introduction to Non-Traditional Security : A Transnational Approach*, SAGE.

Caballero—Anthony, Mely (2018) "Non-traditional Security : Then and Now," in Centre for Non-Traditional Security Studies, *Centre for Non-Traditional Security Studies Year In Review 2018*, 8-10.

Cabilo, Zuraida Mae D. and Mara Yasmin S.P. Baviera (2010) "Defining and Debating Human Security : A Review of Literature," in *Developing A Human Security Index for The Philippines : An Explanatory Study in Selected Conflict Areas*, Diliman : Third World Studies Center, 23-88.

Collins Alan (2008) "A People-oriented ASEAN : A Door Ajar or Closed for Civil Society Organizations," *Contemporary Southeast Asia*, 30 (2) : 313-331.

Donnelly, Jack (1998) "Human Rights : A New Standard of Civilization?" *International Affairs*, 74 (1) : 1-23.

Finnemore, Martha and Kathryn Sikkink (1998) "International Norm Dynamics and Political Change," *International Organization*, 52 (4) : 887-917.

Fukuyama, Francis (1992) *The End of History and the Last Man*, Free Press.

Gong, Gerrit W. (1984) *The Standard of 'Civilization' in International Society*, Clarendon Press.

Hapal, Karl (2021) "The Philippines' COVID-19 Response : Securitising the Pandemic and Disciplining the Pasaway," *Journal of Current Southeast Asian Affairs*, 40 (2) : 224-244.

Harlan, Jack R. (1992) *Crops and Man 2nd edition*, American Society of Agronomy : Crop Science Society of America.

Jackson, Robert (2000) *The Global Covenant : Human Conduct in a World of States,* Oxford University Press.

Jumnianpol, Surangrut and Nithi Nuangjamnong (2015) "Human Security in Practice in Thailand," *JICA-RI Working Paper*, 102 : 1-51.

Klotz, Audie (1995) *Norms in International Relations : The Struggle against Apartheid*, Cornell University Press.

Macapagal-Arroyo, Gloria (2001) "First State of the Nation Address," July 23, 2001.

Macapagal-Arroyo, Gloria (2002) "Second State of the Nation Address," July 22, 2002.

Nadelmann, Ethan A. (1990) "Global Prohibition Regimes : The Evolution of Norms in International Society," *International Organization*, 44 (4) : 479-526.

National Security Council (2011) *National Security Policy 2011-2016*, Quezon City, NSC.

National Security Council (2017) *National Security Policy 2017-2022*, Quezon City, NSC.

Pogge, Thomas W. ed. (2001) *Global Justice*, John Wiley and Sons.

第Ⅰ部　グローバル正義をめぐる新たなポリティクス

Price, Richard M.(1997) *The Chemical Weapons Taboo*, Cornell University Press.

Region, Alec(2020) "Another Nail in the Coffin of the Philippines' Waning Democracy," *The Washington Post*, June 8.

Richmond, Oliver P.(2011) *A Post-Liberal Peace*, Routledge.

Risse, Mathias (2011) *On Global Justice*, Princeton University Press.

Risse, Tomas, Stephen Ropp, and Kathryn Sikkink eds.(1999) *The Power of Human Rights : International Norms and Domestic Change*, Cambridge University Press.

Sen, Amartya.(2010) *The Idea of Justice*, Penguin.

Teitel, Ruti G.(2016) *Globalizing Transitional Justice : Contemporary Essays*, Oxford University Press.

UNDP (1994) *Human Development Report 1994 : New Dimensions of Human Security*.

Utama, Muhammad Anugrah (2021) "Securitization in the Philippines' Drug War : Disclosing the Power-relations between Duterte, Filipino Middle Class, and the Urban Poor," *Indonesian Journal of International Relations*, 5 (1) : 41-61.

Valencia-Santelices, Maria Lourdes (2013) "Comparative Analysis of Philippine National Security Framework from 1986 to 2016," Master Thesis, National Defense College of the Philippines.

Wiener, Antje (2014) *A Theory of Contestation*, Springer.

Yusran, Ranyta (2018) "The ASEAN Convention against Trafficking in Persons : A Preliminary Assessment," *Asian Journal of International Law*, 8 (1) : 258-292.

第5章
シリア　概念の戦い、ネオ・リベラリズム、多極体制

青山弘之

1.　シリア内戦における「もう一つの局面」

　チュニジアで 2010 年 12 月に発生した「ジャスミン革命」に端を発し、アラブ諸国へと波及した「アラブの春」は、2010 年代の世界におけるもっとも大きな政治変動の一つといっても過言ではない。「第四の民主化の波」（fourth wave of democratization）と目された「アラブの春」によって、チュニジア、エジプト、リビア、イエメンは体制転換を経験し、そのほか多くのアラブ諸国でも政権が交代し、政治改革がめざされた。また、リビア、イエメン、シリアでは、諸外国の干渉を伴うかたちで武力紛争が発生し、治安が悪化するなかで国際テロリストの温床と化した。

　これら一連の変動、混乱のなかで、もっとも過酷だったのが、シリア内戦だった。「今世紀最悪の人道危機」（worst humanitarian crisis of this century）、「世界最悪の人道危機」（world's worst humanitarian crisis）などと呼ばれたこの紛争では、61 万 7910 人が死亡し（2024 年 3 月 15 日推計、al-Marṣad al-Sūrī li-Ḥuqūq al-Insān 2024）、500 万 5048 人が難民として国外に逃れ（2024 年 7 月 31 日、UNHCR n.d.）、720 万人が国内避難民（internally displaced persons：IDPs）となった（2024 年 2 月、OCHA 2024：7）。また、経済的な損失は 5300 億米ドルにのぼると試算された（2019 年末時点、SCPR 2020）。

シリア内戦は、民主化運動と認識される「アラブの春」の一環として生じたこととあいまって、民主主義、民主化、自由、尊厳、人権といった「普遍的」な価値や制度、本書の文脈に則っていうところのグローバル正義の実現に向けた紛争として理解されることが多い。事実、発生当初は、自由や尊厳をめざす正義の市民と、これを抑圧・阻害する悪の独裁体制の二項対立的な勧善懲悪の争いとみなされた。そして、「正義が勝つであろう、勝つべき、勝たねばならない」との予定調和的な見方で解釈されることが多かった（青山 2012：vi-viii などを参照）。

　しかし、実際は、シリア内戦は、後述する通り、「民主化」、「政治化」、「軍事化」、「国際問題化」、「アル＝カーイダ化」という当事者と争点を異にするさまざまな局面が重層的に展開する点を最大の特徴とした。そこでは、欧米諸国（シリア政治の文脈で「西側」（al-gharb）と呼ばれる陣営）が唱えるグローバル正義は、一部の当事者、そして一部の争点を正当化する正義の一つに過ぎなかった。言い換えると、シリア内戦には、重層的に交錯する諸々の局面に加えて、グローバル正義の言説を争点とする「もう一つの局面」があった。

　本章では、シリア内戦において生じたグローバル正義をめぐる争いに着目し、その言説が紛争のなかでどのように依拠、利用されたのか、そしていかなる対抗的な正義が提示されたのかを明らかにする。

2. グローバル正義抵抗予備群

「テロ支援国家」、「ならず者国家」、「悪の枢軸」としてのシリア

　現代の世界史を俯瞰するとき、欧米諸国、とりわけアメリカの政治的な価値観や政策に対して親和的でない国が常に存在してきた。東西冷戦時代における共産圏の国々、アメリカが 1979 年 12 月以降指定するようになった「テロ支援国家」（state sponsors of terrorism）、アメリカを唯一の超大国とする東西冷戦後の一極体制において、「ならず者国家」（rouge state）、「悪の枢軸」（axis of evil）とレッテル付けされるようになった国々がそれである。

　これらのなかには、イラン、南イエメン（イエメン人民民主共和国）、イラク、リビア、スーダンといった中東の国々が多く含まれ、シリアもそのな

かに常に名を連ねてきた。

だが、シリアと欧米諸国との関係は、「テロ支援国家」、「ならず者国家」、「悪の枢軸」と称されてきた他の国（あるいは組織）とは異なり、断交状態、あるいは絶縁状態であったことはほとんどなかった。シリアと欧米諸国は、激しい非難や批判の応酬を繰り返し、またシリアは欧米諸国の制裁に晒されてきたものの、外交関係、経済関係は維持され、その様相は「友好的敵対」、あるいは「敵対的友好」（青山 2003：10；2005a：5）とでも呼びうるものだった。

シリアは、1990年8月から1991年2月にかけて湾岸戦争に際して、アメリカが主導する多国籍軍に部隊を派遣、また中東和平プロセスにおいてイスラエルとの和平交渉に応じたことへの見返りとして、1970年代半ばから介入を続けてきたレバノンを実効支配することをアメリカに黙認させた（Rabil 2001：23）。また2001年の9・11事件に際しては、アル＝カーイダのせん滅をめざすアメリカに、事件の首謀者らについての情報提供を行うなどして、アメリカから高い評価を勝ち取った（Hersh 2003；US Department of State 2002：68）。

シリアと欧米諸国、とりわけアメリカとの関係は、シリアが2003年3月に勃発したイラク戦争に反対したことをきっかけに悪化を始め、2005年2月のレバノンのラフィーク・ハリーリー（Rafīq al-Harīrī）前首相（当時）暗殺事件以降は、激しいバッシングや制裁を受けることになった。にもかかわらず、2011年3月にシリアに「アラブの春」が波及するまで、両者の関係は、敵対性を増しつつも維持された（青山 2021：31-32）。

変化の予兆

国内政治に目を転じると、反欧米姿勢は統治の正当性、あるいは政治的な言動の正当性を担保するうえで無視しえないものだった。欧米の植民地支配からの脱却を基本原則の一つに掲げ、1963年3月の「バアス革命」から2024年12月までの61年9か月にわたり政権を握ってきた与党のバアス党、そして同党の党首を務めたハーフィズ・アサド（Hāfiz al-Asad、以下 H・アサド）前大統領に限らず、親政権（あるいは親体制）の政治家、政治組織、さ

第Ⅰ部　グローバル正義をめぐる新たなポリティクス

らには反政権、反体制の活動家や組織は、シリアという国が欧米諸国に迎合的な姿勢をとることをことさら嫌った。欧米諸国に親和的になるのは、権力闘争や政争に敗れ、国内に居場所を失い、欧米への亡命や活動拠点の移動を余儀なくされるときだった。あるいは、1970 年代半ばから 1980 年代初めにかけて、国内最大の反体制組織として活動したシリア・ムスリム同胞団に対するバアス党政権の批判や歴史的評価が典型であるように（Ḥizb al-Ba 'th al-'Arabī al-Ishtirākī 1985）、欧米諸国、さらにはイスラエルと結託し、その庇護や支援を受けるとの批判は、事実がどうであれ、政治的な信頼性を貶める際の常套句として用いられてきた。

　こうした状況は、2000 年 7 月にバッシャール・アサド（Bashshār al-Asad、以下アサド）大統領が、父である Ḥ・アサド前大統領の死を受けて政権の座について以降も基本的には変わるものではなかった。だが、これと同時に、欧米諸国の存在を自らの政治的目的を実現するために積極的に利用しようとする傾向が見られるようにもなっていた。

　例えば、アサド大統領は、父との違いを強調することで自らの統治の正当性を高めようとするなかで、欧米諸国の価値に準じたような改革施行を誇示した。アサド大統領は、イギリスの大学院への留学経験（1988〜1994 年）などを通じて身に着けた国際感覚や高学歴が強調され、ハイテク化、グローバル化の旗手として位置づけられた（青山 2001：16-17）。2000 年 7 月に行った就任演説においては、「創造的思考」、「建設的批判」、「透明性」、「制度的思考」、「民主的思考」、「説明責任」といった用語を多用し（Tishrīn 2000）、開明的な姿勢がアピールされた。

　また、2005 年 6 月に開催されたバアス党の党大会では、政治的多元主義、メディア統制の緩和、バアス党を国家と社会の前衛党と規定する憲法条項の改正、「バアス革命」以降、継続されていた非常事態令の適用基準や解除の是非、情報改革、出版活動の奨励、選挙制度の見直しなど、民主化の流れに沿うような改革案が示された（青山 2005b：53）。これらの改革志向は、後述する通り、「アラブの春」が波及するまで実施に移されることはなかった。だが、それは、欧米諸国が依って立つリベラルな社会原則を取り入れようとする姿勢に見えた。

102

欧米諸国も、こうした傾向にはおおむね好意的だった。アサド大統領が、単身、あるいはイギリス生まれのアスマー・アフラス（Asmā' al-Akhras）夫人と携えて、イギリス（2002年12月）やフランス（2001年6月、2008年6月、2009年11月、2010年12月）を歴訪する様子は、欧米のニュースだけでなく、ファッション雑誌などでも大きく取り上げられた。

一方、反政権、あるいは反体制の立場をとる有識者や活動家らも、自らの政治目的（究極的には政権掌握）を実現するにあたって、欧米諸国の支援を受けることに躊躇しなくなっていった。この傾向は、2005年2月のハリーリー元首相暗殺事件を機に高揚した反体制運動の「ダマスカス宣言」運動において見られるようになった。「ダマスカス宣言」運動は、2000年7月から9月にかけてアサド政権下で初めて発生した「ダマスカスの春」運動と同じく、非常事態令の解除、政治犯の釈放、国外逃亡者・追放者の帰国許可、法治国家の実現、一般的諸自由の保障、政治的・イデオロギー的多元主義の保障などに加えて、権威主義・全体主義の廃止を明確に掲げた（青山 2012：61-63, 66-68）。これらの主張は、欧米諸国の価値観に沿ったものとみなすことができた。

こうした状況について、シリアの思想家・作家ハッサーン・アッバース（Hassān 'Abbās）は、体制打倒を求める言説の背後で、「ネオ・リベラーリーユーン」（neo-lībrālīyūn）、つまりはネオ・リベラリストたちが勢力を増しつつあると指摘した（青山 2005b：50）。「アラブの春」前夜のシリアにおいては、リベラルな価値基準の採用とその担い手である欧米諸国の介入を同時並行で促そうとする動きが見え始めていたのである。

3. 重層的紛争とグローバル正義

重層的紛争としてのシリア内戦

シリア内戦は、こうした価値観の「揺れ」のなかで発生した。シリア内戦は、第1節で述べた通り、二項対立的な勧善懲悪と予定調和のもとで解釈されることが多い。だが、この紛争は、これまでに世界中で発生したそれ以外の内戦と同様、国内の政治・軍事主体間だけの武力紛争ではなく、さまざまな当事者がさまざまな争点をめぐって対立する複数の局面が重層的に絡み

第Ⅰ部　グローバル正義をめぐる新たなポリティクス

合って展開した。

　シリア内戦を構成する主な局面は、国内的局面と国際的局面という二つに大別できた（現代地政学事典編集委員会編 2020：48-49）。国内的局面は「民主化」、「政治化」、「軍事化」という三つの局面、国際的局面は「国際問題化」、「アル＝カーイダ化」という二つの局面からなっていた（青山 2017：1-27）。

　国内的局面の「民主化」は、「アラブの春」の通俗的理解に合致するもので、国家（政府、政権、体制）と社会（国民、市民）を当事者とし、体制転換や改革の是非を争点とした。「政治化」は、政権と反体制派（政治組織、政治活動家）を当事者とし、「民主化」における争点をめぐって奪権闘争が行われた。「軍事化」は、軍や政権に与する民兵と反体制派（軍事組織）を当事者とし、武力衝突を通じて奪権闘争が繰り広げられた。

　国際的局面の「国際問題化」は、欧米諸国、アラブ諸国、トルコ、ロシア、イランといった国々を当事者とし、「民主化」、「政治化」、「軍事化」、さらには「アル＝カーイダ化」への干渉が行われた。そして「アル＝カーイダ化」は、「民主化」、「政治化」、「軍事化」、「国際問題化」によって生じた混乱のなか、イスラーム国、シャームの民のヌスラ戦線（以下、ヌスラ戦線）といったアル＝カーイダの系譜を汲む国際テロ組織が当事者として加わり、各局面の争点に関与していった。

　シリアの惨状は、国内的要因に端を発する抗議デモの大弾圧、政治対立、そして暴力の応酬を起点とした。だが「今世紀最悪の人道危機」と称された混迷ぶりは、国際的局面を主因とした。

グローバル正義をよりどころとした反体制運動と欧米諸国の干渉

　グローバル正義の諸原理は、シリア内戦における五つの局面のすべてにおいて、さまざまな当事者が自らの活動を正当化し、目標を実現しようとする際のよりどころとなった。

　国内的局面の「民主化」、「政治化」、「軍事化」においては、抗議デモや反体制派の弾圧を躊躇しないシリア政府が、自由や尊厳といった価値観に反した非人道的な存在として、その正当性を否定され、体制打倒を通じた民主主義（その内容はともあれ）の実現が主唱された。

こうした主張は国外的局面の「国際問題化」に直結し、シリア政府への制裁の根拠となった。アメリカは 2011 年 4 月以降から幾度となく制裁を発動し、シリアでの人権侵害に関与・協力しているとしてアサド大統領ら政府、軍の高官や関連機関・団体の資産凍結や渡航禁止、アメリカ国民によるシリアへの投資と輸出の禁止、シリアからの石油、石油産品の輸入・取引の禁止といった措置に踏み切った。ヨーロッパ連合（European Union：EU）も同年 5 月以降、同様の制裁をとった。一方、アラブ連盟は、サウジアラビアやカタールの主導のもとに、同年 11 月、シリアの加盟資格を一時停止、大使召還、禁輸、資産凍結といった制裁を発動した。トルコも同年同月、国内の資産凍結、シリア中央銀行との取引禁止などの制裁を科した。これらの国はまた、2011 年 7 月のアメリカを皮切りに、「保護する責任」（responsibility of protect）を根拠にシリア政府の正当性を一方的に否定し、同 12 月に在外活動家からなるシリア国民評議会を「シリア国民の正統な代表」として承認した。また 2012 年にはシリア国民評議会を母体とするシリア革命反体制勢力国民連立（シリア国民連合）の設立を後押しし、その正当性を承認した（青山 2022：50-51）。

パラダイム・シフト

シリア政府の非道に対する非難は、無辜の市民、とりわけ女性や子供の殺りく、学校や病院といったインフラへの無差別攻撃といった「定型句」によって強調された。加えて、「樽爆弾」（barrel bomb）[1]、白リン弾や燃料気化爆弾、クラスター弾といった国際法上、その製造や使用に疑義が呈されている兵器や戦術に対して、欧米諸国は国内外の反体制派とともに非難の矛先を向けた。なかでも、国際的局面の「国際問題化」において、シリア政府を追及する際の最大のアジェンダとなったのが化学兵器だった。

2013 年頃からシリア国内各所の戦闘で化学兵器の使用が確認されると、欧米諸国は、シリア政府（のみ）が使用していると断じ、大量破壊兵器拡散防止というグローバル正義をもって非難した。2013 年 8 月のダマスカス郊外（Rīf Dimashq）県グータ（Ghūṭa）地方各所で起きた化学兵器使用疑惑事件では、バラク・オバマ（Barak Obama）政権が軍事介入による懲罰を画

第Ⅰ部　グローバル正義をめぐる新たなポリティクス

策した。これは実施が見送られたものの、2016年4月のイドリブ（Idlib）県ハーン・シャイフーン（Khān Shaykhūn）市での疑惑事件では、ドナルド・トランプ（Donald Trump）政権がシリアへのミサイル攻撃に踏み切った。また2017年4月のダマスカス郊外県ドゥーマー（Dūmā）市での事件では、米英仏がミサイル攻撃を行った。

　なお、シリアへの欧米諸国の軍事介入は、イラク戦争やリビアでの「アラブの春」のように体制転換を目的とすることが反体制派から期待された。ただし、シリアにおいては、大量破壊兵器拡散防止が体制転換に向けた介入の根拠にはならなかった。その一方で、アメリカはイスラーム国に対する「テロとの戦い」（生来の決意作戦（Operation Inherent Resolve））において劣化ウラン弾の使用を躊躇しなかった（Oakford 2017）。言い換えると、大量破壊兵器拡散防止は、自由、尊厳、民主主義といった価値観を根拠とした全面介入（を通じたグローバル正義の実現）を回避するためのグローバル正義として機能し、体制転換を主目的としていた欧米諸国の干渉政策にパラダイム・シフトをもたらした。

　パラダイム・シフトはまた、2014年6月にイスラーム国が台頭したことを受けて、欧米諸国が「テロとの戦い」という別のグローバル正義の基準を根拠に、シリアへの軍事介入に踏み切ったことでも生じた。それだけでなく、「テロとの戦い」は、国際テロ組織であるイスラーム国殲滅に向けた介入に根拠を与える一方で、アメリカ自身が1997年10月8日以来、外国テロ組織（foreign terrorist organizations：FTO）の一つに指定してきたクルディスタン労働者党（Partiya Karkerên Kurdistan：PKK、US. Department of State n. d.）を実質支援する根拠ともなった。アメリカ主導の有志連合は、PKKの系譜を汲むシリアの民主統一党（Partiya Yekîtiya Demokrat：PYD）の民兵組織の人民防衛隊（Yekîneyên Parastina Gel：YPG）を主体とする武装連合体のシリア民主軍を「テロとの戦い」の「協力部隊」（partner forecs）と位置づけ、これを全面支援した。シリア民主軍はイスラーム国をユーフラテス川東岸（ジャズィーラ地方）などから放逐することに成功し、米軍を後ろ盾とすることで同地を実効支配した。

二つのグローバル正義の拮抗

しかし、シリア内戦のなかで、これらのグローバル正義の言説が国際社会の総意として示されることはなかった。「国際社会の総意」については、多様な解釈が可能であろう。だが、少なくとも国連安保理において、これらのグローバル正義に依拠した言動が決議として承認されることはなかった。自由、尊厳、民主主義であれ、「保護する責任」であれ、そのすべてが欧米諸国の側から提起された。だが、ロシア、イラン、そして中国、そしてグローバルサウスとして位置づけられる多くの国がこれに疑義を呈した。欧米諸国は 2011 年 3 月から 2020 年までの 9 年間に、国連安保理において、シリア政府を非難、追求するための 16 の決議案（2011 年が 1 回、2012 年が 2 回、14 年が 1 回、16 年が 2 回、17 年が 5 回、18 年が 1 回、19 年が 2 回、20 年が 2 回）を提出し、採択を目指した。だが、ロシアはこれらすべてに、中国は 11 の決議案に対して拒否権を発動し、廃案に追い込んだ（Dag Hammarskjöld Library n.d.）。

こうした拒否の姿勢の根拠となったのは、内政不干渉、主権尊重、独立維持、領土保全といった価値基準だった。むろん、これによって、シリアへの諸外国の干渉が排除され、主権と領土が維持されることはなかった。欧米諸国が、反体制派支援、制裁、部隊駐留を通じて干渉を続ける一方、ロシア、イランもこれを対抗し、シリア政府を支援した。二つのグローバル正義の原理が拮抗するなかで、シリアはこれらの外国の「代理戦争」（proxy war）の主戦場と化し、シリア内戦の長期化をもたらす結果となった。

「なりすまし」を通じた迎合

一方、国際的局面の「アル＝カーイダ化」において、アル＝カーイダの系譜を汲む国際テロ組織は、元来は欧米諸国のリベラルな価値観に真っ向から対立する存在だった。だが、シリア内戦においては、これらの組織の多くが、このリベラルな価値観に基づいて自らの活動を正当化、欧米諸国の支援を呼び込もうとした。

欧米諸国は、反体制派を支援するにあたって、反体制派を「穏健な反体制派」（moderate opposition）と、アル＝カーイダの系譜を汲む国際テロ組織

を含むイスラーム過激派に区別し、前者を支援、後者を抑止する姿勢をとった。こうした峻別は、両者が組織、メンバーの双方において混交していること、あるいはサウジアラビア、トルコ、カタールといった国が後者を支援することを躊躇せず、欧米諸国がそれを民主化支援とみなしていたがゆえにそもそも不可能だった（青山 2020）。そして、そうであるがゆえに、アル＝カーイダの系譜を汲む国際テロ組織の一部は、「穏健な反体制派」への「なりすまし」を行い、欧米諸国が提唱する価値基準に親和的な姿勢を示し、欧米諸国の非難や攻撃をかわすだけでなく、支援を勝ち取ろうとした。その典型がシャーム自由人イスラーム運動だった。この組織は、自由シリア軍諸派のなかで主流を構成するにいたった。また、「シリアのアル＝カーイダ」と目されるヌスラ戦線も、アル＝カーイダとの絶縁を表明し、シャーム・ファタハ戦線、シャーム解放機構と名前を変更し、「シリア革命」の旗手を自認した。ヌスラ戦線はテロ組織の指定を解除されることはなかったが、その活動は欧米諸国によって実質的に黙認された。

紛争解決への取り組み

とはいえ、国際社会において紛争解決に向けたグローバル正義の適用が模索された取り組みは皆無ではなかった。それは、ジュネーブ・プロセス、アスタナ・プロセス、ソチ・プロセスと称される三つのプロセスを通じて推し進められた。

このうち 2012 年 6 月に国連の主催のもと、アメリカとロシアが主導するかたちで開始されたジュネーブ・プロセスにおいては、シリア政府、反体制派、それ以外の勢力から構成され、完全なる行政権を有する移行期統治機関（すなわち移行期政府）を当事者の総意のもとに発足させること、新憲法を制定し、そのもとで公正な選挙を実施し、紛争を終結させることなど定められた。ロシア、トルコ、イランを保証国とするアスタナ・プロセスでは、反体制派の支配地を「緊張緩和地帯」（de-escalation zone）に指定し、同地での停戦、シリア政府との和解、人道支援を推し進めること、ロシアのイニシアチブのもとにジュネーブ・プロセスに準じた和平会議を開催することが合意された。そして、ソチ・プロセスにおいては、紛争終結後の国家再建の基

礎となる新憲法の起草（ないしは現行憲法の再検討）を目的とする制憲委員会（憲法制定委員会）の設置が合意され、その会合が開催された。

　これらのプロセスは、いずれもが制度的な移行期正義にかかわる概念、発想、しくみをある程度取り入れるかたちで立案、推進された。だが、実際には既存の移行期正義構想の枠組みから大きく外れており、移行期正義を移行プロセス（つまりは体制転換プロセス）と同時並行で進める見通しはまったくなかった（青山・阿部 2022：65-69）。

4. グローバル正義への抵抗

「膠着した終わり」

　「今世紀最悪の人道危機」と称されたシリア内戦は、2010 年代後半から徐々に膠着していった。シリア軍と反体制派の武力衝突は、2015 年 9 月にロシアが前者を支援するかたちで爆撃を本格化させるなど全面介入したことで、前者が優位となり、2016 年 12 月には反体制派最大の拠点であるアレッポ市東部地区を制圧した。また、「世紀の取引（ṣafqa al-qarn）」（青山 2021：168-192）と呼ばれるアメリカ、ロシア、トルコ、イスラエル、イラン、シリア政府、PYD による大掛かりな取引の結果として、シリア軍は 2018 年 11 月までには、イドリブ県を中心とする北西部以外の反体制派の支配地を奪還していった。同地ではシリア軍、ロシア軍と反体制派、トルコ軍が激しく戦果を交えたが、2020 年 3 月にロシアとトルコが停戦に合意して以降、2024 年 12 月にアサド政権が突如として崩壊するまでの 4 年 8 か月間、大規模な戦闘は発生しなくなった（青山 2021：210-214）。

　イスラーム国との戦いにおいても、2014 年 8 月から爆撃を開始したアメリカ主導の有志連合と、シリア軍、ロシア軍、イラン軍、そしてその後「イランの民兵」（al-mīlīshiyāt al-īrānīya）と称されようになるシリア国内外の民兵諸派が挟撃し、2017 年 12 月 11 日にヴラジーミル・プーチン（Vladimir Putin）大統領が、2019 年 3 月 22 日にはトランプ大統領がそれぞれ勝利宣言を行った。一方、アメリカの後ろ盾を得て、イスラーム国と戦っていた PYD が勢力を拡大するなかで、トルコは、「安全地帯」（güvenli bölge）の設置・拡大を目的として、「ユーフラテスの盾」作戦（2016 年 8 月〜2017 年 3 月）、

第 I 部　グローバル正義をめぐる新たなポリティクス

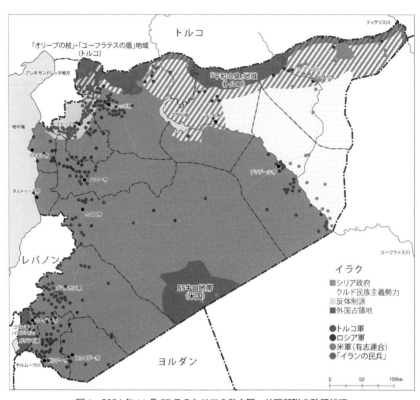

図1　2024年11月27日のシリアの勢力図、外国部隊の駐留状況
出所）筆者作成

「オリーブの枝」作戦（2018年1月～3月）、「平和の泉」作戦（2020年10月）という3回の侵攻作戦を実施し、これを放逐、国境地帯を実効支配していった。

　こうした戦況の変化は、紛争の持続的な解決をもたらすことはなく、筆者が「膠着した終わり」と呼ぶ状態を現出させた。そこでは、紛争再発の火種が残されたまま、シリア政府、PYD、シャーム解放機構が主導する反体制派が国土を分割し支配する一方、トルコ軍、米軍（有志連合）がシリア北部、北東部、南部などを実質占領、またロシア軍、「イランの民兵」が各所に部隊を駐留させるという状態が長らく維持された（地図参照）。

概念の戦い

　シリア政府は、分断と占領を特徴とする「膠着した終わり」にその身を置くこととなったが、アサド大統領、そして与党であるバアス党は、ロシア、イラン、そして「イランの民兵」の支援もあり、2024年12月までの間、支配を維持することに成功した。この抵抗は、自由、尊厳、民主主義、人道といった欧米諸国側のグローバル正義を支える言説に対抗するプロセスでもあった。それは、第3節でも触れた通り、もっぱら、内政不干渉、主権尊重、独立維持、領土の一体性といったグローバル秩序の原則を盾とするかたちで行われた。だが、それとあわせて、これらの諸原則に妥当性を与えるような現状認識、世界観、さらには価値観が徐々に示されるようになった。これは、シリア国民全般、あるいはテクノクラートや専門職に向けたアサド大統領の演説、ロシアや中国のメディアとのインタビューのなかでもっとも具体的かつ明確に示され、以下三つを特徴とした。

　第一の特徴は、「真の戦争」（ḥarb ḥaqīqīya）、「概念の戦い」（ḥarb al-muṣṭalaḥāt、ḥarb al-mafāhīm）[2]という用語をもって、反体制派や欧米諸国を批判した点である。

　真の戦争は、2012年6月3日、アサド大統領が人民議会で行った演説のなかで、初めて提起された。アサド大統領のこの演説のなかで、政府が2011年4月から2012年2月に断行した新憲法施行など一連の法改正からなる「包括的改革プログラム」（青山 2012：89-92）の成果を強調する一方、次のように批判した。

　　今まで政治的解決とテロの関係について何かを提示した者はいない〔……〕。テロはすべての当事者を例外なく打ちのめすものであって、政治的な対立の一部などではない〔……〕。テロと政治プロセスを分けないことは、一部の人が犯している大きな間違いで、テロに根拠を与えてしまっている〔……〕。我々が直面しているのは、祖国に内乱と破壊をもたらそうとする計画であり、この内乱の道具こそがテロなのだ〔……〕。問題がテロに関わる問題だと言うとき、我々はもはや国内の枠組みにのみ留まってはいない。我々は今、外国からの真の戦争に直面し

ているのだ〔……〕。テロは政治プロセスとは関係ない〔……〕。(SANA
2012)[3]

　このように述べることで、アサド大統領は、反体制派が、政治プロセスを
通じた紛争解決を拒否し、頓挫させようとし、その手段としてテロに訴えて
いると批判、テロへの対応を反体制派の背後にいる欧米諸国との戦いと位置
づけた。
　そのうえで、アサド大統領は、この真の戦争の重要な局面として概念の戦
いがあると主張した。この言葉は、2016 年 2 月 15 日にアサド大統領が弁護
士組合中央評議会・各県評議会会合で行った演説のなかで以下のように初め
て提起された。

　　我々が曝されている戦争は 5 年間におよぶ戦争ではなく、過去 30 年に
　　及ぶ「概念をめぐる戦争」だ。それは衛星メディア〔……〕の出現を
　　もって始まり、インターネットの普及によって、すべての家に入り込ん
　　でいった。この戦争は、すべての市民に歪んだ概念をもたらすことがで
　　きるようになった〔……〕。政府やその政策に反対し、政権交代や政策
　　転換を要求する資格は誰にでもある。しかし、国家そのものを転換する
　　ことは誰にもできない〔……〕。国家が気に入らない者は、新憲法を起
　　草し、体制転換することで対処できる。しかし〔……〕国家そのものに
　　背くことはできない〔……〕。国家と体制を峻別するという問題もある
　　〔……〕。国家であれ、政府であれ、与党であれ、愛国者であれ、体制
　　(al-niẓām) という概念を用いるが、これは危険なことだ。なぜなら、
　　体制という言葉が用いられる場合、それは政府ではなく国民を侮辱して
　　いるからだ。体制に寄り添う国民には、国家がないことになってしまう
　　〔……〕。この表現は、西側が我々に対して常に用いるものだ。だから、
　　先日の外国メディアのインタビューで、私は「フランスの体制」、「イギ
　　リスの体制」とあえて言ったのだ。なぜなら、我々は、彼らこそが真の
　　悪党だと考えているからだ。(SANA 2016)

第5章　シリア　概念の戦い、ネオ・リベラリズム、多極体制

　このように述べ、アサド大統領は、体制という概念の安易な使用が、その
もとで暮らす国民と国家の存在を否定すると指摘した。また、国家と体制と
いう概念に加えて、国家の権威のもとで許される暴力とテロについての理解
が曖昧であること、そしてそれによって、国家や国民の存在を前提として政
治的な主張を行う反体制派と、国家と体制を峻別せずに、外国の支援やテロ
への依存を躊躇しない自称反体制派を区別することができず、国民にこれを
認知させる取り組みが十分ではなかったと自己批判した。アサド大統領は、
シリア内戦における対立構図、その是非を説明する際に引き合いに出される
体制転換、反体制派といった諸概念の理解が、欧米諸国の言説を正当化する
うえで優位に働いてるとみなし、それらを自らの政治的姿勢に合致したかた
ちで厳密に理解することの必要性を強調した。

ネオ・リベラリズム

　第二の特徴は、「ネオ・リベラリズム」（al-lībrālīya al-ḥadītha）を用いて、
真の戦争状態、概念の戦いにおける苦戦を強いられたシリアの現状を批判的
に評価し、その克服を主唱した点である。第2節でネオ・リベラーリーユー
ンについて言及した通り、ネオ・リベラリズムは、シリアの政治的文脈のな
かでは親欧米を意味する言葉としてしばしば用いられていた。アサド大統領
は、シリアにおけるこうした用語法を踏まえるかたちで、欧米諸国のグロー
バル正義に対抗するための言説の基軸にこの用語を据えていったのである。
真の戦争、概念の戦いが、シリア内戦における高強度紛争の状態にある2010
年代に提起されたのに対して、ネオ・リベラリズムは、「膠着した終わり」
という閉塞状態のなかで頻繁に言及されるようになった。

　アサド大統領は 2020 年 12 月 7 日、宗教関係省が主催した会合に出席し、
イスラーム教の宗教関係者らに向けた異例の演説を行った。このなかで、ア
サド大統領は以下のように述べ、ネオ・リベラリズムを定義した。

　　抵抗は真の敵を知ることから始められる〔……〕。いかなる教義であれ、
　　第一の敵は外からやっては来ない〔……〕。脅威は常に内側から生じて
　　いるのだ〔……〕。この脅威は、後進性、過激性、狂信性、信徒が健全

113

に思考できないことに起因している〔……〕。抵抗は、脅威を知ることとともに、弱点を知ることから始められることになる。私はあなた方がこれらの弱点に対処していると考える。だが、多くの人にそれは見えていない。真の敵の本質を特定できないままである〔……〕。多くの人々にいまだ明白になっていない〔思想〕潮流とは、ネオ・リベラリズムという潮流だ〔……〕。ネオ・リベラリズムは、アメリカにとっては民主主義の普及に似ている。彼らは、民主主義を、諸国民への覇権を実現するために利用している。戦争を仕掛けるために人権を利用している〔……〕。ネオ・リベラリズムは〔……〕癌のように悪性だ〔……〕。人間がそれを感知しないままに、ゆっくりと成長するからだ。その手口は、道徳的衰退を広め、人間を、信条、価値観、帰属意識、教義から引き離すことで、目的に達しようとするというものだ〔……〕。ネオ・リベラリズムに求められているのは、人間の人間性を打ちのめすことであり、宗教とは対照的なのだ〔……〕。人間が人間性から切り離されたとき〔……〕、何が人間を導くだろうか？　それは二つ、カネと本能だ〔……〕。家族、社会、そして祖国から切り離すことが〔……〕やり口だ。この個人はいかなるものにも帰属しない〔……〕。このリベラリズムという教義に帰属するだけなのだ〔……〕。(SANA 2020)[4]

　このように述べたうえで、アサド大統領は、諸国民への覇権を実現しようとする欧米諸国が、民主主義、人権といった価値観を掲げることでネオ・リベラリズムをシリアに持ち込み、そのアイデンティティを破壊しようとしているとの認識を示した。そのうえで、政治やテロのツールとはならない「正しい宗教」、「人種や言語といった枠に囚われない、文明としての側面を担うアラブ性（al-'urūba）」(SANA 2020) をもってアイデンティティを確立し、ネオ・リベラリズムを退ける必要があると強調した。

　アサド大統領はまた、このネオ・リベラリズムがイスラーム過激派の言動と表裏一体をなしていると指摘した。2023 年 9 月 29 日に中国訪問中に中国中央電視台（China Central Television：CCTV）が行ったインタビューにおいて、アサド大統領は以下の通り述べた。

第5章 シリア 概念の戦い、ネオ・リベラリズム、多極体制

　我々の地域は今、この戦争〔シリア内戦〕によって二つの脅威に直面している。アメリカで生まれた西側のネオ・リベラリズム、そして過激主義の脅威だ。社会は、この二つの害悪の発生を前にしている。それは異なって見えるが、実際は一つだ〔……〕。（SANA 2023g）

多極体制

　第三の特徴は、真の戦争、概念の戦い、ネオ・リベラリズムへの抵抗を国際社会におけるアメリカ中心の一極体制から「多極体制」（niẓām muta 'addid al-aqṭāb）への移行期に向けた世界の趨勢として捉える点である。この姿勢は、2022 年 2 月 24 日にロシアのウクライナ侵攻（ロシアがいうところの特別軍事作戦）が始まり、ロシアと欧米諸国の対立が先鋭化するなかで頻繁に示されるようになった。この考え方がプーチン大統領の世界観（兵頭 2018）を踏襲していることはいうまでもない。それは、アサド大統領が 2023 年 7 月 25 日、シリアを訪問したアレクサンドル・ラヴレンティフ・ロシア大統領特使（シリア問題担当）との会談で以下の通り述べ、ロシアの姿勢を称賛したことからも明らかである。

　　欧米諸国に対するロシアの確固たる姿勢は、多極世界の実現をもたらす最重要要素の一つであり、それを、国際法を順守し、主権、自主性、国益を守ろうとしているすべての国、そしてその国民たちが注視している。（SANA 2023e）

　アサド大統領は、こうした多極体制確立を唱道する姿勢をアラブ諸国やグローバルサウス諸国を前に積極的に唱道した。例えば、シリアのアラブ連盟への復帰が合意された 2023 年 5 月 19 日の第 32 回アラブ連盟首脳会議での演説において、アサド大統領は以下の通り述べ、欧米諸国の覇権主義に対抗する世界の構築の必要を訴えた。

　　我々は今日、多極世界になろうとしている国際情勢を変化させる好機を前にしている。それは、原則、道徳、友人、パートナーを欠いた西側の

覇権主義がもたらしたものだ。これは外国の介入を最低限に抑えて、我々が自分たちの問題を再編する歴史的好機だ。それには、今日存在するこの世界のなかで自らを再配置し、その積極的な一員となり、首脳会議に先立つ今日の諸々の和解によって醸成された好意的な雰囲気に投資する必要がある。（SANA 2023c）[5]

　アサド大統領にとって、多極体制はいまだ完全に実現はしていないが、それを希求し、実現をめざす陣営が世界の多数派だと強調した。2024年4月21日、ロシアのチャンネル1が放映した、大統領府でのアブハジア共和国のイナル・アルドズィンバ外務大臣との「世界の多数派」と題した政治・思想対話のなかで、アサド大統領は以下の通り述べ、多極体制を志向すること、あるいは多極主義が歴史における自然のありようだと主張した。

　　多極主義は人類の文明が始まって以来存在している〔……〕。このことは、時には戦争し合い、時には協力し合うまったく異なった複数の帝国が存在していたことによって裏づけられている。だが、多極主義とは、経済、あるいは文化であることもあるが、それより重要なのは、世界が多様に創造されたということだ。一極主義は、その構造において矛盾している。それは〔……〕世界を混乱に陥れ、私の国、そして世界の多くの国がその代償を支払っている。（SANA 2024a）[6]

5.　グローバル正義への抵抗は奏功したのか？

　シリア内戦において、グローバル正義は、それを構成する諸原理である自由、尊厳、民主主義、大量破壊兵器拡散防止、「テロとの戦い」の勝利を字義通りの意味でもたらしてはいない。反体制派と欧米諸国は、体制打倒、懲罰としての部分的軍事介入、限定的なテロ対策、領土分断、占領・駐留といった政治目的を追求するうえで、自らの行為を正当化するレトリックとしてグローバル正義の言説を利用した。一方、これに対抗したシリア政府、ロシア、イランも、内戦不干渉、主権尊重、独立維持、領土保全といった別のグローバル秩序の原則を引き合いに出し、自らを正当化した。このようにし

てグローバル正義の理念が相対化されるのと並行して、「膠着した終わり」がシリアを支配し、この過程で、シリア政府は、グローバル正義への抵抗を自己正当化する現状認識、世界観、価値観を確立していった。そして、それらをロシアのウクライナ侵攻のなかで、世界的な潮流として位置づけていった。

　グローバル正義への抵抗は、シリア政府が中東と国際社会において徐々に地位を回復するなかで、勢いを増すかに思えた。欧米諸国とともにシリア政府を厳しく批判してきたサウジアラビアをはじめとするアラブ諸国は、カタールを除いて、シリア政府との関係を修復、シリアはアラブ連盟に復帰した。トルコはシリア政府との断交状態を続けたが、ロシア、イラン、イラクといった国の仲介で関係修復を模索するようになった。欧米諸国のなかでは、日本が 2023 年 2 月のトルコ・シリア大地震の被災者を支援するとして、シリア政府と人道支援での連携を強め、イタリアも 2024 年 8 月に 12 年ぶりに大使をダマスカスに派遣した。

　しかし、シリアを取り巻く環境の変化は、シリア政府によるグローバル正義への抵抗の継続を許さなかった。2023 年 10 月、パレスチナのハマースによる「アクサー大洪水」奇襲作戦をきっかけに、イスラエルによるガザ地区への攻撃が激化、抵抗の枢軸がハマースを支援するかたちで、イスラエル本土だけでなく、紅海や地中海での商船やタンカー、シリア領内の米軍（有志連合）の基地を攻撃することで、戦火はヨルダン川西岸、レバノン、イラク、イラン、イエメン、そしてシリアに拡大した。レバノンのヒズブッラー、イランがイスラエルの攻勢を前に劣勢を強いられるなか、シリア政府も疲弊していった。こうした状況を利するかたちでシャーム解放機構を主体とする反体制派は 2024 年 11 月 27 日、「攻撃抑止」と銘打った作戦を開始、シリア政府支配地に侵攻し、わずか 11 日後の 12 月 8 日、首都ダマスカスを制圧、アサド大統領は辞職し、ロシアに亡命した。シリア政府によるグローバル正義への抵抗は、体制崩壊とともに突如として終わりを迎えた。

　この政治変動によって、欧米諸国のグローバル正義がシリアの政治における正義となるのかを判断することは時期尚早ではある。だが、体制崩壊は、自由、尊厳、そして民主主義の実現や定着と同義ではなく、シリアでは依然

として混乱が続くことが大いに予想される。こうしたなかで、諸外国、そしてシリア国内の当事者が自らのグローバル正義を戦わせる事態が継続するならば、これらの正義に対する抵抗も確実に再燃することだろう。

注

1) 金属製のドラム缶やタンクに爆薬、破片（金属片や釘など）、燃料を詰め、ヘリコプターなどから投下する爆弾で、無差別性が高いなどと指摘されている。
2) アサド大統領は 2019 年 12 月 18 日のアラブ作家連合設立 50 周年式典の出席者との懇談では「概念の戦線」（jabha al-mafāhīm wa al-muṣṭalaḥāt）という用語で、2023 年 12 月 18 日のバアス党での会合では「真実をめぐる戦争」（ḥarb al-ḥaqīqa）という用語で置き換えている（SANA 2019、2023h）。
3) 本章で抜粋したアサド大大統領の演説の全訳は「シリア・アラブの春顛末記」に所収されている。
4) アサド大統領はまた、2023 年 5 月 19 日の第 32 回アラブ連盟首脳会議での演説などでも同様の発言を行っている（SANA 2023c）。
5) 同様の姿勢は、中国、イラン、インドの首脳や閣僚との会談においても強調された（SANA 2023b、2023d、2023f）。
6) アサド大統領は 2023 年 3 月 17 日のロシア 1 チャンネルとのインタビューなどでも同様のことを述べている（SANA 2023a）。

参考文献

青山弘之（2001）「"ジュムルーキーヤ"への道（1）——バッシャール・アル＝アサド政権の成立」『現代の中東』31：13-37。
———（2003）「シリア／「友好的敵対」が意味するもの（特集　中東再編成：アメリカとの新たな関係）」『アジ研ワールド・トレンド』98：10-13。
———（2005a）「シリアと米国——ブッシュ米政権の脅威との戦い（2003 年 3 月〜2004 年 8 月）」『現代の中東』38：2-18。
———（2005b）「シリア／民主性誇示か、権威主義維持か——バアス党第 10 回シリア地域大会にみるアサド政権」『海外事情』53（11）：46-56。
———（2012）『混迷するシリア——歴史と政治構造から読み解く』岩波書店＜復刻版：https://cmeps-j.net/publications/syria_in_turmoil_2012＞。
———（2017）『シリア情勢——終わらない人道危機（岩波新書新赤版 1651）』岩波書店。
———（2020）「「イスラーム〇〇」が妨げる中東理解——シリア内戦を事例に」Yahoo! JAPAN ニュース（エキスパート）、11 月 24 日＜https://news.yahoo.co.jp/expert/articles/ee4bc65c01672242800cce9350910be7efb1f008＞。
———（2021）『膠着するシリア——トランプ政権は何をもたらしたか』東京外国語大学出版会。
———（2022）『ロシアとシリア——ウクライナ侵攻の論理』岩波書店。

青山弘之・阿部利洋（2022）「シリアにおける移行期正義の限界と可能性——クルド民族主義組織 PYD による自治の試み」今井宏平編『クルド問題：非国家主体の可能性と限界』岩波書店、53-82。

現代地政学事典編集委員会編・人文地理学会編集協力（2020）『現代地政学事典』丸善書店。

「シリア・アラブの春顛末記：最新シリア情勢」＜http：//syriaarabspring.info/＞。

兵頭慎治（2018）「諸外国の対中認識の動向と国際秩序の趨勢⑤　プーチンの戦略環境認識——多極世界観を中心に」『China Report』18（3月30日）＜https：//www.jiia.or.jp/column/ChinaReport18.html＞。

Dag Hammarskjöld Library（n.d.）"UN Security Council – Quick Links：Veto Lists"＜https：//research.un.org/en/docs/sc/quick/veto＞（2024年9月5日閲覧）

Hersh, Seymour M.(2003) "The Syrian Bet." *New York Times*, July 28.

Ḥizb al-Ba'th al-'Arabī al-Ishtirākī（1985）*al-Ikhwān al-Muslimūn：Nash'a Mashbūha wa Tārīkh Aswad*, Damascus：Maktaba al-I'dād.

al-Marṣad al-Sūrī li-Ḥuqūq al-Insān（2024）"Naḥwa 618 Alf Shakhṣ Qaḍaw wa Qutilū wa Ustushhidū mundh Indilā' al-Thawra al-Sūrīya fī Ādhār 2011," March 15. ＜https：//www.syriahr.com/%D9%81%D9%8A-%D8%A3%D8%B9%D9%84%D9%89-%D8%AD%D8%B5%D9%8A%D9%84%D8%A9-%D8%B3%D9%86%D9%88%D9%8A%D8%A9-%D9%85%D9%86%D8%B0-%D8%A8%D8%AF%D8%A1-%D8%AA%D8%B5%D8%B9%D9%8A%D8%AF%D9%87%D8%A7-%D8%A5%D8%B3/697194/＞

Oakford, Samuel（2017）"The United States Used Depleted Uranium in Syria," February 14. ＜https：//foreignpolicy.com/2017/02/14/the-united-states-used-depleted-uranium-in-syria/＞

OCHA（UN Office for the Coordination of Humanitarian Affairs）（2024）"Humanitarian Needs Overview：Syrian Arab Republic（Humanitarian Programme Cycle 2024）," February. ＜file：///C：/Users/aljab/Downloads/Syria%20HNO%202024_EN%20（1）.pdf＞

Rabil, Robert G.(2001) "The Maronites and Syrian Withdrawal：From "Isolationists" to "Traitors"?," *Middle East Policy*, 3（3）（September）：23-43.

SANA（Syrian Arab News Agency）（2012）"al-Ra'īs al-Asad：al-'Amalīya al-Siyāsīya Tasīr ilā al-Amām wa al-Faṣl bayna-hā wa bayna al-Irhāb Amr Siyāsī li-l-Wuṣūl ilā Ḥall li-l-Azma .. Abwāb Sūrīya Maftūḥa li-Kull Man Yurīd Iṣlāḥan Ḥaqīqīyan wa Ḥiwāran Ṣādiqan," June 4. ＜http：//www.sana.sy/ara/2/2012/06/04/423121.htm＞.

───（2016）"al-Ra'īs al-Asad khilāla Liqā'-hu Majlis Niqāba al-Muḥāmīn al-Markazīya wa al-Majālis al-Far'īya fī al-Muḥāfaẓāt：Ahammīya al-Dawr al-Asāsī li-l-Niqābāt wa al-Munaẓẓamāt al-Sha'bīya ka-Jisr bayna al-Ḥukūma wa al-Mujtama' .. al-Gharb Yataḥaddath 'an Waqf Iṭlāq al-Nār 'inda-mā Yata'allam al-Musallaḥūn wa Tabda' al-Hazā'im,"، February 15. ＜http：//www.sana.sy/?p=337099＞

───（2019）"al-Ra'īs al-Asad：al-Istithmār fī al-Mashārī' al-Thaqāfīya Huwa al-Istithmār al-Akthar Ribḥan li-Anna-hu Yabnī al-Insān al-Muntamiya wa al-Mutasalliḥ bi-al-Ma'rifa wa Yuḥaṣṣin-hu wa Yu'ahhir-hu li-Yakūn Qādiran 'alā Tanmiya Dhāt-hu wa Mujtama'-hu wa Waṭan-hu," December 18. ＜https：//www.sana.sy/?p=1074311＞

第Ⅰ部　グローバル正義をめぐる新たなポリティクス

───── (2020) "al-Ra'īs al-Asad : Jawhar al-Fikr Huwa al-Dīn li-Anna-hu Yadkhul fī Kull Jawānib al-Ḥayāt .. al-Mu'assasa al-Dīnīya Kānat Radīfan li-l-Jaysh fa-Law Takhādhal al-Jaysh la-Intaṣar al-Irhāb wa-Law Takhādhalat al-Mu'assasa al-Dīnīya la-Intaṣar al-Fitna," December 7. ＜http : //www.sana.sy/?p=1272991＞

───── (2023a) "al-Ra'īs al-Asad : al-Ḥarb 'alā Sūrīya Athbatat Anna al-Gharb Lan Yataghayyar wa Kull Mā Yaf'al-hu Yatanāqaḍ ma'a Mabādi'-hu al-Insānīya al-Muzayyifa," March 17. ＜https : //www.sana.sy/?p=1859969＞

───── (2023b) "al-Ra'īs al-Asad khilāla Istiqbāl-hu al-Ra'īs al-Īrānī : al-'Alāqāt al-Sūrīya al-Īrānīya Mustaqirra wa Thābita raghma al-'Awāṣif al-Siyāsīya wa al-Amnīya Allatī Ḍarabat al-Minṭaqa," May 3. ＜https : //sana.sy/?p=1885849＞

───── (2023c) "al-Ra'īs al-Asad amāma al-Qimma al-'Arabīya : Naḥnu al-Yawm amāma Furṣa Tārīkhīya li-I'āda Tartīb Shu'ūn-nā bi-Aqall Qadr min al-Tadakhkhul al-Ajnabī," May 19. ＜https : //sana.sy/?p=1897178＞

───── (2023d) "al-Ra'īs al-Asad li-Wazīr al-Dawla al-Khārijīya al-Hindīya : Mabda' al-Tawajjuh Sharqan Aḥad Ahamm al-Mabādi' Allatī Tartakiz 'alay-nā al-Siyāsa al-Sūrīya," July 13. ＜https : //sana.sy/?p=1931745＞

───── (2023e) "al-Ra'īs al-Asad Yabḥath ma'a Lāfrintiyīf al-Ṭurūḥāt Allatī Tajrī Munāqasha-hā 'alā al-Mustawā al-'Arabī wa al-Duwalī li-Ḥall Milaff 'Awda al-Lāji'īn al-Sūrīyīn," July 25. ＜https : //sana.sy/?p=1938359＞

───── (2023f) "Qimma Sūrīya Ṣīnīya li-'Alāqa Istrātījīya bayna al-Baladayn," September 22. ＜https : //sana.sy/?p=1968359＞

───── (2023g) "al-Ra'īs al-Asad fī Muqābala ma'a Tilfizyūn al-Ṣīn al-Markazī : al-Ṣīn Tal'ab Dawran Muhimman 'alā al-Mustawā al-'Ālam min Mabda' al-Sharāka wa Lays al-Haymana," September 29. ＜https : //sana.sy/?p=1971926＞

───── (2023h) "al-Ra'īs al-Asad khilala Ijtimā' al-Lajna al-Markazīya li-Ḥizb al-Ba'th : al-Tamassuk bi-al-Qaḍāyā Huwa Alladhī Yaḥmī al-Shu'ūb al-Awṭān," December 18. ＜https : //www.sana.sy/?p=2018933＞

───── (2024) "Taḥta 'Unwān : "al-Aghlabīya al-'Ālamīya" .. Ḥiwār Fikrī wa Siyāsī Khāṣṣ li-Wazīr al-Khārijīya al-Abkhāzī Īnāl Ardzīnbā ma'a al-Ra'īs Bashshār al-Asad," April 21. ＜https : //www.sana.sy/?p=2074616＞

SCPR (Syrian Center for Policy Research) (2020) "Sūriyā, al-'Adāla li-Tajāwuz al-Nizā' : Taqrīr Āthār al-Nizā' al-Sūrī, 2016–2019," March. ＜file : ///C : /Users/aljab/Downloads/SCPR_JTC_2020_Report_Arabic.pdf＞

Tishrīn (2000) "al-Ra'īs Bashshār al-Asad Yu'addī al-Yamīn al-Dustūrī fī Majlis al-Sha'b wa Yu'akkid fī Kalima Shāmila …," July 18, 2022.

UNHCR (Office of the United Nations High Commissioner for Refugees) (n.d.) "Syria Regional Refugee Response" ＜http : //data2.unhcr.org/en/situations/syria＞ (2024 年 9 月 5 日閲覧)

U.S. Department of State (2002) *Patterns of Global Terrorism 2001*, Washington, D.C.

───── (n.d.) "Foreign Terrorist Organizations" ＜https : //www.state.gov/foreign-terrorist-organizations/＞ (2024 年 9 月 5 日閲覧)

第6章
誰を先住民とカウントするのか？

自己規定（self-identification）の標準化（standardization）とペルーの国勢調査

細谷広美

1. ルートとしての文化、アイデンティティ

　人類学者ジェイムズ・クリフォードは『ルーツ──20世紀後期の旅と翻訳』の冒頭で、モアイ・ファミリーの移動について記述している。伝統的なハワイアンの音楽を演奏するモアイ・ファミリーは、56年間にわたり世界各地を巡業した。つまり、ハワイの伝統音楽という、特定の場と特定の集団と結びついた音楽を演奏する人びとが、現実にはハワイに「定住」していたのではなく、旅のなかにあったのである。モアイ・ファミリーは長い旅のなかで各地の様々な音楽にふれ吸収していった。「ルーツ」と日本語で記載すると、「起源」のルーツと混同されかねないが、タイトルの「ルーツ」は、「ルート（route）」（経路）の複数形である。クリフォードは「ルート」としての文化概念によって、移動のなかで変化していくアイデンティティと文化の流動的な関係を示している。

　アイヌ文化を伝える活動をしているある女性は、アイヌ、奄美大島（琉球諸族）、朝鮮半島と複数の血を受け継ぎ、アイヌの人びとが住む町で生まれ育っている。オートエスノグラフィーを著した石原真衣は、12歳までアイヌの血をひくことを知らなかったと記す（石原2020）。アイデンティティは複数存在し、複雑で流動的で選択的である。特定のアイデンティティは、問われるコンテクストや時間軸において成立する。それでは、人はいつ先住民

になるのであろうか。『ルーツ』に続くクリフォードの3部作の3作目『リターンズ』には、「二十一世紀に先住民になること（becoming）」という副題がつけられている。今日、先住民[1]であることは、所与のことでも自明のことでもない。そもそも、先住民という概念自体、他者規定概念である。他者規定概念である先住民という概念が自らのアイデンティティになるためには、先住民と規定する他者との接触、関係性が前提条件となる。

アイデンティの複数性、流動性に比し、国際社会では誰を先住民とするかという先住民性をめぐり、自己規定（self-identification）[2]という基準の標準化/規範化（standardization）が進行している。本章では、ペルーの国勢調査を通じて、先住民性（indigeneity）をめぐる自己規定という基準と、ラテンアメリカのメスティサッへ（mestizaje）概念の関係を検討する。

2. 先住民の定義

国際連合（以下国連と略す）で先住民の権利に取り組んできたエリカ・ダエスは、1977年にジュネーブの欧州国際連合本部でNGO（Non-governmental Organization：非政府組織）会議が開催されたとき、各国政府は「先住（indigenous）」の意味を、南北アメリカに元々住んでいた人びとのことを指すと理解しており、その数も約4000万人とされていたと記している（ダエス 2004）。しかし、現在世界の先住民人口数は4億7660万人とカウントされ、世界人口の6.2%を占めるに至っている（ILO　2019）。また、先住民は約5000の多様な文化から構成され、その土地は地球の20%を占めている（UN Permanent Forum on Indigenous Issues 2018）。

世界の先住民人口数が激増した背景には、国際社会における国連やNGOなどによる先住民の権利をめぐる取り組み、先住民たち自身による組織化と運動の広がり、グローバル化の進展などがあるが、これらに加え国連による先住民の定義自体が関与している。国連は、先住民とは誰かを明確に定義するかわりに、自己規定を基準として導入している（Stamatopoulou 2025）。このことは、国際社会に声を届けることが難しかったマイノリティ集団や社会的弱者に、声を発する共通のプラットフォームを提供するに至った。アフリカでは農耕民に対して牧畜民や狩猟採集民が先住民を名乗るということが起

第6章　誰を先住民とカウントするのか？

表1　国勢調査の人種・民族に自己規定（auto-
identificación）を導入したラテンアメリカ
の国々

コロンビア	2005/2018
アルゼンチン	2010
ブラジル	2010
エクアドル	2010
メキシコ	2010
パナマ	2010
コスタリカ	2011
ウルグアイ	2011
ベネズエラ	2011
ボリビア	2012
チリ	2012/2017
キューバ	2012
パラグアイ	2012
ホンジュラス	2017
ペルー	2017

出所）INEI（2019）より筆者作成

こっている（Hodgson　2011）。他方で、現在の世界の先住民人口数の地域ご
との割合は、アジア・太平洋地域が全体の70.5％を占め、アフリカの16.3
％が続き、ラテンアメリカ・カリブ海地域の割合は11.5％となっている（ILO
2019）。つまり、1977年当時のイメージとは大きく異なり、ラテンアメリ
カ・カリブ海地域の先住民人口数は、全体の1割強に過ぎない。

　国連が先住民とは誰かを明確に定義する代わりに、先住民として自己規定
する人びとを先住民とするという基準は、国際社会に広がりつつある。表1
にみるように、ラテンアメリカ諸国では、自己規定という基準の国勢調査へ
の導入が進んでいる。国勢調査の結果は先住民を可視化し、政策立案や予算
配分の基盤となる。本章では、ペルーの国勢調査に焦点をあて、自己規定と
いう基準が、先住民性をめぐりローカルな現場にどのような影響を与えてい
るか、またどのような創発現象が起こっているかに着目する。

123

3. 誰を先住民とするか？——国連と自己規定（self-identification）

「先住民問題に関する常設フォーラム（Permanent Forum on Indigenous Issues）」の初代議長を務めたエルサ・スタマトポウロー（Elsa Stamatopoulou）は、近著で、国連において先住民を明確に定義するかわりに、自己規定を基準とした経緯を論じている（Stamatopoulou 2025）。まずは、同書に基づき自己規定という基準が導入された経緯をみることにしよう。

1982年に国連の人権委員会の下部組織である国連人権小員会（「差別防止・少数者保護小委員会」）は、先住民作業部会（Working Group on Indigenous Populations：WGIP）を設置した。同作業部会は、先住民の権利をめぐり重要な転機となった「先住民族の権利に関する国際連合宣言（United Nations Declaration on the Rights of Indigenous Peoples）」（2007年）の草案も作成している。先住民作業部会では、ホセ・マルティネス・コボが提出した『先住民への差別問題に関する調査報告書（Study of the Problem of Discrimination against Indigenous Populations）』の記述が、先住民をめぐる予備的定義として採用された。

1919年に創設された国際労働機関（ILO）は、当初は労働者としての先住民への関心から1920年より先住民に関わることになり、先住民に特化したはじめての国際条約である第107号条約を作成し1957年に採択された。しかし、第107号条約は先住民の主体性を認めていないなどの問題により、1989年に新たに第169号条約「独立国における原住民及び種族民に関する条約」が採択されている。

　1　この条約は、次の者について適用する。
　　(a)　独立国における種族民で、その社会的、文化的及び経済的状態によりその国の共同社会の他の部類の者と区別され、かつ、その地位が、自己の慣習若しくは伝統により又は特別の法令によって全部又は一部規制されているもの
　　(b)　独立国における人民で、征服、植民又は現在の国境の確立の時に当該国又は当該国が地理的に属する地域に居住していた住民の子

孫であるため原住民とみなされ、かつ、法律上の地位のいかんを問わず、自己の社会的、経済的、文化的及び政治的制度の一部又は全部を保持しているもの

2　原住又は種族であるという自己認識は、この条約を適用する集団を決定する基本的な基準とみなされる。

3　この条約における「人民」という語の使用は、国際法の下においてその語に付随する場合のある権利についていずれかの意味を有すると解釈してはならない。　　　　　　　　　　　（「ILO 駐日事務所仮訳」）

このように、ILO の 第169号 条約 は、自己認識/自己規定（self-identification）を、誰を先住民とするかにおける基本的な基準としている。この基準は、2007 年の「先住民族の権利に関する国際連合宣言」に踏襲されており、その理由は次のように説明されている。

先住民族に関する作業部会での長年にわたる議論の中で、先住民族組織のオブザーバーは、国家が採択する国際レベルでの先住民族の正式な定義という考えを拒否する共通の立場を打ち出した。同様に、政府代表団は、先住民族の普遍的な定義を精緻化することは望ましくも必要でもないとの見解を表明した。最終的に、1997 年の第 15 会期において、作業部会は世界レベルでの先住民族の定義はその時点では不可能であり、先住民族の権利に関する宣言の採択には必要ないと結論づけた。「先住民族の権利に関する国際連合宣言」の第 33 条は、定義を提示する代わりに、先住民族が先住民族としてのアイデンティティを自ら定義する自己規定（self-identification）の重要性を強調している。（Department of Economic and Social Affairs 2009 : 5）

これまで、誰を先住民とするかは各国ごとに定義されてきており、居留地に居住することや、先住民言語を母語とすることなど、その定義は時間軸と空間軸の双方において多様であった。ピノチェト軍事独裁政権下のチリのように、同国最大の先住民集団であるマプチェ族が存在しないことにされ、土

地の収奪が進められたという例もある。先住民の側でも、先住民と名乗るかどうかということは特定の社会状況や政治状況に左右されてきた。たとえばブラジルでは2022年の国勢調査における先住民数が、10年前の89万6917人から169万人へと倍増している。これは、アマゾンの遠隔地まで調査をおこなうという調査方法の変更のほかに、政権の交代によって先住民の人びとが先住民と特定されることに危険を感じなくなったことによると説明されている[3]。

　国民国家を論じたベネディクト・アンダーソンは、ナショナリティ（国民的帰属）の形式的普遍性に比して、誰を国民とするかは国ごとに多様で固有であることを指摘している（アンダーソン2007）。誰を先住民とするかという定義も国ごとに多様であった。しかし、現在国際社会において標準化が進行している。

4. ラテンアメリカの先住民とメスティサッヘ（mestizaje）

「インディオ」の創出

　メキシコの人類学者ボンフィエル・バタジャは、スペイン人到来以前のアメリカ大陸には「インディオ（インディアン）」という言葉も概念も存在しなかったと指摘している（Bonfil Batalla 1972, 2020）。これは単に、インディアス（アジア）への最短航路の発見を目指していたコロンブスが、自らが到達した地をインディアスと誤り、アメリカ大陸に居住する人びとをインディオ/インディアンと呼んだ、ということを意味しているわけではない。アメリカ大陸の住民全体を包括して表象する言葉や概念は、ヨーロッパ人がアメリカ大陸に到達することによってはじめて創出されたことを意味する。ヨーロッパとの接触（コンタクト）以前、アメリカ大陸にはアステカ王国、インカ帝国、首長国、ミヘやグアラニなど多様な国家や言語／民族集団が存在していた。しかし、アメリカ大陸の住民すべてを包括する言葉や概念はなかった。インディオ／インディアンという言葉と概念は、ヨーロッパ人がアメリカ大陸に到達する以前に「先住」していた「非ヨーロッパ人」の名称として、ヨーロッパ人が生み出した言葉であり概念である。つまり、先住民に先行するインディオ／インディアン概念は、ヨーロッパ人と非ヨーロッパ人という

関係性のもとでの補足的対立項として、かつ他者規定概念として生まれている。このため、個人や集団が自らを先住民として同定（identify）するには、先住民とする他者との接触が必要になる。他者規定概念であるがゆえに、現在も先住民とみなされる人びととの間に、先住民という自己規定がないということが起こりうる。

政治的言説としての「混血」

ラテンアメリカでは、19世紀初頭に次々に植民地宗主国からの独立がおこなわれていった。これにより、各国家の領域内に居住する人びとは、すべて特定国の国民となり、先住民もかつての王国や民族境界に関係なくいずれかの国の国民となった。そして、誰を先住民とするかは、独立後の国民国家建設過程で国民統合が進められるなか、それぞれの国で定義されてきた。

その過程で、複数国で政治的言説として混血が称揚された。しかし、混血の称揚は、人種差別がないことを意味していたわけではなかった。優生学の影響のもと、アルゼンチンやブラジルで「科学的に」奨励された混血は、「白色化」を意味していた。つまり、オーストラリアのアボリジニの「盗まれた世代」に対する先住民政策にみられたように、先住民や黒人が白人と混血していけばより色が白くなると同時に、先住民がもつ人種的劣性が減少すると考えられたのである。

他方で、「混血」を意味するメスティサッヘ概念が、国民統合に利用されることもあった。メキシコの文化大臣ホセ・バスコンセロス（José Vasconcelos）（1881-1959）が提唱した「宇宙的人種（raza cósmica）」（Vasconcelos 1925）は、「血」の混血のみでなく、社会、文化的要素を包含していた。

メスティサッヘ概念

スペインによる植民地支配下では、血のレベルの混血をめぐる人種分類が、混血の割合や先住民、白人、黒人間の混血のあり方によって細分化され多くの名称が生まれている。このうちメスティソ（男性）／メスティサ（女性）[4]は主として白人と先住民の間の人種的混血を意味していた。しかしながら、現在のメスティサッヘは、血における混血のみでなく、社会、文化的

要因を含んでいる。つまり、白人に先住民の血が混じればメスティソになるが、メスティソと先住民の間の区分には、血のレベルでの混血は必ずしも必要とされない。たとえば、先住民を両親として先住民共同体で生まれた個人は、「混血」をしなくても、スペイン語による学校教育や都市への移住を経ることでメスティソになりうる。それゆえ、個人のライフコースのなかで先住民からメスティソになるということが起こる。あるいは、先住民共同体ではメスティソとみなされていた個人が、非先住民の社会では先住民としてみなされるというように、空間的移動によって個人が先住民になったりメスティソになったりすることもある。

　ペルーのクスコ市で調査したマリソル・デ・ラ・カデナは、市場で働くメスティサが、識字力や社会的地位を先住民との区別の指標にしているとしている（De la Cadena 2000）。アルフレッド・メトローは、「トートロジーになりかねないが、インディアンとはそのようにみなす社会に暮らし、そのようにみなされることを受け入れている個人であるということができるだろう」（Métraux 1959: 227）としている。つまり、先住民は、特定の社会における関係性によって成立する分類概念であるといえる。ただし、「先住民」は、元来他者規定であるだけでなく、国家における分類概念でもあることから、他者が個人をどのようにみなすかということと、個人が自分自身をどのように自己同定（identify）しているかということが、必ずしも一致しない場合がありうる。

　メスティサッヘと関わる重要な現象として、先住民の都市化がある。先住民の都市移住は世界的現象であり、都市の先住民をとらえるための新たな枠組みが必要とされている。すなわち、比較的孤立した場所で、伝統的生活や文化を営む人々という先住民イメージに当てはまる先住民は限定的となっている。都市の先住民を従来の「場所（特定の物理的空間）＋集団」という枠組みのみでとらえることもできない（クリフォード 2020；Brablec and Canessa (eds.) 2023；Feinup-Riordan 2000）。世界銀行の調査によるとラテンアメリカでは先住民の約半数がすでに都市住民となっている（World Bank 2015）。メスティサッヘ概念が社会・文化的要因を含むことにより、都市に移住した先住民はメスティソになりうる。

5. ペルーの自然区分と先住民

　ペルーの国土面積は約 128 万 5000 平方キロメートルで日本の約 3.4 倍ある。自然環境は 6000m 級の高峰を含むアンデス山脈が南北に縦断し、東側にはアマゾンが広がっている。このため、生態環境は大きく海岸部（コスタ costa）、山岳部（シエラ sierra）、熱帯雨林地域（セルバ selva）に分けられる。

　この自然区分はおおむね人種・民族及び文化的区分と相関してきた。植民地時代にスペイン人が太平洋岸に建設した街リマ——現在は首都となっている——が位置する海岸部は、白人、メスティソ、すなわち非先住民の人口割合が高く、文化的にも欧米的文化が浸透している。一方、山岳部は先住民人口が多い。高地であるから厳しい環境にあるかというと必ずしもそうではなく、緯度が赤道に近いためジャガイモやトウモロコシなど主食となる作物をはじめ様々な農産物の生産が可能であり、農牧業が営まれてきている。(Murra 1975) インカ帝国の中心クスコも海抜約 3400m の高地に位置していた。一方、熱帯雨林地域はアマゾン川流域に相当し、焼畑や狩猟採集に従事する移動性の高い小規模の無数の先住民集団が居住し、現在は資源開発が進められている。

　こうしたなか、ペルーの先住民は、歴史的に山岳部の先住民と熱帯雨林地域の先住民に分けられてきた。インカ時代も熱帯雨林地域の先住民はインカ帝国の傘下には入らず、山岳部の先住民と区別され「チュンチョ」と呼ばれた。人口比では山岳部の先住民が占める割合が圧倒的に高い。山岳部の先住民の大半を占めるのがケチュア語話者である。ケチュア語はインカ帝国の公用語だった言語であり、スペインによる征服後も植民地支配の便宜で普及した。インカ帝国は 15 世紀前半から急速に拡大した帝国で、スペイン人が南アメリカに到達した時点で、現在のコロンビア南部、エクアドル、ペルー、ボリビア、チリ北部、アルゼンチンまで版図を拡大していた。しかし、皇帝アタワルパが 1532 年に北部の街カハマルカでスペイン人征服者フランシスコ・ピサロによって捕らえられたあと、1533 年に処刑されている。現在ケチュア語話者はアンデス諸国に約 1000 万人いるとされ、アメリカ大陸最大

第Ⅰ部　グローバル正義をめぐる新たなポリティクス

図1　ペルーの自然区分

の言語集団となっている。つまり、数の上ではマイノリティとはいえない。しかしながら、ケチュア語は、インカ帝国自体が、100年足らずの間に周辺の諸民族を征服しつつ急速に拡大した帝国であり、インカ時代、植民地時代を通じて多様な言語・民族集団を基層として普及したため、意思疎通は可能であるが地域的多様性がある。加えて、文字がなかった言語であることからアルファベット表記を使用しており、表記法も複数ある。標準ケチュア語を構築するということもおこなわれてきていない。民族という観点からみた場合、ケチュア語話者はケチュア族という民族集団ではなく、出身村や出身地域にアイデンティティをもつ傾向がみられ、一般にケチュア族という民族アイデンティティは形成されてこなかった。

130

このほか、山岳部の先住民としては、ボリビアで広く話されているアイマラ語の話者が、ボリビアとの国境のプーノ県に存在する。一方、熱帯雨林地域には小規模の先住民言語集団が数多く存在する。

　法のレベルでは、先住民がどのように定義されているかをみると、たとえば生物資源から得られる先住民の集合的知識の保護に関わる第 27811 号法第 1 条（2002 年）では、次のように定義している。

　　(a) 先住民（Pueblos indígenas）とは、ペルー国家の成立以前から存在する、権利を有し、独自の文化を維持し、特定の領土を占有し、自らを先住民族であると認識している（se autorreconocen como tales）原住民（pueblos originarios）である。これらの人びとには、自発的に孤立している民族や、接触したことがない民族、および農民共同体（comunidades campesinas）や先住民共同体（comunidades nativas）が含まれる。「先住民（indígena）」という名称は、「原住民（originarios）」、「伝統的（tradicionales）」、「民族（étnicos）」、「先祖代々（ancestrales）」、「土着（nativos）」またはその他の同義語として理解及び使用される。

ペルー独特のスペイン語表現が含まれるため、一部原文を加えたが、「農民共同体」と「先住民共同体（コムニダデス・ナティバス）」の双方について言及されているのは、山岳部の先住民と熱帯雨林地域の先住民双方を含めるためである。「originario（オリヒナリオ）」や「nativo（ナティボ）」は、主として熱帯雨林地域の先住民を対象に使用されてきている。

　ペルー文化省は 55 の先住民集団を特定している（2023 年）[5]。このうち、4 集団を「アンデス」の先住民、51 集団を「アマゾン」の先住民として分類している。山岳部の先住民（アンデス）と熱帯雨林地域の先住民（アマゾン）という先住民区分が法的におこなわれた契機として、「ペルー革命」（1968-75 年）がある。無血クーデター（1968 年）によって成立したフアン・ベラスコ・アルバラド将軍率いる軍事政権は、大土地所有者たちが土地を占有し、農民である先住民を奴隷同然に搾取している状況に対して農地改革を断行し、農民（先住民）共同体に土地を与えた。さらに、「インディオ（indio）」と

いう名称は差別的であるとし、アンデス山岳部の先住民の名称を「インディ
オ」から「農民（campesino）」に変え、熱帯雨林地域の先住民を「ナティ
ボ」とした。これに伴い「インディオ共同体」は「農民共同体」に、「イン
ディオの日」は「農民の日」に改名されている。ベラスコ政権はさらに、象
徴的意味に留まったとはいえケチュア語をスペイン語と並んで公用語とし、
選択制で学校教育に取り入れている。たしかにスペイン語の「インディオ」
は、侮蔑的に、また非先住民が先住民を罵る場面で使用されてきている。し
かし、「農民」という名称は、人種・民族ではなく、生業に基づく名称であ
り、かつ階級（class）とも関係づけられてきた。加えて、農民には先住民
だけでなくメスティソも含まれうる。このため、社会的にはアマゾンの先住
民「ナティボ」のみが、先住民としてみなされる傾向が生まれた。

6. 国勢調査と先住民

　ペルーでは、1821 年の独立以降、直近の 2017 年を含め 12 回の国勢調査
が実施されている。このうち、人種・民族に関する調査は 1940 年を最後に、
2017 年まで実施されなかった。その間は母語や使用言語を問う言語調査が
おこなわれてきている。国勢調査の実施とデータ管理は、国立統計情報庁
（Institute Nacional de Estadística e Informática : INEI）が担当している。多
言語状況における識字率の課題もあり、調査は調査員が各戸を訪問する対面
方式で実施される。1940 年の国勢調査の結果は、白人・メスティソ 52.89%、
インディオ 45.86%、黄色 0.68%、黒人 0.47%、申告なし 0.10% であった
（Estracto Estadisco del Perú 1940）。調査にあたっては「インディオ、黒人、
黄色などの人種が決定できない場合は、メスティソとする。真実の回答が得
られない場合は調査者が記入する」（Vargas 2011 : 87）とされていた。

　2017 年の国勢調査では 12 歳以上を対象に人種・民族調査を実施し、誰を
先住民とするかの基準には、国連に準じ自己規定（autoidentidicación）が導
入されている。その結果は、メスティソ 60.2%、先住民 25.8%（ケチュア
22.3%、アイマラ 2.4%、アマゾン先住民 0.9%、ケチュア・アイマラ以外のアンデ
ス地域の先住民 0.2%）、白人 5.9%、アフリカ系 3.6%、その他 4.5% であった。
先住民と自己規定した総数は 600 万人弱（598 万 5551 人）であった。総人口

の大幅な増加や調査方法の相違などにより単純な比較はできないが、1940年の調査と2017年の調査では先住民（インディオ）の割合が半数弱から約4分の1と大幅に減少し、一方でメスティソ（1940年は白人＋メスティソ）の割合が増えている。また、中国系や日系を含む黄色という区分がなくなり、その他に統合されている。

7. 先住民と都市化

　海岸部と山岳部の人口比率は、1940年には海岸部が28.3%、山岳部が65.0%であったが、2017年には海岸部が58.0%、山岳部は28.1%と両者の比率が逆転している。総人口の大幅な人口増により、海岸部、山岳部ともに人口総数自体が減少したわけではないが、山岳部から海岸部への人口移動が起こっていることがうかがえる。県別にみると総人口3123万7385人のうちリマ県の人口は948万5405人と3分の1弱（32.3%）を占めており、リマ県への著しい人口集中が起こっていることが示される。先住民に関しては、66%が都市に在住しているという結果がでている（INEI 2018）。

　先住民の都市化は農村部から山岳部の都市への移住を含むが、なかでも著しい人口集中が起こっている首都リマへの移住が顕著になりはじめたのは、1940年代頃からである。社会学者ホセ・マトス・マルは、リマのアンデス化を「大衆の氾濫」（desborde popular）と呼んだ（Matos Mar 1984）。しかし、移住者の増加がみられたからといって、すぐにリマのアンデス化が起こったわけではない。リマは、セグリゲーション（segregation）が進んでおり、白人を中心とするエリート層の居住区と、山岳部からの移住者の居住地は分かれてきた。1980年代に富裕層が建設し、裁判を経て2023年にようやく一部が撤去された貧困地区と富裕層の地区を隔てる「恥の壁」は分断の象徴となっている。入り口に警備員が常駐するゲーテッド・コミュニティも存在する。

　資本を持たない先住民の移住者は、砂漠地帯のリマで使用されていない土地を見つけ、スクオッターとして集団で土地を占拠し、組織化を進めながら行政機関と交渉をし、さらにNGO等の支援を受け、給水サービス、上下水道、電気、住居を立てた土地の権利を正式に獲得していくという方法をとっ

第Ⅰ部　グローバル正義をめぐる新たなポリティクス

た。このようにしてできたバリアダ（Barriada）と呼ばれた貧困地区を、先述のベラスコ政権は「若い町」（Pueblo Joven）と名づけ支援した（Lloyd 2010）。

80年代に入ると、民政移管がされた選挙の当日に、山岳部のアヤクチョ県で毛沢東系の反政府組織「ペルー共産党—輝ける道」（Partido Comunista del Perú - Sendero Luminoso：PCP-SL）が農村部を皮切りに武装闘争を開始した。そして、制圧のために派遣された政府軍と反政府組織の間の国内紛争により[6]、多くの先住民が国内避難民として首都リマをはじめとする都市部に流入している。1980年〜2000年までの間に起こった政治的暴力と人権侵害を調査した真実和解委員会は、この間の死者及び行方不明者数が約7万人であり、そのうち75%が先住民の犠牲者であったと報告している（CVR 2003）。国内避難民となりリマに流入した先住民の人びとは、郊外で急速に成長していった「若い町」や、砂山の上部にむしろや廃材で囲った家を建てていった。国内避難民の多くは、紛争後も故郷の村に帰還しないまま都市部に残った。さらに、新自由主義の経済政策がとられてきていることで、紛争後は仕事や教育を求める先住民の人びとの都市部への新たな移住が続いている。ヴィジャ・エル・サルバドル（Villa El Salvador）やサン・ファン・デ・ルリガンチョ（San Juan de Lurigancho）をはじめとする「若い町」は、郊外に広がる大きな街へと発展し、行政区分上はリマ県の区（distrito）を構成するに至っている。また、「バリアダ」や「若い町」等の名に代わり、「人間の居住地」（Aentamiento Humano）という名称が使用されている。

8.　セトラー・コロニアリズムと差別の内面化

山岳部の先住民は、これまでみてきたように山岳部の農村部にいるときは社会的に「農民」と位置づけられる。一方、都市では「チョロ（cholo）」とみなされる。都市に移住した先住民を指す言葉としては、他にも「セラノ」（serrano 山岳部出身者）、「プロビンシアノ」（provinciano、地方出身者）などがある。「チョロ」を含め、これらの言葉はいずれも「田舎者」といった侮蔑的なニュアンスを含んだかたちで使用されることが少なくない。また、これらのカテゴリーは先住民のみでなくメスティソを含みうる。移住者の増

第6章　誰を先住民とカウントするのか？

加に伴い、逆手にとってポジティヴな意味を与えようとする動きもあるが、差別的ニュアンスを払拭するには至っていない。このように、ペルーの先住民人口の大半を占める山岳部の先住民は、農村部にいるときは「農民」、都市に移住した場合は「チョロ」となり、先住民として位置づける公共圏を欠いてきた。一方、山岳部の先住民と異なり、小規模の無数の集団からなる熱帯雨林地域の先住民の間では、主として言語に基づく民族アイデンティティを基盤とした先住民集団としての組織化が進んでいる[7]。

　都市の先住民が自らを先住民として同定する（identify）ことの障壁として、セトラー・コロニアリズム（settler colonialism）がある。セトラー・コロニアリズムは「入植者植民地主義」と訳されており（石山 2020）、入植者の子孫による国内植民地主義ともいえる。ペルーの独立は、本国出身のペニンスラル（peninsular）[8]による、ヨーロッパからの入植者の子孫であるクリオリョ（criollo）に対する差別、支配が背景にあった。これは見方を変えれば、社会の頂点にいたペニンスラルにクリオリョが反旗を翻した白人間の争いであり、独立後はクリオリョたちによる寡頭支配（オリガルキア）が続いた。つまり、ペルーは国としてはグローバルサウスに属するが、国内においては入れ子状に植民地主義が再生産されているという構造がある。この構造にほころびをもたらしたのが、軍事政権が実施した前述の「ペルー革命」であった。しかし、ベラスコ大統領は病気を患い改革の推進は短命に終わっている。

　フランツ・ファノンは、植民地出身の黒人は白人の世界と接触することで自らを黒人と認識するようになり、さらに黒人を劣等とみなす他者のまなざしを内面化することを論じている（ファノン 2020）。同様のことは先住民にもみられる。故郷（ホーム）を離れ、都市に移住した先住民は、言語、外見、ハビトゥスをめぐり、都市において日々、人種差別と文化的差別に直面する。先住民の人びとにとって、先住民であることは差別する側の目からはみえない日々の闘いでもある。そして、ファノンが黒人について論じたように、先住民は非先住民による差別を内面化する。都市に移住した先住民はスペイン語を習得しなければ、生活の糧を得ることができないが、先住民語を話すこと自体もスティグマ化している。子供たちは学校でスペイン語が流暢でないことを馬鹿にされたり、いじめにあったという経験を少なからず持つ。

135

第 I 部　グローバル正義をめぐる新たなポリティクス

たとえば、Turumanye（トゥルマンジー）というレゲエ、ロック、アンデス音楽をフュージョンするグループに、移民の経験を歌った「ワイノ・モテ（Huayno Mote）」という曲がある。「ワイノ」はアンデス地方の民謡であり、「モテ」は、茹でトウモロコシの粒[9]である。モテは先住民の食べ物とされ、山岳部の白人やメスティソは表立って食べることを恥じてきた。このタイトルは象徴的であるが、山岳部から都市に移住した先住民の子供たちは、周囲の子供たちが学校の弁当としてサンドイッチやパスタを持参するなか、モテやチャルキ（干し肉）を持っていくことを恥ずかしく感じた経験を持つ。ピエール・ブルデューの文化資本は、食にも及んでいる。第一世代が経験する都市環境における人種差別と文化的差別から、第一世代の期待もあり、移住者の第二世代以降の多くは先住民言語を話せず[10]、かつ文化的伝統をほとんど継承しないケースが多い。また、先住民というアイデンティティも持たない傾向がみられる。他方で、別の明確な人種的もしくは民族的アイデンティティがあるわけでもない。

2017 年の国勢調査における人種・民族に関する質問は以下であった。

あなたの慣習や祖先により、あなたは次のどれに相当すると感じる、もしくは考えますか？
1. ケチュア　2. アイマラ　3. アマゾンの先住民（具体的に記入）4. 他の先住民に帰属もしくは構成（具体的に記入）　5. 黒人（ネグロ）、モレノ、サンボ、ムラト、アフロ・ペルー、アフロ系［黒人とその混血］6. 白人　7. メスティソ　8. その他（具体的に記入）

INEI では 2017 年の国勢調査の後に、同調査における人種・民族調査の課題をあげている（INEI 2019）。

（1）自分たちの祖先（両親、祖父母）を視野に入れた場合、大半の人びとにとって自己規定をすることが困難となっている。
（2）自己規定について質問すると、人びとは沈黙するか笑うこともある。
（3）メスティソという選択肢をだすと、それを選ぶ。

（4）　質問をしている間、世帯の他のメンバーがいると、その影響を受ける。

　INEI の資料には説明されていないが、都市に移住した先住民についてみると、（1）に関しては、祖父母や両親が先住民共同体出身であっても、都市で育った自らは必ずしも先住民文化や慣習を受け継いでいるわけではない。それゆえ、「あなたの慣習や祖先により」と、祖先（家族）についてと自らの慣習の双方を同時に問われると回答が難しくなる。これと関連して（2）については、家族の出身地を答えることができても、人種・民族レベルで自らが何であるのかというアイデンティティに関しては、回答に窮していることが示される[11]。それゆえ（3）にみられるように、メスティソという選択肢をだされると、メスティソとする。メスティソは、チョロやセラノと異なり、個人の背景に言及するうえで日常的に使用される言葉ではなく、ペルーのスペイン語ではより社会科学的分類に近いコノテーションがある。つまり、白人、黒人、アジア系ではなく、かつ先住民（indígena もしくは nativo）として自らを同定していない人びとが、あえていえばメスティソと回答していることを示している。換言すれば、メスティソという回答は、回答が難しい、もしくは適切な選択肢が見当たらないことによる、消去法からくる選択となっている。（4）に関しては調査が対面であり、回答には 12 歳以上の子供を含んでおり、かつ 2～3 世代が同居していることがあるため、回答において移住経験が異なる他の家族の影響を受けることが指摘されている。

9.　先住民とアイデンティティ

　文化人類学的にみれば、個人のアイデンティティはコンテクストによって変化し、流動的でかつ複数存在しうる。他方、国勢調査においては、個人の人種・民族的帰属が問われる。「先住民」が集団として先住民を名乗ることは、国家や国際社会で集団を可視化するための戦略になっているが、そこには先住民というアイデンティティを持つ人びとが先住民であるとするアイデンティティ・ポリティクスの陥穽がある。

　スペイン語による学校教育の普及や先住民の都市化の進行と国勢調査への

自己規定の導入は、メスティサッへ概念との関係から、先住民数の継続的減少という結果をもたらす可能性がある。他方で、文化省異文化担当副大臣エレナ・ブルガは、先住民の66％が都市部に居住しているという結果を受け、10年前には都市部で自身を先住民と認識する人はいなかっただろうとペルー社会の変化を指摘している（*El Comercio* 2019年9月14日）。先住民組織のなかには、2017年の国勢調査に抗議するとともに、「先住民」の人びとの間に先住民アイデンティティを普及させるキャンペーンを展開する動きがある。

　新型コロナウイルス感染拡大下のペルーの人口当たりの死者数は世界最大となっており、都市の貧困地区に住む先住民系の人びとにとっては、経済的格差が命の格差となった。2022年12月に起こったペドロ・カスティジョ前大統領の罷免を発端とした大規模なデモでは、発砲を含む治安部隊の暴力により、山岳部の若者を中心に子供を含め多くの死傷者がでている。デモは、見方を変えればこれまで不可視となっていたアンデスやアマゾンの若者たちが、国家の政治的場に参加した現象とみることができるかもしれない。

　新型コロナウイルス感染拡大下でのオンライン授業やリモートワークの拡大、安価な携帯電話の普及は、ソーシャルメディアを通じての国境を越えたつながりを促進した。このようなつながりや、国際社会における先住民に向けられるまなざしと評価を背景に、近年家族が先住民のルーツを持つが都市で育ちケチュア族や先住民というアイデンティティを必ずしも持たない若者たちが、ケチュア語でヒップ・ホップやQ-POP（ケチュア語によるK-POP）を歌い、相次いで海外の著名なメディアで取り上げられている。北米の高等教育で学ぶケチュア語話者のネットワークも生まれている。このような変化は、先住民と自己規定する人びとを増やしていくことになるのだろうか。国際社会で進行している、先住民をめぐる自己規定という基準の標準化が、先住民性そのものにどのような影響を与えていくのか、その創発現象について引き続き多様な視点からみていく必要があるだろう。

謝辞
本稿の執筆にあたっては、2023年度に成蹊大学海外研修制度を通じてコロンビア大学人

第6章　誰を先住民とカウントするのか？

権研究所の客員研究員として研究活動をする際に、Elsa Stamatopoulou 教授に受け入れ教員になっていただいた。同教授の温かい対応に心から感謝する。また、本稿の元となる研究には、科学研究費補助金 18K01176 基盤研究 C（2018-2023）、成蹊大学研究助成の支援を受けた。それぞれの機関に感謝の意を捧げる。さらに、資料収集及び質問への対応に御尽力いただいた INEI にも感謝する。

注
1)　本章では indigenous peoples の訳として「先住民」を使用するが、「先住民族」という訳語と互換的なものとする。これは、先住民は必ずしも「民族」を構成してきているわけではないため、peoples に「民族」という訳語をあてはめることで限定的になることを避けるためである。
2)　self-identification は、「自己認識」とも訳されてきているが、人類学者フレドリック・バースが「民族境界」（Barth1969）を論じたように、民族アイデンティティや先住民というアイデンティティは、他者との関係性において成立することから、本章では「自己規定」という訳語をあてている。しかし、「自己認識」という訳語を排するものではない。
3)　ロイター通信社 2023 年 8 月 8 日。https：//jp.reuters.com/article/world/-idUSKBN2ZJ01E/ 2024 年 10 月 16 日閲覧。
4)　本章では便宜的にメスティソを用いる。
5)　先住民集団のうち国家社会の他のメンバーとの持続的な関係を構築しておらず（または断絶している）、孤立した状況にある人びとを「孤立した先住民（Pueblo Indígena en Situación de Aislamiento)」、初期段階での関係が築かれていない状況にある人びとを「初期接触先住民（Pueblo Indígena en situación de contacto inicial)」とし、両者を脆弱状況にある「孤立し、初期接触状況にある先住民（PIACI：Pueblos Indígenas en Situación de Aislamiento y Contacto Inicial)」と認定し保護が必要な対象としている。https：//bdpi.cultura.gob.pe/piaci　2024 年 10 月 11 日参照。
6)　反政府組織トゥパック・アマル革命運動（Movimiento Revolucionario Túpac Amaru)も 1982 年に蜂起している。
7)　山岳部の先住民と熱帯雨林地域の先住民の双方とも国連の「先住民問題に関する常設フォーラム」に毎年複数の代表を送っている。
8)　「半島人」の意。スペインがイベリア半島に位置していることによる。
9)　日本ではペルー産の揚げたトウモロコシ粒がジャイアント・コーンとして販売されている。
10)　ペルーの先住民、メスティソと先住民の間でも、肌の色では先住民と区別がつかないメスティソが、先住民に差別的な目を向けることがある。
11)　同様の反応は、調査を実施した調査員へのインタビューでも示された。

参考文献
アンダーソン、ベネディクト（2007）『定本　想像の共同体——ナショナリズムの起源と流行』白石隆・白石さや訳、書籍工房早山。
石原真衣（2020）『〈沈黙〉の自伝的民族誌（オートエスノグラフィー）——サイレント・アイヌの痛みと救済の物語』北海道大学出版会。

139

第 I 部　グローバル正義をめぐる新たなポリティクス

石山徳子（2020）『「犠牲区域」9　アメリカ——核開発と先住民族』岩波書店。

クリフォード、ジェイムズ（2002）『ルーツ——20世紀後期の旅と翻訳』毛利嘉孝ほか訳、月曜社。

————（2020）『リターンズ——二十一世紀に先住民になること』星埜守之訳、みすず書房。

ファノン、フランツ（2020）『黒い皮膚・白い仮面（新装版）』海老坂武・加藤晴久訳、みすず書房。

ダエス、エリカ（2004）「世界の先住民族の保護と人権」ヤニュシュ・シモニデス編『国際人権法マニュアル——世界的視野から見た人権の理念と実践』横田洋三監修、秋月弘子・滝澤美佐子・富田麻理・望月康恵訳、明石書店、390-420.

Barth, Fredrik（1969）*Ethnic Groups and Boundaries : The Social Organization of Culture Difference*, Little Brown.

Bonfil Batalla, Guillermo（1972）"El concepto de indion en América : Una categoría de la situación colinial," Anales de Antropología, Vol XI, 105-124.

————（2020）*México profundo : Una civilización negada*, Fondo de Cultura Económica

Brablec, D. and Andrew Canessa（2023）*Urban Indigeneities : Being Indigenous in the Twenty-first Century*, University of Arizona Press.

Cobo, José R. Martínez（1987）*Study of the Problem of Discrimination against Indigenous Populations. Vol V. Conclusions, Proposals, and Recommendations*, United Nations.

De la Cadena, Marisol（2000）*Indigenous Mestizos : The Politics of Race and Culture in Cuzco, Peru, 1919-1991*, Duke University Press.

Department of Economic and Social Affairs（2009）*The State of the World's Indigenous Peoples*, ST/ESA/328 United Nations publication

Feinup-Riordan, Ann（2000）*Hunting Tradition in a Changing World : Yup'ik Lives in Alaska Today*, Rutgers University press.

Hodgson, Dorothy（2011）*Being Maasai, Becoming Indigenous : Postcolonial Politics in a Neoliberal World*. Indiana University Press.

International Labor Organization（2019）*Implementing the ILO Indigenous and Tribal Peoples Convention. No.169 : Towards an Inclusive, Sustainable and Just Future*. Geneva : ILO.

Lloyd, Peter（2010）*The 'Young Towns' of Lima : Aspects of Urbanization in Peru*, Cambridge University Press.

Matos Mar, José（1984）*Desborde popular y crisis del estado : el nuevo rostro del Perú en la década de 1980,* Instituto de Estudios Peruanos

Métraux, Alfred（1959）"The Social and Economic Structure of the Indian Communities of the Andean Region," *International Labour Review*,79（3）: 225-243, Geneva : International Labour Office.

Murra, Jhon V.（1975）*Formacionese conómicays políticas del mundo andino*, Instituto de Estudios Peruanos

Stamatopoulou, Elsa（2025）*Indigenous Peoples in the International Arena : The Global Movement for Self-Determination*, Routledge

The World Bank（2015）*Indigenous Latin America in the Twenty-First Century.*

UN Permanent Forum on Indigenous Issues（2018）*Indigenous Peoples Collective Rights to Lands, Territories and Resources*. Backgrounder.

Vargas, Néstor Valdivia（2011）*El uso de categorías étnico/raciales en censos y encuestas en el Perú : balance y aportes para una discusión,* Documento de Investigación 60. Grupo de Análisis para el Desarrollo

Vasconcelos, José（1925）*La Raza Cósmica : Misión de la raza iberoamericana,* Agencia Mundial de Librería

資料

Comisión de la Verdad y Reconciliación（CVR）（2003）*Informe Final*.

Extracto Estadístico del Perú 1940

INEI（2018）Perú : Resultados Difinitivos. Tomo1.

INEI（2019）Aníbal Sánchez Aguilar（subjefe de INEI ）El censo2017, y la experiencia de la autoidentificación étnica.

El Registro Nacional de Identificación y Estado Civil（RENIEC）a diciembre de 2022.

第Ⅱ部

グローバル正義の展望

第 7 章
集合的な創造性に関する知的所有概念の変容
南アフリカのルイボス利益配分の事例から

阿部利洋

1. ルイボス利用の利益は誰のものか

　南アフリカ（以下南ア）の主要な輸出食品としてはワインが有名であるが、昨今、ノンカフェインの健康茶として知名度が高まりつつあるのがルイボスティーである。その効能には、コレステロール値の低下、血糖値の調整による抗糖尿病作用、シワの減少、抗ウィルス、抗けいれん、抗アレルギー作用等が挙げられている。抗酸化特性についての研究からは、アスリートのパフォーマンス向上とともに、アンチエイジング効果も期待されている（Canda, Oguntibeju and Marnewick 2014）。ワイン用ブドウと異なり、ルイボス（Aspalathus linearis[1]）は南ア国内のごく限られた条件をみたす土地でしか生育しない（図1）。また栽培化されてはいるものの、野生種の状態から品種改良が施されたわけでもなく、増産することもできない。そのため、グローバルな需要の増加とともに、生産価格が上昇する形で市場規模が拡大している。高齢化の趨勢や健康志向の高まりを反映してか、従来の主な輸出先であるイギリス・オランダ・ドイツ・日本・アメリカに加え、台湾や中国といった新興国におけるニーズが急増しており、近年では化粧品やサプリメントに加え、香料に加工する技術も進んでいる。つまり見通しの有望な市場分野なのである。

145

第Ⅱ部　グローバル正義の展望

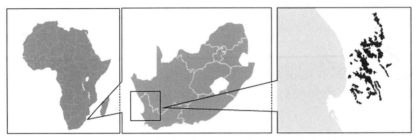

図1　南アフリカ・シダーバーグ（Cederberg）地方のルイボス生産地域

出所）阿部（2023）

　しかし、ルイボス生産の仕組みとそこから得られる利益の向かう先については、南ア特有の社会的な偏りがみられる。レイチェル・ワインバーグは、白人のルイボス農家（オランダ系のアフリカーナー）と非白人の農家（カラードもしくは先住民コイサン）を比較し、前者が作付面積の93%を占めており、後者はより否定的な土地条件の下で国内収穫量の2%を生産するにすぎないと指摘する（Wynberg 2019）。これは、南アの全国的な人種構成がアフリカ人（黒人）81.4%、白人（オランダ系およびイギリス系）7.3%、カラード（コイサン含む）8.2%、アジア人（主にインド人）2.7%であり（Statistics South Africa 2023）、さらにルイボス生産地域に限定すればカラード（コイサン含む）80%、白人（多くはオランダ系）15%、アフリカ人5%、アジア人1%という比率になっている（Coombe, Ives and Huizenga 2014 : 226）ことを考えれば、いかに偏った農地所有・生産高比率であるかが分かる[2]。そしてルイボス生産・加工・販売のほとんどは白人資本による経営が行われているため、一連のビジネスの受益者が、どの人種・社会集団に偏向しているかも明白なのである[3]。この状況をカラード（コイサン）側の批判に基づき単純化すると、アフリカーナーの農場・企業経営者がカラード（コイサン）の労働者を搾取しており、その構図は歴史的な背景のもとで——白人入植以降、20世紀の制度的なアパルトヘイトのプロセスのなかで——固定化されてきた、ということになる。

　加えて、重要な論点がもう一つある。それは、現在行われているルイボス生産と加工の知識・技術はどこから来たのか、というものであり、ルイボス

利用の歴史をさかのぼると、もともと先住民コイサンが有していた知識・技術がアフリカーナー入植者に伝わり、その後のルイボス栽培とルイボスティー生産につながったのではないか、との認識が提起されるのである。ルイボスが生理的な効能をもつ有用植物であるという知識と、主に発酵過程に関わる加工の技術には、自然界の事物を改変する創造性を見いだせる。それは産業特許に要求される発明の水準をみたすほど明確な改変ではなく、また種苗法・育種法で定義される新品種の創出とも異なるが、いわゆる知的財産権／知的所有権に属する現代的なカテゴリーである伝統的知識（traditional knowledge：TK）概念の適用対象である、という見方をもたらす。このTK概念は、1992年に国連環境開発会議（リオ地球サミット）で採択された生物多様性条約（Convention on Biological Diversity：CBD）のなかで提起されて以降、国際的な規範・制度として解釈と運用の形態が定まりつつあり、もしTKが公的に認定されれば、先の特許ほど明確な形ではないにしろ、使用および利益配分（access and benefit sharing：以下ABS）に関する合意がステークホルダー間で検討されることになる。

　南アでは2010年に、ルイボス利用を可能にした知識と技術がTKに該当するのではないか、という申し立てが先住民組織から提出された。その後8年にわたる交渉を経て、2019年11月に、政府・コイサン組織・ルイボス企業の間で包括的な利益配分合意が締結されるに至っている。その内容は、毎年の生産者価格総計の1.5％がTK賦課金としてルイボス生産者から政府の信託基金に納入され、それがコイサン組織に移譲される、というものであり、具体的な金額としては、2019年の生産高でおおよそ80万USドル（約1億2000万円）である[4]。

　本章では、まず、この利益配分合意を制度的に裏付けるTK概念のグローバル化について、その背景と概要を整理し、どのようなグローバル正義（global justice：GJ）の文脈における問題であるのかを確認する。次に、南アにおける8年間の交渉過程を具体的にたどり、南アに特有の条件が、GJの適用に及ぼした影響を明らかにする。そのうえで、本章の事例が、集合的な創造性という概念に関するグローバルな規範にどのような示唆を与えているのか、すなわち、GJを適用された側からGJの今後に投げかける新たな

視点の可能性について論じる。

2. 有用植物利用をもたらした伝統的知識（TK）という概念のグローバルな制度化

　上述の通り、TK という概念が国際法の枠組みにおいて初めて示されたのが 1992 年の CBD、手続き上の拘束力が制度化されたのは 2010 年採択の名古屋議定書[5]であり、新しい国際規範であることがわかる。従来、植物品種に対する知的所有概念については、①「植物新品種を制作した者の知的所有権を保護する制度」（UPOV および TRIPS）[6]があり、一方で②「人類の共有財産（人類の共同の財産）であるとして特定の権利保持者を認めない立場」（IU および ITPGR）[7]があったが、TK とそれに付随する ABS は、それらのいずれとも合致しない観点③「生物遺伝資源の所有権は産出国／地域の人々に帰属する」を持ち込んだのである。

　とはいえ、CBD はもともと TK の制度化を目的として検討された条約ではない。地球上の生物多様性保全を目標とする環境保護条約として、「生物多様性を保全するのに誰の協力が必要か」という観点から、生物遺伝資源を管理する主体として資源保有国≒開発途上国というカテゴリーが浮上した（Oguamanam 2012: 116）。CBD 草案は 1987 年から国連環境計画（United Nations Environment Programme: UNEP）のなかで作成されており、当初は生物多様性保全に重点を置いた交渉が進められていたが、条文草案作成の過程で、開発途上国側から、生物多様性保全の責務が自分たちだけに割り当てられ、遺伝資源から生じる利益を先進国が独占するのは公平性を欠く、という主張が出てきた。その結果、遺伝資源の利用に伴う「利益の配分」という概念が条約の性格を大きく変えることになった（森岡 2009: 12；炭田・渡辺 2011: 61；山本・伊藤 2004）。

　条文の具体的な表現としては、「自国の国内法令に従い、生物の多様性の保全及び持続可能な利用に関連する伝統的な生活様式を有する原住民の社会及び地域社会の知識、工夫及び慣行を尊重し、保存し及び維持すること、そのような知識、工夫及び慣行を有する者の承認及び参加を得てそれらの一層広い適用を促進すること並びにそれらの利用がもたらす利益の衡平な配分を

第 7 章　集合的な創造性に関する知的所有概念の変容

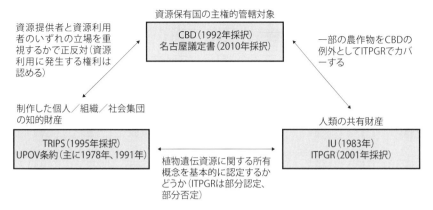

図 2　生物遺伝資源の位置づけをめぐるグローバル規範の関係
出所）阿部（2023）

奨励すること〔が求められる〕」（第 8 条（j）、傍点引用者）という規定が設けられており、（TK という用語は直接使われていないものの）その後の関連条約・規範に影響を与える概念が登場している。

　その後、名古屋議定書（2010 年採択、2014 年発効）では、第 5 条で「1　遺伝資源の利用並びにその後の応用及び商業化から生ずる利益は、〔……〕当該遺伝資源を提供する締約国〔……〕と公正かつ衡平に配分する。その配分は、相互に合意する条件に基づいて行う」、第 7 条では「締約国は、遺伝資源に関連する伝統的な知識であって先住民の社会及び地域社会が有するものが当該先住民の社会及び地域社会の情報に基づく事前の同意又は当該先住民の社会及び地域社会の承認及び関与を得て取得されること並びに相互に合意する条件が設定されていることを確保することを目指して、適宜、国内法令に従って措置をとる」（傍点引用者）とされ、ABS の制度的指針が明記された。

　このようにして、現代世界における植物（生物）遺伝資源利用に伴う権利の枠組みは、①知的財産権、②資源の共有、③国家主権、という三つの要素から構成されることになった（図 2）（Adhikari and Jefferson 2020；Dutfield 2004；Oguamanam 2012；Sanderson 2017）。

　図 2 を構成する 3 要素は、それぞれが近現代世界のグローバル秩序の形成

にとって不可欠の要素であるとともに、各々の基準を生み出した規範の土台は自律しており、互いに相容れない関係となっている。「TRIPS・UPOV」と「CBD・名古屋議定書」の間には強い緊張関係があり、権利の認定が争点となった際の調停メカニズムが確立されているわけではない。また、CBD／名古屋議定書とITPGRの関係は、全般的にはCBDが上位に置かれるものの、食料安全保障に関係する穀物や野菜など主要作物については、資源原産国の排他的な主権が必ずしも認められるわけではない（Jefferson 2020: 15; Sanderson 2017: 46）。

　植物遺伝資源に関する複数のグローバル規範が並立するに至った背景は、基本的には南北問題の観点から認識されてきた。図中のTRIPS協定によって恩恵を受けるのはバイオテクノロジーを駆使できる先進国の企業であり、途上国から無料で手に入れた遺伝資源を用いて利益を得た上に何の補償も払ってこなかったとする見方が典型的である（Kloppenburg 2004: 169）。IUやITPGRが制定された背景には、人類史を通じてグローバルな遺伝資源プール（the global pool of genetic resources）を形成してきた世界中の農民の貢献を認知し、彼らに経済的に還元する必要性があるという認識の広がりもあった（Sanderson 2017: 103）。こうした議論からすれば、CBDや名古屋議定書は、そうした状況に対する国際的な格差の是正、あるいは歴史的な経緯を踏まえた——ポストコロニアルな——補償のメカニズムを促進するものとみなしうる（De Jonge and Louwaars 2009: 76）。このようにして、CBD成立に至る交渉過程は、TKやABSを制度化した点から振り返れば、（その制度が厳密に途上国の利得に資するものであったかどうかはともかく）「途上国側の交渉担当者の勝利」であった（Dutfield 2004: 6）ともみなされるのである。

　こうした動向を、1980年代に入って突然現れたものではなく、それ以前から資源ナショナリズムとして国際的に表れていた主張の、植物遺伝資源分野への新たな適用として理解する視点もある。磯崎博司は、CBDは「天然資源に対する恒久主権決議」（国連総会決議1803号、1962年）や「新国際経済秩序（NIEO）樹立に関する宣言」（第6回国連資源特別総会決議、1974年）の延長上に位置づけられ、南北格差の是正へ向けた途上国側の政治的イ

第7章　集合的な創造性に関する知的所有概念の変容

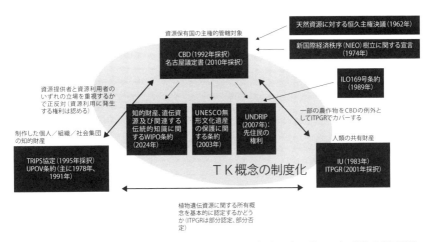

図3　伝統的知識（TK）に関連する生物遺伝資源の位置づけをめぐるグローバル規範の相互関係
出所）筆者作成

ニシアティブの反映であるとする（磯崎 2011: 49）。また、ドラホスは、このテーマに関連して先住民の権利に関する国連宣言（Declaration on the Rights of Indigenous Peoples: UNDRIP）（2007年）にも注目するが、それは、先住民族と土地、資源、伝統的知識のつながりが保護対象として明示されているからである（Drahos 2014）。そして、先住民の伝統的知識に関してUNDRIPを参照するオグアマナムやトービンが関連条約として参照するのが、ILO（国際労働機関）が1989年に採択した「独立国における原住民及び種族民に関する条約第169号（Convention Concerning Indigenous and Tribal Peoples in Independent Countries, No. 169)」であり、先住民の自己決定権や土地・天然資源への権利が認められている点に注意を促している（Oguamanam 2012: 152; Tobin 2009: 145-147）。加えて、2000年に「知的財産並びに遺伝資源、伝統的知識及びフォークロアに関する政府間委員会」（WIPO-IGC）を設立し、2024年5月に知的財産、遺伝資源及び関連する伝統的知識に関するWIPO条約（WIPO Treaty on Intellectual Property, Genetic resources and Associated Traditional Knowledge）を採択したWIPOの動向を考えあわせると、TKの制度化をめぐる国際規範の趨勢は、CBD以前から続いてきた志向が、CBDを主要な契機として、生物遺伝資源以外を対象と

151

第Ⅱ部　グローバル正義の展望

する分野にも波及してきたことがわかる。こうした関連諸分野における変化を踏まえて図2の構図を再認識するなら、図3の発展形になる。

3.　利益配分合意へ至る交渉過程

　図3に示されるように、植物遺伝資源に関するTKがグローバル規範となる過程は、CBD採択を主要な契機として、集合的な創造性を知的所有権概念に含めていこうとする新興国・途上国側のイニシアティブが各方面に波及する過程と重なっている。つまり、本章で言及するルイボス利益配分交渉の背景がすでに、グローバルな正義の文脈からして、いわゆるサウスの国々の能動性が実体化したものとなっているのである。それでは、そうした制度的枠組みが、南アに固有の状況に対して、どのように適用されていったのか。以下に詳しく見ていきたい。

　ルイボスの商業利用に伴い生じる利益の配分に関する当事者間の交渉は、2010年にサンの民族組織が「ルイボス関連の市場環境は、固有の生物資源利用に関する国内法を遵守していない」と申し立てをすることで開始された。サン評議会が参照した国家環境管理生物多様性法（National Environmental Management Biodiversity Act, 10 of 2004：NEMBA）は、南アの生物遺伝資源を入手し、商業利用する場合に、当該資源の利害関係者を保護することを定めている[8]ものだが、それは国外の企業や研究機関による生物遺伝資源の不当な国外持ち出し（バイオパイラシー）への対抗を想定した性格を有している。また、CBD第8条および2002年のボンガイドライン（CBD第8条をより具体化）を反映し、対象となる生物遺伝資源の利用に関する知識が帰属する社会集団とABSを制定する必要性にも言及している[9]。サン評議会のこの主張に対して、主にアフリカーナー経営企業による業界団体であるルイボス協議会は、「ルイボス利用に関する知識はNEMBAの適用外であり、そもそもコイサンはルイボスのTK保持者とみなされない」と反論し（Siyanda Samahlubi Consulting 2014：38）、従来の歴史学的な文献研究を参照した。

　有用植物としてのルイボスのルーツとしては、シダーバーグ地方の先住民が古くから利用してきたとする見方が一般的に広まっており[10]、この件に関する最も古い記録として挙げられるのが、スウェーデンの植物学者が1772

152

年の日記に残した「ボルボニア・コルダータ（Borbonia cordata）の葉は、土地の人々（country people）がお茶を作るのに使っている」という記述である（Hayes 2000：1）。しかし、ボルボニア・コルダータがルイボス（Aspalathus linearis）であり、土地の人々がコイサンを指すのかどうかについては異論があり（Gorelik 2017：5；Le Quellec 2009）、後者をオランダ入植者とする解釈も可能ではある（Wynberg 2017：43）。歴史資料はいくつかの指標を含むが、これらの指標はその意味を同定するためにさらなる指標を必要とする。現在残されている乏しい史料ではその要件をみたすことができない。植民地時代の文献を網羅的に検討したボリス・ゴレリクは、先住民の間でAspalathus linearis を飲料として使用した記述はないと結論付けた（Gorelik 2017）。

　このような論争状態のなかで、南ア環境省（Department of Environmental Affairs：DEA）は 2013 年 10 月にルイボスおよびハニーブッシュ利用の起源に関する調査プロジェクトを公募した（DEA 2013；Siyanda Samahlubi Consulting 2014）。それは「民族植物学者と人類学者による調査を通じて、ルイボスとハニーブッシュに関する TK の存在如何および存在する場合の正当な所有権について DEA に参考意見を述べることが目的」であるとされ、「ルイボスとハニーブッシュに関する TK の起源を確定するための調査計画を立案すること」を応募要件とした（DEA 2013）。調査は 2014 年 6 月に委嘱され、5ヵ月間の調査を経て、同年 10 月に報告書が提出された（Siyanda Samahlubi Consulting 2014）。

　しかし報告書は、委嘱目的にあったような「TK の起源を確定する」ものとはならなかった。ルイボス利用の知的所有権とコイサンの関係については、「コイサンが TK 所有主体であることを直接に支持する証拠はないが、一方で、コイサンが TK 所有主体であることに異議を唱える証拠もない」（Siyanda Samahlubi Consulting 2014：iii）、また「ルイボスの植生とコイサンの居住に地域的な相関関係があるので、コイサンに TK があるという視点はおおむね支持できる」（Siyanda Samahlubi Consulting 2014：50）という間接的で曖昧な表現にとどまっていたのである。こうした説明は、たとえば国際法廷で武力紛争時の政治的責任が問われる場面で、明確な証拠はないが、種々の状況証

拠の組み合わせから推論される蓋然性の高さによって有責性が確定される指揮責任や共謀等の概念適用を思わせる。今回の調査がコイサン側の申し立てによって要請されたものであるため上記の表現は理解できるが、論理的には、ルイボス生産の歴史に関与してきたコイサン以外の社会集団（アフリカーナー）を帰属先とみなす推論にも開かれた内容となっている。もっとも、環境省は「したがってコイサンの権利認定手続きを却下する」とせず、むしろ「この報告書の内容は当事者間の交渉を要請する」と判断し、利益配分交渉のための正式な会議を招集した。

　この決定を受けたコイサン側は、ルイボス生産地域にある Wupperthal と Nieuwoudville のコイサン・コミュニティの代表も正式なステークホルダーとして交渉に加わることを承認した。「ルイボスの伝統的な管理人（custodian）として、これらのコミュニティは、われわれコイサンが〔全体として〕ルイボス資源の資産管理を行う（stewarding）交渉を進める際に特別な役割を果たした」（NKC et al. 2019 : 14）。この社会集団はコイサンの人々ではあるが、生産地で過去 100-200 年の間に直接採取に携わってきた「管理人・管財人 custodian/steward」であることを勘案し、それ以外のコイサンよりも、より利益配分の権利を持つべき存在として認知されたのである。その後、利益配分の割合や徴収メカニズムの細部を検討し、2019 年 11 月に環境大臣の承認のもと、合意が公式に成立した。

　この交渉を通じて最大の論点は、ルイボス利用を可能にした知見のルーツが誰にあるか、すなわち、現在のどの社会集団にそのルーツが帰属するか、ということであった。しかし、ルイボス利用を可能にした知見のルーツが歴史的に十分に確証されなかった一方で、その知見を 100-200 年ほどの近過去に直接継承してきたのは、「その知見のルーツと同一視される集合カテゴリーを現在代表する組織」（コイサンの全国的な民族組織）とは部分的に異なる集合カテゴリーの人びと（ルイボス生産地域のコイサングループ）であるという認識が前景化してきたことが、議論を複雑化することになった。コイサンの政治的主張を主導する中心メンバーは、コイサンの歴史を通じた主体性を社会的に体現し、集合的な政治的権利を交渉する代理人である一方で、ルイボス生産には携わっていないケースがほとんどだからである。

そこで、コイサン側のうちコイコイ・コミュニティは、公式合意確定後の2019年12月に「ルイボスに関するコイコイ・コミュニティ・プロトコル "The Khoikhoi Peoples' Rooibos Biocultural Community Protocol"（Khoikhoi BCP）」を公表した[11]。このプロトコルは、コイコイの土地と資源に対する慣習的ルールを明文化したもので、外部の人間がローカルの土地や資源に関わる際に、事前説明と同意の手続きや慣習法を考慮する必要があるとしている[12]（NKC et al. 2019 : 4）。Khoikhoi BCP は、ルイボスとコイサンの関わりを歴史的・文化的な側面から説明し、生産地域のコイコイが重視される理由を述べ、配分された利益をどのような仕組みで分配・活用する計画であるか、についても書いている。

4. 創造性に関する曖昧なルーツとスチュワード／カストディアン概念の理論的射程

スチュワード、カストディアン、イノベーター

南アのルイボスをめぐる TK 認定過程の特徴は、上述のとおり、(a)「公式調査では TK のルーツを確定できなかったが、TK 保持者はコイサンである蓋然性が高いため、交渉が必要と判断された」および (b)「TK 保持者のアイデンティティとしてスチュワード／カストディアンという表現が採用された」というところにある。この両者は、時系列的には「(a) のなかで (b) が明確化した」一方で、論理的には「(b) であるため (a) が要請される」、という関係性にある。ルイボスに関するコイコイのプロトコルは、次のように主張する。「先住民コミュニティにおける慣習上の権利は、個人の権利よりも集合的な権利、完全なオーナーシップよりもスチュワードシップ stewardship を強調することが多い〔……〕コイサンの社会は、TK とイノベーションを方向付ける多様だが安定した社会構造を発展させてきた。このような慣習的で非公式な制度は、その地域の文脈において地域のイノベーターを保護する点において、正式な（近代的な）知的財産制度と似ているともいえる」（NKC et al. 2019 : 108）。

引用文中において、resource に対する関係性を示す表現として steward と custodian は互換的に用いられ、対象への ownership を主張する姿勢と対比

第Ⅱ部　グローバル正義の展望

されている。innovator として自らを位置付ける表現もある。オーナーシップの概念は、産業特許に求められる情報の発明者（inventor）、あるいは植物育種の文脈では新品種をもたらした発見者（discoverer）を指示する概念であり、起点を確定させる。しかし、スチュワードあるいはカストディアンはそうでない。それはたしかに、ある対象の改変——人間との関係性の改変を含む——にあたって変化の時点を前提とするものの、むしろある知識や情報が一定期間持続的に保持されてきたことを意味する。特定の植物資源の存続と利用に関する話である場合、一定範囲内の（対象を大きく改変しない）、集合的な関与を指示する表現になる。この関係性には、対象が存続するための（環境）条件の維持も含まれる。

　2013 年に南ア環境省が TK 保持者を公式調査を通じて確定すると公表したとき、そこで想定されていた TK 保持者は、近代的な知的所有概念が前提とするオーナーシップモデルを前提していた。しかし、その後の調査結果を受けて、ステークホルダー間の交渉が進められるなかで、先住民コイサンというカテゴリーの全体がアフリカーナー農園・企業に対する TK 保持者のアイデンティティを再構築するとともに、先住民コイサンの内部においても、シダーバーグ地域で近過去に直接ルイボス生産に従事してきた人々の TK 保持者としてのアイデンティティを再認識する必要が生じた。この 2 種類の要請をシームレスに（論理的な離齬なく）つなぐ概念が、スチュワード／カストディアンであった。ここでは、コイサン全体を指示する、いわば類（ないし全体集合）としてのスチュワード／カストディアンと、現場でルイボス野生種を維持してきた種（ないし部分集合）としてのスチュワード／カストディアンが、同一用語のもとで共存できているのである。

　ここで、南アの交渉過程でこのような制度運用が現実化した要因として、この交渉が依拠した TK に関する GJ が南アの状況にフィットしたものではないという形式的な観点とあわせて、そもそも TK に関する GJ が本質的に不十分な制度としてしか個別の文脈に現前しえないのではないか、という視点も考えてみたい。

　前者については、先に名古屋議定書第 5 条（遺伝資源の利用並びにその後の応用及び商業化から生ずる利益は、〔……〕当該遺伝資源を提供する締約国

156

〔……〕と公正かつ衡平に配分する）を参照したように、開発途上国に存在する有用資源を先進国側の企業等が利用しようとアクセスする際に、その有用資源を産出する国の政府の承認を受けることを定めるという認識図式から生じている。たとえば南ア政府が、南アのルイボスを不当に利用しようとする外国企業と交渉する、という構図がこれに該当する（2010年代に多国籍企業ネスレが関与した事例もあり、ルイボスをめぐる利益配分交渉にはこのタイプも存在する）。しかし、本章で取り上げた論争は、南ア国内の社会集団間における権利認定が軸となるものであった。つまり、たしかにTK概念とその帰属先が交渉の要であり、それ自体はGJに起因するものではあるものの、ルイボス問題におけるステークホルダーの関係性とは、制度設計の前提にずれがあったということである。

　後者については、そもそもTK概念が、図3にみられる状況のなかで、統一された定義が共有されていない現状が指摘できるだろう。このことは、ナイドゥーも指摘するように（Naidoo 2019: 24）、どのような根拠によって、誰に、何（どのような権利）を排他的に認定／禁止するか、という幅が定まっていないということであり、結果的に個々の文脈における拘束力を欠くものになりがちなのである。ただし、この性質は、逆に考えれば、そもそもTKという概念が曖昧であるため、複数のステークホルダー間のコンフリクトを不可避的に招来するものであり、その解決を目指そうとすれば、個々ユニークな文脈のなかで、不可避的に交渉を要請する基準として機能する、ということになる。さらには、そのような交渉過程を触発する契機として、統一された定義を持たないGJ——TKを保護せよとする——が制度化されている、とさえいえるだろう。

集合的な創造性——およびその権利をどのように認定するか——という問題の現代的な含意

　ルイボスをめぐる議論が示すように、生物遺伝資源に関するTK認定は、ポストコロニアルな補償のニュアンスを保ちつつも、知的所有権に関する現代的カテゴリーの下で行われる点に特徴がある。たしかに、経済的な利得をもたらす知識情報のルーツが明確であるならば、その発案者に当該利得が一

第Ⅱ部　グローバル正義の展望

定の割合で還元されなければならない、という考え方は、特許や著作権と同様に、当然のものであるように思われる。とはいえ、特許や著作権と比べると「権利保護期間が限定的でない」、「知識情報のルーツが特定個人に帰属されない」、さらには「将来世代の候補者も含まれるため、知識情報の帰属先が確定されない」の点で、TK の性格はその他の知的所有概念とは大きく異なっている。

　しかし南アの交渉プロセスにおいては、スチュワードあるいはカストディアンという用語が採用され、知的財産カテゴリーに該当する TK の特質は、オーナーシップとは異なるものであると説明されることになった。これは「起点を個人に特定し、対象改変の度合いが高いほど創発性を認める」という近代的な創造性認定基準の対極に置かれるロジックである。創造性という概念を、制度的にこのように定義できるし、してよいのだ、すべきだ、というのである。このロジックを拡大していけば、一般に伝統や文化と呼ばれる種々の現実、あるいはそこから派生する人工物にも該当することになり、その方向でグローバルな制度化が進んでいるのが有形、無形の文化遺産制度であるだろう（本書 2 章を参照）。

　他方、そうした文化的伝統に連なる実践と関連させるのみならず、現代的な含意を、ここから汲み取ることもできる。その顕著な例として、生成 AI を利用した創作物の創造性の権利はどこに認められるのか、という問題が挙げられる。生成 AI はサイバー空間に存在する無数の情報を学習し、進化し続ける演算メカニズムを通じて、アレンジされた情報を出力する。そのアウトプットは、学習材料となった情報の生産に携わってきた無数の人々の匿名的で間接的な関与を不可欠の条件としている。生成 AI とは、サイバー空間に対して人々が行ってきた（外延を確定できない）集合的な情報のインプットを基に、何らかの演算操作でアレンジされた情報をアウトプットする、現代的な装置である[13]。そのアウトプットに対する創造性の権利認定の範囲をどのように画定するか、また、そもそもどのような創造性を制度的に認定するか、といった論点が現在進行形で議論されている。「何らかの」と表現したように、演算過程はすでに我々にとってブラックボックス化しており、その意味で自律したシステムとなっている。アウトプットされる情報に対する

第 7 章　集合的な創造性に関する知的所有概念の変容

使用者の立ち位置と関係性は、先述のオーナーではなく、スチュワード／カストディアンのそれに近い。

　TK が体現する集合的創造性の概念が、グローバルな文脈で制度的に認知され始めてから 30 年が経過した。制度的適用の細部の詰めは依然としてWIPO で検討されており、個別の文脈では南アの事例に示されるような新たな動向を確認することができる。その一方で、この議論は総体として、創造性に関する現代的な議論とパラレルな性格を有する部分もある、と考えるのである。栽培化による増殖は受け入れつつも、品種改良、育種を目的とする人為を拒否して自律性を保ってきたルイボスという生物種と、アウトプットに至るプロセスがもはやプログラム作成者の手を離れ、人間の側からわからなくなっている AI による情報変換の実態を並列させてみるのは示唆的である。というのも、いずれも（そして、いずれに関連する創造性も）、将来的なアウトプットに対する排他的権利をまったく考えていなかった無数の人々による、集合的な働きかけ——個々のインプットは、弱く、間接的で、システム全体を改変するものではない——によって成立し、発展しているからである。

注

1)　南アに自生する 278 種の Aspalathus のうちの一つが Aspalathus linearis である。さらに Aspalathus linearis は、含有フラボノイドと茶にしたときの味から大きく 7 種類に分けられ、そのうち Nortier タイプが現在主流の栽培種となっている（Morton 1983：Siyanda Samahlubi Consulting 2014）。

2)　国全体では圧倒的なマジョリティであるアフリカ人が生産にほとんど関与していない点にも注目される。

3)　ルイボスの成分抽出は Afriplex、Afrinutrals、Brenn-O-Kem、Rooibos Ltd のメーカー 4 社でほぼ担われており、ルイボスの二次加工は、Rooibos Limited、Khoisan Tea、Coetzee & Coetzee、Cape Natural Tea Products、Kings Products、Red T Company、Big Five Rooibos Company および Maskam Redbush の大手加工業者 8 社が市場の 90% を占めると推定されている（Siyanda Samahlubi Consulting 2014：31）。

4)　Wynberg（2019）および Browdie（2019）。円換算は 2024 年 6 月時点。

5)　正式名称は、「生物の多様性に関する条約の遺伝資源の取得の機会及びその利用から生ずる利益の公正かつ衡平な配分に関する名古屋議定書」(Nagoya Protocol on Access to Genetic Resources and the Fair and Equitable Sharing of Benefits Arising from their Utilization to the Convention on Biological Diversity)。生物多様性条約第 10 回締約国会

第Ⅱ部　グローバル正義の展望

議（COP10）において採択された。条文の訳語は外務省 HP から引用<https://www.mofa.go.jp/mofaj/ic/ge/page22_002805.htm>。

6) 「植物新品種の保護に関する国際条約」（Convention internationale pour la protection des obtentions végétales=UPOV 条約、1967 年発効、その後 1972 年、1978 年、1991 年に改正）および「知的所有権の貿易関連の側面に関する協定」（Agreement on Trade-Related Aspects of Intellectual Property Rights=TRIPS、1995 年発効）。

7) 「植物遺伝資源に関する国際的申し合わせ」（International Undertaking on Plant Genetic Resources=IU、1983 年の FAO　植物遺伝資源委員会で採択）および「食料農業植物遺伝資源条約」（International Treaty on Plant Genetic Resources for Food and Agriculture=ITPGR、2001 年採択）。

8) 南アフリカ森林漁業環境省 HP　<https://www.dffe.gov.za/projectsprogrammes/bioprospectingaccess_benefitsharing_babs_clearinghouse>（2024 年 3 月 1 日アクセス）。

9) サン評議会（SASC）が申し立てを行った直後の 2010 年 10 月に、CBD の ABS 条項を発展させた名古屋プロトコルが採択された。南アは 2013 年 1 月に批准。

10) DEA に提出された TK 報告書（Siyanda Samahlubi Consulting 2014：24）では、「1829 年にモラビア兄弟団の宣教師が村へ来たときに、ルイボス野生種の加工知識を現地のコイサンが教えた」という言い伝えを先住民から聴取し記録している。

11) 同様にして、サン評議会が作成した "San Code of Research Ethics 2017" については、Schroeder et al.（2020）を参照。

12) 「BCP は、外部のステークホルダーや関係者に、先住民の生物資源としての慣習的資産であるルイボスについて確実に伝えることを目的とする。〔……〕我々の伝統的知識と知的所有権に関連する事柄に興味を持つ者は、〔民族の集団的な意思決定組織である〕NKC に相談しなければならない」（NKC et al. 2019：18）。

13) AI による産出物に創造性を認めるかという議論があるが、ここでは、一例として囲碁・将棋の AI プログラムが、人間の棋士の読みを超越した創造的な一手をもたらす点をあげて、AI の情報処理に創造性が生じている、と位置付けることにする。

参考文献

阿部利洋（2023）「植物遺伝資源に関する集合的な創造性の制度化――複数のグローバル規範の相互作用と変容」『大谷大学研究年報』75：1-56。

磯崎博司（2011）「ABS　問題の背景」磯崎博司・炭田精造・渡辺順子・田上麻衣子・安藤勝彦編『生物遺伝資源へのアクセスと利益配分生物多様性条約の課題』信山社、47-60。

炭田精造・渡辺順子（2011）「CBD におけるアクセス及び利益配分 ABS 会議の変遷と日本の対応」磯崎博司・炭田精造・渡辺順子・田上麻衣子・安藤勝彦編『生物遺伝資源へのアクセスと利益配分生物多様性条約の課題』信山社、61-110。

森岡一（2009）『生物遺伝資源のゆくえ知的財産制度からみた生物多様性条約』三和書籍。

山本昭夫・伊藤正人（2004）「FAO 植物遺伝資源条約の発効を迎えて（第 1 報）――植物遺伝資源条約と生物多様性条約」『育種学研究』6（3）：153-156。

Adhikari, Kamalesh and David Jefferson（2019）"Intellectual Property Law for Plant Varieties : Challenges and Developments in Asia," in Kamalesh Adhikari and David Jefferson(eds.), *Intellectual Property Law and Plant Protection : Challenges and Developments in Asia*, Routledge, 1-10.

Browdie, Brian（2019）"South Africa's Khoisan Community Will Finally Get a Share of the Commercialisation of Rooibos," *Quartz*, 6 Nov 2019. <https：//qz.com/africa/1742670/south-africas-khoisan-to-get-a-share-rooibos-tea-commerce/>（2024 年 5 月 1 日 ア ク セ ス）

Canda, Bartolomeu D., Oluwafemi O. Oguntibeju and Jeanine L. Marnewick（2014）"Effects of Consumption of Rooibos（Aspalathus linearis）and a Rooibos-Derived Commercial Supplement on Hepatic Tissue Injury by *tert*-Butyl Hydroperoxide in Wistar Rats," *Oxidative Medicine and Cellular Longevity*, Vol. 2014（online）. <http：//dx.doi.org/10.1155/2014/716832>（2024 年 5 月 5 日アクセス）

Coombe, Rosemary J., Sarah Ives, and Daniel Huizenga（2014）"The Social Imaginary of GIS in Contested Environments： Politicised Heritage and the Racialised Landscapes of South African Rooibos Tea," in Matthew David and Deborah Halbert（eds.）, *Sage Handbook on Intellectual Property*, Sage Publications, 224-237.

De Jonge, Bram and Niels Louwaars（2009）"The Diversity of Principles Underlying the Concept of Benefit Sharing," in Evanson C. Kamau and Gerd Winter（eds.）, *Genetic Resources, Traditional Knowledge and the Law： Solutions for Access and Benefit Sharing*, Routledge, 74-96.

Department of Environmental Affairs（2013）"Bid Reference Number： E1258 Appointment of Independent Ethnobotanist（s）/ anthropologist（s）to Assist the Department of Environmental Affairs in Concluding a Study on the Traditional Knowledge Associated with the Rooibos and Honeybush Species in South Africa" <https：//www.dffe.gov.za/appointment_independent_ethnobotanistsanthropologists_assist_department_environmental_affairs_conduc>（2024 年 5 月 25 日アクセス）

Drahos, Peter（2014）*Intellectual Property, Indigenous People and Their Knowledge*, Cambridge University Press.

Dutfield, Graham（2004）*Intellectual Property, Biogenetic Resources and Traditional Knowledge*, Routledge.

Gorelik, Boris（2017）"Rooibos： An Ethnographic Perspective： A Study of the Origins and Nature of the Traditional Knowledge Associated with the *Aspalathus linearis*," Rooibos Council, <https：//sarooibos.co.za/wp/wp-content/uploads/2018/10/20180723-SARC-format-TK-Paper-SU-1.pdf>（2024 年 5 月 25 日アクセス）

Hayes, Paul B.（2000）"Enhancing the Competitiveness of the Rooibos Industry," MPhil thesis, University of Stellenbosch.

Kloppenburg, Jack R.（2004）*First the Seed： The Political Economy of Plant Biotechnology*, University of Wisconsin Press.

Jefferson, David J.（2020）"Plant Breeders' Rights Proliferate in Asia： The Spread of the UPOV Convention Model," in Kamalesh Adhikari and David Jefferson（eds.）, *Intellectual Property Law and Plant Protection： Challenges and Developments in Asia*, Routledge, 12-36.

Le Quellec, Jean-Loïc（2009）"Revisiting the Image of "Bushman Tea," *Lesedi*, 7-9.

第Ⅱ部　グローバル正義の展望

Morton, Julia F. (1983) "Rooibos Tea, Aspalathus Linearis, a Caffeineless, Low-Tannin Beverage," *Economic Botany*, 37 (2): 164-173.

Naidoo, Ushenta (2019) "A Comparative Assessment of South Africa's Proposed Legislation to Protect Traditional Knowledge," LLM thesis, Faculty of Law, University of Pretoria.

National Khoisan Council (NKC) and Cederberg Belt Indigenous Farmers Representatives (2019) "The Khoikhoi Peoples' Rooibos Biocultural Community Protocol" <https://naturaljustice.org/wp-content/uploads/2020/04/NJ-Rooibos-BCP-Web.pdf> (2024 年 5 月 21 日アクセス)

Oguamanam, Chidi (2012) *Intellectual Property in Global Governance: A Development Question*, Routledge.

Sanderson, Jay (2017) *Plants, People and Practices: The Nature and History of the UPOV Convention*, Cambridge University Press.

Schroeder, Doris, Roger Chennells, Collin Louw, Leana Snyders and Timothy Hodges (2020) "The Rooibos Benefit Sharing Agreement: Breaking New Ground with Respect, Honesty, Fairness, and Care," *Cambridge Quarterly of Healthcare Ethics*, 29 (2): 285-301.

Siyanda Samahlubi Consulting (2014) "Traditional Knowledge Associated with Rooibos and Honeybush Species in South Africa," Department of Environmental Affairs. <https://www.dffe.gov.za/sites/default/files/reports/traditionalknowledge_rooibosandhonrooibosandhon_report.pdf>(2024 年 3 月 5 日アクセス)

Statistics South Africa (2023) "Media Release: Census 2022 Population Count Results 10 October 2023" <https://www.statssa.gov.za/?p=16716> (2024 年 6 月 5 日アクセス)

Tobin, Brendan (2009) "Setting Protection of TK to Rights: Placing Human Rights and Customary Law at the Heart of TK Governance," in Evanson C. Kamau and Gerd Winter (eds.), *Genetic Resources, Traditional Knowledge and the Law: Solutions for Access and Benefit Sharing*, Routledge, 145-164.

Wynberg, Rachel (2017) "Making Sense of Access and Benefit Sharing in the Rooibos Industry: Towards a Holistic, Just and Sustainable Framing," *South African Journal of Botany*, 110: 39-51.

———— (2019) "San and Khoi Claim Benefits from Rooibos," *Mail $ Guardian*, 1 Nov 2019.<https://mg.co.za/article/2019-11-01-00-san-and-khoi-claim-benefits-from-rooibos> (2024 年 5 月 1 日アクセス)

第 8 章
中国の社会主義的近代化推進期における女性の労働参加をどう評価するか

坂部晶子

1. 中国女性の労働と社会参加

　新中国建国以降の中国社会における女性の社会的位置づけや女性たちの労働と家事育児の状況については、社会主義革命を肯定する領域からは一定の賛同が寄せられていた。たとえば、日本で戦後に結成された女性団体の一つで、女性の置かれた状況について議論や情報を発信し続けてきた婦人民主クラブの機関紙『婦人民主新聞』では、一つの参照枠として中国における女性の状況の報告が積極的にとりあげられ、中国からの訪問団の座談会や逆に日本からの訪中団の観察記などが、しばしば紙面に現われていた。1963 年には「人民公社見聞記　公社で洗濯・婦人も安心して働ける　中国の旅から」というタイトルで、以下のような記事が掲載されている。

　　北京の福浹境人民公社は、都市人民公社で人口九万人、戸数二万戸という大規模な世帯で、社員は労働者の家族がほとんど。解放前家庭婦人であった中国の主婦たちが中心になって、十八の工場を持ち三千人の従業員が働いています。そのうち、鉄、光学、紙箱、帽子、靴工場を見学しました。生産物の設備は近代的なものではありませんが、どの工場に

163

行っても婦人の創造と工夫でできたという機械やら設備で作業が行われているのに感心しました。

　この公社は1958年に政府の大躍進の呼びかけに応えて最初、二、三人の主婦がグループを作り、大工場の部分品の加工を始めたのが基になって発展したということでした。生産に参加する婦人が多くなるに従って、托児所設置の要求となり、主婦達は既存の托児所に行って勉強し、経験を積んだとのことでした。〔……〕公社には托児所、学校、食堂、医務室（診療所）があり、服務所もあります。

　托児所は日托と云って朝から夕方まで預ります。乳児は生後五十六日から十八カ月乳児室で預ります。学校は小学校六年、初級中学三年、高級中学三年で、ほかに業余学校があります。業余学校は仕事の余暇に勉強する定時制のような仕組みです。食堂の利用は自由で、一日三食でも、一食でも利用できるし、主食だけ、又はおかずだけを買って帰る事もできます。食費は一日三食で、一カ月日本円で千六百五十円〜千八百円位です。服務所はその分店に当るサービス・ステーションが生産大隊単位に十八種あり、働く婦人のために洗濯、縫物、修繕アイロンかけまで、家屋の雑用をサービスする仕組みになっており、縫物は係り員が早い目早い目に回って便利を計り、仕事と家事と子供で首の回らない日本の婦人を考え合せて全く羨しい限りでした。また、このステーションでは、申し込みで、臨時の托児を一時間でも半日でもするということでした[1]。

　中国の婦女連合会の招待による人民公社の参観記であるため、中国側が紹介したい部分を見せているということを踏まえたうえでも、1960年代の日本社会で女性が働く状況と比べて大きな評価が与えられていることがわかる。社会主義の実践として中国社会をとりあげる場合でも、『婦人民主新聞』の記事はとりわけ働く女性の状況を注視している点が特徴的である。また、これより少しあと、1974年、文化大革命のさなかにヨーロッパから中国を訪れたジュリア・クリステヴァ（Julia Kristeva）は、中国の社会改革がもつ女性への影響に関連して、観察記と哲学的考察をあわせて一冊の書籍としている。そこでは、上記の記事のように単純な賛同ではないものの、労働者の女

性と対比された家庭の女たちの内職の作業場についての率直な記録がある。

> 　工場では、生き生きとして物見高い女労働者たちが、ノルマや職工長などをあまり気にすることもなく、平気で散歩したり、わたくしたちの質問に気軽に答えてくれたりしていた。それにたいして、こちらでは、用心深い、あるいはおどおどした眼差しとか、見られてはならない仕事を不意に見られて戸惑うような女たちの態度とか、そんな窮屈な雰囲気が漂っている。〔……〕
> 　社会がすでに幼少の頃から、社会に必要なものを選び取り、子供を産む以外には取柄も能力もなく、社会生活に自分を統合させることのできなかった、普通より脆弱な女たちを家庭にあるべく運命づけているのは事実である。また、人民権力が確かにその労働力を利用しながら、それでもやはり、こうした社会的淘汰の《落ちこぼれ》を助けて、それが家族を越えた社会的な在り方になっていくようにしようとしていることも事実である。(クリステヴァ 1974 = 1981：310-311)

　ここでの記述は短時間での訪問であることを断りつつ、中国の労働者である「工人」が当時誇り高い存在であったのと対照的に、「家庭婦女」である主婦たちの、中国社会での比較的厳しい評価や鬱屈とした状況についての報告となっている。1970年代までの中国は、外国人の自由な往来は難しく、短期的な滞在や観察といった報告が多い。新中国建国初期から数十年間における女性の労働をとおした社会への参与や地位の変化にたいして、世界各地からの注目はあったが、それらは断片的な記録と評価のなかにあった。

　本章では、中国社会における女性の社会的位置づけと家族のあり方に関連して、とくに新中国建国以降の1950年代から70年代での女性の労働参与の経路に着目し、その分析視点についてとりあげてみたい。中国では、1980年代以降は改革開放政策の時期となり、それまでの社会主義路線とはいくぶん違った社会統合のあり方となっている。さらに、1990年代以降の冷戦終結によって、それ以前の社会主義国家の存立の正当性が揺らいでいる。こうした前提のもとで、社会主義建設全盛期の女性と家族領域についての評価へ

のまなざしを再検討する。

　この時期、中国の女性たちへの呼びかけは、「天の半分を支える」というスローガンであった。こうしたかたちでの呼びかけは、国家による社会的動員であると同時に、新しい社会参与の形式も作り上げていったのではないだろうか。この時期の女性の労働をとおした社会参与の経験は、当時の西側諸国や先進国の女性たちの、政治的権利や社会的地位の向上を通じた状況の改善よりも、より急速により広範囲な女性たちに影響を与えていった。実態的には、新国家建設のなかでさまざまな新しい職種が作り出され、それらの作業が、社会を構成する一部として、社会の隅々の人びとにまで割り当てられていった。こうした労働を通した社会参与という形式は、教育をうけ選別された人びとだけが参加できるような女性の社会的地位の向上よりも、女性たちの経験値を底上げするためにより強力な側面があったのではないだろうか。中国の社会主義的近代化推進期は、文化大革命や飢餓を生み出した時期として、強権的な政治体制や暴力的な制裁などが批判されてきたのだが、動員過程を強力で一方的な支配権力の貫徹としてのみではなく、それとは異なる社会主義的近代化のもたらした人びとの経験の一側面を抽出し、この時期への評価のまなざしそのものを再考してみたい。

2.　中国における「近代」の時期区分と、「体制移行期」への視点

　中国の近代以降の歴史区分は、時代や分析視点によっても変化はあるが、大まかにいえば、毛沢東の新民主主義論による時期区分がとられている。用語として「近代」と「現代」を区別し、1840年のアヘン戦争以降をブルジョワ民主主義革命が不徹底に終わった半植民地社会でもある「近代」とし、1919年の五四運動以降をプロレタリアートと共産党の指導による「現代」と位置づけるものである（小野寺 2019：225）。こうした中国近現代史に特殊な時期区分は、現在でも中国社会での時代理解の規範となっており、公式の時代区分でもある。しかし、1976年の文化大革命の終了、1978年の改革開放政策の開始などにより、1970年代を転換点として、中国の社会主義国家としての特殊な位置づけの意味は薄くなっていったと考えられる。個人と社会との関係において、人びとが共同体に埋没していたところから、個人とし

て析出されていく過程にある時期を「近代化」の過程としてとらえるとすれば、中国での「近代」と「現代」をいずれも広い意味での「近代化」の一時期と考えることが可能となる。そのうえで、ここでは19世紀後半から共産党指導下での変革が始まるまでの時期を近代化初期とし、新中国成立から改革開放が始まるまでの1950年代から70年代にかけてを社会主義的近代化推進期、さらに改革開放政策が始まる1980年代以降を転形期としておく。こうした時代設定をすることで、中国社会の独自性に閉じこもることなく、他の社会主義国家や社会との比較考量も可能となると考えるからである。

　中国の改革開放以降の時期を中国語では「転形期」[2]と表現されることも多いが、政治体制としては社会主義を標榜しつつ、資本主義の市場経済に接続していく時期をさしている。中国社会のこの転換点は、ソ連や東欧、モンゴルなどの社会主義国家が社会主義を離脱して以後の「移行期」と重なるものであると考えられる。社会主義国家の「体制移行」について分析した中兼和津次の論考では、政治体制と経済体制をそれぞれ一定程度分離して考えると、概念的には「国家社会主義体制」から「開発独裁体制」かあるいは「先進資本主義体制」への移行というモデルとして論じられるとしている（中兼2010：9）。東西冷戦の終結後になってみれば、外部からの視点では、社会主義革命による多大な犠牲、たとえば中国では朝鮮戦争による死者や反革命などの犠牲者、大躍進後の飢餓による犠牲など（中兼2010：275）が大きくクローズアップされ、体制移行とは、社会主義から資本主義へ、独裁体制から民主制への移行としてとらえられたのである。そこでは、体制移行以前の社会が理想として語られていたことの反動として、その社会でのものやサービスの不足や、特権と不平等の偏りが糾弾される（中兼2010：37-39）。

　19世紀半ばに始まった中国社会の近代化は、2世紀弱の期間のあいだに国際関係の領域では、帝国主義と植民地の時期、東西冷戦の時代、ポスト社会主義とグローバリゼーションの時代といった変化を経験してきた。国際社会の現況を、イデオロギー対立の時代から資本主義と民主制への移行として捉えるのだとすれば、中国における社会主義的近代化推進期と転形期とでは、中国社会と国際環境とのあいだの正当性にある種のねじれが生じていると考えられる。中国の1950年代から70年代にかけての社会主義的近代化推進期

については、文化大革命を代表的なものとする政治動乱や社会の混乱の時期ととらえられてきたが、この間における社会変革の程度も大きいと考えられる。とくに女性や家族にかかわる領域は、これまでの政治的、思想的な文脈での分析からは取りこぼされてきた。次にこれらの領域にかかわる先行研究を検討し、分析視点を抽出する。

3. 中国の女性解放研究史

中国の社会主義的近代化推進期における女性の社会的位置と労働への参与という課題に関連する先行研究の領域として、中国近代の女性史、女性解放の歴史研究等があげられよう。中国の近代化初期は、清朝末期から民国期にあたる。この時期の女性史の大きなトピックは、纏足反対の運動に関連している。19世紀には西洋と東アジアの接触が増加し、西洋の事物や新思潮が流入した時期でもあった。纏足反対運動は、民間や清朝政府からの通達も含めて幅広い実践があった。またこうした運動は、知識人による女子教育機関の開設ともからんで20世紀初頭にかけて展開していっている（夏1995＝1998）。西洋の絵入り新聞において、中国の纏足がどのように紹介されたのかを調べた陳其松の論考では、中国女性の纏足は、そのデフォルメされたイラストとともに、エキゾチックで奇妙な習慣として、さらには障害のある身体像として西洋社会に提示されたとしている（陳2023）。「宣教師らが訴えた纏足解放の議論は、当初中国ではそれほど反響を呼ばなかったものの、日清戦争後、国家存亡の危機に面した中国の有識者や知識人たちは改革の可能性を模索する中で、西洋側による纏足批判の論理も受け入れるように」（陳2023：13）なったとする。纏足禁止の運動が西洋思潮の影響下にあることは確かだが、植民地侵略の過程の救国運動とも結びつき、中国社会がそれを十分に受けとる土壌もあったことが主張されている（夏1995＝1998：陳2023）。

さらに家族にかかわる法制度の研究から、とくに婚姻法の位置づけについてみておきたい。中華民国期の1930年の民法では、近代法を取り入れてはいるが、家族に関しては伝統的な家族制度が継承されたという。それに対して、共産党下の革命根拠地においてすでに構想され、1950年に布告された婚姻法では、旧社会の伝統打破がめざされ、男女が家族内で平等の地位をも

つという規定が入れられた（高橋2018：クリステヴァ1974＝1981）。旧来の婚姻については重婚や童養婚、売買婚を禁止し、女性の自由意思での離婚を可能としていた（高橋2018）。また女性への纏足の習慣から離婚後自立できないことを考慮した、女性の特別保護も盛り込まれるなど、かなり女性への権利付与や保護に手厚いものであったとされる（クリステヴァ1974＝1981：何2005）。社会主義的近代化推進期においては、新たな婚姻法を普及させるための貫徹運動や女性の労働への参与などが展開していく。

　1980年代後半以降は、改革開放によって中国から西洋の思想潮流に直接アクセスすることが許容されるようになる。1985年の北京女性会議の開催とも相まって、フェミニズムやジェンダー論などの著作や論文が翻訳され始め、また女性研究センターなどの設立が続いた。日本の中国女性史の研究者である秋山洋子は、1990年代を「女性ブーム」の時代と呼んでいる（秋山2018：427）。また、中国社会科学院社会学研究所の家族研究者である呉小英によれば、中国の家族研究にとってこの時期以降流入した欧米フェミニズムのインパクトは大きかったという（呉2011：155）。ジェンダーの問題を階級闘争に回収されない、独立した領域のものとして分析していく研究が増加していくのである[3]。

4. 近代家族論の射程と社会主義的近代化の経路

　上述のように、中国の女性解放の研究の展開について、とりあえずその概略をみてきた。家族や女性を主題としたそれぞれの時代の事象の分析ではあるが、近代化にともなう家族や女性の立場の変化についての理論的検討という側面は薄い。こうした点について題材を提供するのは、日本の家族研究でも大きな役割をもった近代家族論である。

　近代化というプロセスが、民主的なプラスの価値を与えるという方向性をもつとは限らない。近代家族論は、近代化プロセスが家族の領域にたいしてもったある種の規定性を取り出す視点である。こうした視点から、落合らの研究グループは、すでに2000年代に『アジアの家族とジェンダー』という研究のなかで、中国を含めたアジア諸社会の家族を分析する比較研究を行ってきている。対象となっているのは、日本、シンガポール、韓国、タイ、中

第Ⅱ部　グローバル正義の展望

国、台湾であり、それぞれの地域について歴史人口学的知見を援用しつつその異同を分析している。近代化による変化の共通の特徴としては、衛生や医療、栄養状態等の改善によって、上記の社会いずれでも多産少死による人口爆発を経て、少産少死へという人口転換を経ている。それぞれの社会で時期は異なるが、合計特殊出生率の低下がみられ、またいずれも人口置換水準以下にまで減少していく点は共通している（落合・山根・宮坂2007）。

　落合は、近代家族の特徴は「家内領域と公共領域の分離／家族成員相互の強い情緒的関係／子ども中心主義／男は公共領域、女は家内領域という性別分業／家族の集団性の強化／社交の衰退／非親族の排除／（核家族）」（落合2004）といった点にまとめられるとするが、核家族化や子ども中心主義、情緒的な結合といった要素は共通しつつも、欧米や日本などの近代家族とは一部異なる様相がみられるとしている。とくに大きいのが、男性は公共領域、女性は私的領域というかたちでの性別役割分業が進展するというのが、近代家族論の要諦であったが、調査の時点である2000年前後の時期の当該諸社会において差異がみられるのが、年齢別女子労働力率であるという[4]。とくに社会主義的近代化推進期の中国ではこの男女の役割分業と女性の社会的領域からの排除という事態は、あまり当てはまらない。中国建国初期の社会主義時代において、政策的に男女双方の労働への参与が推奨され、社会あるいは国家への貢献が期待されていたからである。

　改革開放期以降、構造調整による労働力削減のなかで、女性のレイオフが増加し、また「婦女回家（女性は家庭へ帰れ）」論争が行われるようになった（瀬地山2017）。市場経済と接続することにより、女性の雇用環境が悪化していっているとも考えられる。この時期の就労していない女性たちを近代家族における「主婦化」ととらえるかどうかは、議論が分かれるところである。ただし、鄭楊の研究では、1990年代以降下降し続けていた女性の就業率が、2020年には都市部で一定程度回復し始めているという。農村女性の就業率も下降傾向にあるが、それでも都市部の66%を超える比率を保っている[5]（鄭2023：81）。

　上述のように、「近代家族論」は近代化を相対化する視点を包含していたとはいえ、それは資本主義社会の近代化をモデルとして構成された議論で

あったといえる。この意味で、こうしたモデルでは、1950 年代から 70 年代の中国の社会主義的近代化の時期はとらえきれないのではないだろうか。この点について、資本主義体制と対比しつつ社会主義体制下での家族や家父長制について分析した瀬地山角の『東アジアの家父長制』（1996 年）が参考になる。瀬地山の研究では、東アジアの日本、韓国、台湾、北朝鮮、中国という体制の異なる社会の比較研究をとおして、社会主義社会における女性の生の経路に焦点が当てられている（坂部 2021a：17）。そこでは、マルクス主義の理論的位置づけとは異なり、現実の社会主義国家をみた場合に、社会主義は資本主義の次の段階ではなく、もう一つ別の近代化（産業化）の経路となっているとする。

　　産業化は職住分離という「特殊な」職場環境を一般化させ、子供の面倒をみながら働くといったことを著しく困難にする。その矛盾の表れが原生的労働関係であり、新たな労働力再生産のメカニズムが必要とされ、資本主義社会の見いだした解決策が、再生産労働の専従者たる主婦を誕生させるというものだったのだ。では社会主義はこれに対して、いったいどういった対応をしたのだろうか。社会主義は、その公式の理論とは異なり、決して資本主義の後にくる社会ではない。少なくとも現実の社会主義社会はすべて資本主義の代わりに産業化を推進することとなった一つの制度である。つまり産業化（ないし産業主義 industrialism）の下位類型として資本主義と社会主義があると考えられる。（瀬地山 1996：77-78）

　近代以降の生産関係において、公的領域と私的領域の分離が生じるが、資本主義社会における近代化と社会主義における近代化の経路が異なるとすれば、前近代における生産共同体では生活にうめこまれていた、生産領域と家事や育児などの再生産領域の顕現の仕方も異なってくると考えられる。近代家族論がいうように、初期の資本主義社会では生産労働の担当を男性、再生産労働の担当を女性というかたちに集約してきたのにたいして、社会主義国家である中国は、男性も女性も生産領域での貢献が重視されてきたと考えら

れる。新中国建国以降の社会主義的近代化推進期における女性労働のあり方と家族の形態について、考えていく必要がある。

5. 女性の労働参加についての記録と分析──動員された人びとという視点

　第3節、4節では、社会主義的近代化推進期における女性労働のあり方を、家族や女性史の枠組みでとらえる研究をとりあげ、その可能性と限界についてみてきた。中国研究の文脈では、現在、西洋のフェミニズムやジェンダー研究に影響を受けた分析が増えてきているとはいえ、それらは近代化初期か改革開放以降の転形期を対象とするものが多い。ジェンダー研究では、改革開放以前の集団化時代や社会主義的近代化の時期が焦点化されることはまれであったが、近年、社会主義的近代化推進期を政治闘争やイデオロギー論争と切り離して、社会変容の視点から分析するものがあらわれ始めている（たとえば坂部 2021b：堀口・大橋・南・岩島 2024 等）。

　堀口正や大橋史恵らのグループによる『中国と日本における農村ジェンダー研究』は、中国の 1950 年代から 60 年代の農村女性について正面から分析対象とする研究である。なかでも江口伸吾の論考は、華中師範大学農村研究院による『中国農村調査』における農村女性口述シリーズから、数十人分の女性の口述データをもとに、人民公社期の社会動員の実態を分析している。そこでは、女性も男性と同様に扱われ同じような作業をするなど、女性たちも幅広く労働に参加していること、また一方で、労働にたいする報酬には格差があるという報告も多いとされている。総じていえば「政治運動による大衆の社会動員は、「婦女」に対しても進められた。建国後の中国では、口述にみられる「男女平等」「婦女は天の半分を支えることができる」〔中略〕という回答に象徴されるように「婦女」の社会的地位の向上がみられた。他方、「婦女」の社会的地位の向上による社会参加の拡大は、「婦女」を対象とした社会動員の過程の一部でもあった」（江口 2024：85）という。そこでは、女性たちの労働や社会への参加は彼女たちの地位向上をもたらすものでもありつつ、原則的に上から「動員された」ものであり、状況によって身体的にも条件的にもかなり過酷な犠牲をともなうものでもあったと結論づけられてい

る。

　また同じ論集のなかで、社会学者の南裕子は、同じく1950、60年代の女性たちの状況への聞きとり調査による資料と、それらにもとづく研究を紹介しながら、農業の集団化時期における基層の女性リーダーのあり方について、論点を整理し論じている。中国内外での先行研究を踏まえて、南の論考では、女性リーダーが求められた背景と社会状況について、この時期の女性リーダーたちの位置づけや彼女たちが体現した価値観をめぐる錯綜した状況についてとりあげている。伝統的な社会から共産党政権下への移行にともなって、新旧の価値観が混在するなか、女性リーダーたちは新たな体制へのけん引役を期待されていた。ただ、多くの先行研究から示されるのは、当時、数多くの女性リーダーの登用があり、家庭から外の世界への参加については認められるが、女性自身が「自らが参加するフィールドを形成する主体でありえたか」については留保がつけられる、ということである。たとえば南が中心的に論じているのは、共同体の外部から嫁いできた女性のほうが、当該社会での女性リーダーになりやすく、「従来の家族規範から比較的距離のあるような人でなければ、家の外では社会主義革命のために働くことは難しいとされた」（南2024：103）。南は、伝統社会における家父長制や社会規範と新たな価値観との対立のなかで葛藤する女性像に照準している。

　総じていえば、先行研究においてこの時代の農村女性の社会進出について、人びとを家から外側へと導きだすという意味で一定の達成とはみなされてはいるが、それらの執行過程における国家や上部組織による動員という側面が強調され、当事者たちの主体性について肯定的な評価が少ない。たしかに、中国は国家や執政政党の権力の強固な社会であり、社会主義的近代化促進期には、社会のさまざまな基層での「動員」や指導という側面が強かった。これに対して、1980年代以降の転形期にはそうした国家から社会への介入が表面上は減少した、あるいは（人びとの動員について）真空地帯が生じたともいわれている（閻2016＝2009；坂部2021b）。けれども、現在の体制下で国家からの大きなコントロールが消滅していないのと同様、社会主義的近代化推進期における「動員」が、当事者たちにとって必ずしも強制的な意味合いをもっていたとは限らない。中国では、社会主義体制下において創出された

さまざまな仕事に人びとを割り振ることを「分配」（割り当て、配属）とい
い、2000 年前後までいくつかの領域では学校卒業時点でこの「分配」が機
能していた。1950 年代から 70 年代の女性の社会参与について、すべての局
面を取り出して分析する紙幅はないが、以下ではこの時期に関連する経験の
聞き取りから、当事者女性たちにとって「分配」がどのように意味づけられ
たかをみておきたい。

6.「分配」（水路づけられた労働へのアクセス）と新しい経験

　筆者は、2022 年から 24 年にかけて、1940 年代から 50 年代に生まれた中
国女性に対して、彼女たちが学校を卒業して就労する過程に照準をおいたラ
イフヒストリー調査を行った。新中国建国後に教育を受け、社会参加を行っ
た女性たちへの調査であるが、新型コロナウイルスや中国社会の体制上の変
化により現地調査が難しく、総勢で 10 名の女性についてオンラインでのイ
ンテンシブなインタビュー調査を行った。ランダムにアプローチしたごく少
人数の調査であるが、すべての女性が生涯をとおした就労の経験をもってい
た。ここではそこから二つの事例をとりあげてみていく。

　1946 年生まれの女性は、15 歳から生産隊で働いていた。当時は配給が点
数制であり、生活の必要からみな働きにでていたという。結婚してもそのま
ま生産隊で農業をしていたが、1980 年代に、推薦されて小学校で教員をす
ることになった。どのように教師になったのかについての語りは以下のよう
である。

　　それはとっても面白いの。わたしは 15 歳まで学校に行ったでしょう。
　　その後生産隊でずっと働いていた。結婚したあともずっとね。わたしが
　　40 歳になった年、学校の校長と婦女主任がわたしのところに来て、先
　　生をするように言ったの。わたしは、ダメよ、もう 20 年もほったらか
　　しなのに、また拾い上げることができるかしら。ダメよと言ったの。向
　　うは来てみればいいという。校長も、来てみないさいよ、勉強しながら
　　教えればいいといって、行かせようとする。ちょうどあのころ、うちの
　　長男が学齢期で、なんでかわからないけど学校へ行かなくなったのね、

17歳のとき。わたしはうちの息子に教えに来させたらダメかと言うと、校長は若者は不安定だから、女の子なら落ち着きがあるからいいけど、あの子はまだ年も若くて気持ちも定まっていないからダメだと。それで、わたしは、まずわたしが2年やるから、その後わたしら2人が交代してもいいかと聞くと、校長はいいと言った。それならというので、わたしはそこの学校で働きだした。2年経つと息子は兵隊にいった。兵隊にいくならわたしが働いといて様子見ようというので、ずっとそこで働いた[6]。

　この語り手は、遼寧省の北朝鮮との国境に近い山間部農村に住む、朝鮮族の女性である。朝鮮語でいくつかの教科を子どもたちに教える教員だったという。中学校を中退したあと、教育を受けてはいないが、朝鮮語ができる教員が不足していたせいか、熱心に勧誘されて教師の仕事を務めている。インタビューの内容では、息子の仕事を確保したい意向もあったようだが、実際には息子は別の仕事についている。興味深いのは、当該地域での人材配置の問題と家庭内での仕事の配分とが、交渉の過程で話題にされている点である。実際には、息子の就業を用意するものではなかったようだが、地域内のそれぞれの家庭状況についても一定の配慮がなされていることがみてとれる。

　ここでとりあげるもう1人の女性は1951年の生まれで、中学生のとき文化大革命が起きて、学業を中断し「上山下郷」運動のなかで農村へ下放された経験をもっている。同級生も一緒に2〜3年間農村で労働を続けたあと、町へ戻る。江西省の炭鉱で有名な町にいたため、コークス炉の工場や選炭工場などで働いた。

（前の工場がなくなったので、仕事がなくなり）次は選炭工場に配置されたんだ。石炭掘りは、掘りだしたあと、それを洗う。そこで分離されたボタ（石）は捨てて、残った細かい石炭が、石炭になる。（中略）

　そこでの労働はとてもしんどかった。大変だったよ。結局あそこの仕事は、なんというのか、すごく苦労はしたけど、そこの選炭工場にいたときは、わたしにはわりとよかったよ。う〜ん、仕事が終わったあとは、

保育の仕事をしたり何だっけ、なんとか大隊、文化大隊で活動したり。忠誠、献身労働とか、思いやり活動とか。今の公益事業みたいなことをしにいくの。わたしたちは、「雷鋒に学ぶ」戦闘隊を組織して、通常の8時間の仕事が終わったあと、こうした自発的な（ボランティア）活動に行ったり、何か本を読んだりしていた。いずれにしても、このときのわたしらの功績は基本的に悪くなかった。というか、この隊はそこの炭坑の先進隊として表彰されたのよ[7]。

　彼女は、1966年からの文化大革命に直面した経験をもつ。家庭状況は政治的には問題にならなかったが、地方の小都市から農村へ下放され、他の同級生たちと同様に農村部での労働を経験している。いつ帰郷できるのか、またどのような仕事につくのかということに選択肢はほとんどなく、準備された職場へ行き用意された作業を行うというかたちでの就労を受け入れている。さらに、この選炭工場にいたのは、結婚前の20歳前後の時期だが、彼女はその当時推奨されていた活動を精一杯行っている様子がわかる。「雷鋒」は新中国建国後の解放軍兵士で、職務中の事故で殉職した人物である。彼の日記などから労働模範とされた人物で、国家と社会への熱心な献身が顕著にみられる。「雷鋒に学ぶ」といった活動を掲げた組織は、たんなるスローガンである以上に、当時の若者たちが社会へアクセスするための有効な回路として機能していたと考えられる。ここでの語り手は、就労時の仕事上でも余暇時間での自発的な活動においても、新しい社会の熱心な構成員として活動していたという自己認識をもっている。

　紙幅の関係もあり2例に留まるが、ここでみてきたのは新中国建国以降の社会主義的近代化促進期において、新しい社会体制のなかで仕事を「分配」され、そうした場所で労働に参加してきた女性の経験についてである。どのような場所で、どのような職種の仕事につけるかについては、個人の選択ではないことがほとんどである。上の学校への受験のチャンスがあるといったことは、きわめて限られたチャンスであり、当時の女性たちにとって希求の対象ではなかった。ただし、この世代は新中国建国以降に教育を受けた新しい世代であり、自らの両親や上の世代たちの生活や就労、経験とは異なる生

第 8 章　中国の社会主義的近代化推進期における女性の労働参加をどう評価するか

の経路を歩んでいることについて、ある程度意識されていると考えられる。「分配」のシステムは男女で異なるものではないが、この世代の女性たちは、多くは家庭外の活動が制限された前の世代の女性と異なり、何らかの労働をとおして社会へ参与していくことが標準化されていったといえよう。

　1950 年前後に生まれ、社会主義的近代化推進期を成長期から青年期として過ごしたこの世代の女性たちのライフコースの多くは、以下のようになるだろう。新中国成立以後、都市部でなくても最低限の学校制度がつくられるなかで教育をうけ、小学校卒業か中学校修学前後で、農村であれば合作社に、地方都市であれば工場の労働者や事務員、販売員、教員などといった仕事につく。学校教育を受けるチャンスのなかった人も時折いるが、多数派ではなく、上級の学校まで行くという機会も普遍的ではない。仕事の種類についても自分の希望ではなく、割り当てられた作業であるが、そうした作業へ参加することを通して、家族や社会における位置づけを得ていったのである。結婚や出産を経ても就業が中断されることはほとんどなく、定年で仕事を終えるか、改革開放後の構造変動によりレイオフされるまで働いている。またレイオフされた後も、何らかの民間での仕事を見つけて、継続して働き続けるという選択も多い。夫婦とも就労することにより生活が成り立つという側面も強いが、そうしたなかで女性が生涯を通じて働くというパターンが成立していったのである。

　社会主義的近代化の時期、中国の女性たちは、合作社や工場、その他の現場で働くことによって、社会的な評価を受けてきた。改革開放以降、経済の市場化が進展するなかで、女性や出稼ぎ者たちが働く工場での労働が周辺化され、臨時雇いの女性労働者（「打工妹」）として、医療や福祉などの保障もなくいつでも切り捨てられる労働力として扱われるのと、対照的である。70年代以前の工場労働は価値のある名誉な仕事と考えらえており、そうした労働をとおした社会参与の実績は、家族や社会の中で彼女たちの居場所を支え、家族のために仕事を犠牲にすることなく、当該社会の構成メンバーとして活動した記憶として残されている。

7. 状況の転換と錯綜する評価

　1950 年代から 70 年代にかけての中国における女性の労働をとおした社会参与の経験についてみてきた。社会主義革命後における中国の女性の社会参与のかたちは、その当時は比較的先端的な取り組みとして紹介されることも多かった。しかし、冷戦の終結やソ連や東欧諸国などが脱社会主義化していくなかで、もう一つの正義の体制として位置づけられてきた社会主義体制への評価が転換し、資本主義体制を批判的にとらえる視点が希薄になっていく。大きくいえば、こうしたイデオロギー的な観点で見出された社会主義中国における女性労働への視点も、歴史的な展開のなかで埋没していった。

　西洋のフェミニズム思潮から大きな影響を受け、展開されてきた「近代家族論」は、上述のイデオロギー対立とは別に、階級闘争とは独立した領域として、ジェンダーや家族について作用する権力関係を分析する枠組みとして展開してきた。その意味で、新しいジェンダー論や近代家族の枠組みの一部は、中国社会における女性の位置づけや役割を考えるうえで、さらに重要となってくると考えられる。しかし、男女の性別役割分業についての近代家族論の原理的な議論が、資本主義的近代化をモデルとしているため、社会主義的近代化のなかでの女性の労働をとおした社会参与については、評価を得にくかったのではないかと思われる。

　ここでは、中国におけるこの社会主義的近代化推進期における女性の労働について、ごく部分的にではあるが、先行研究史上の位置づけと当事者の語りを通して再検討してきた。この時代の中国女性の労働をとおした社会参加の経験は、通常指摘される動員対象としての労働者女性像であること以上に、生活上のたつきの手段を得ることを可能とし、さらに新しい社会の構成員としての社会参加を準備する手段でもあったのだと理解される。この時代に家父長制下における制約がなかったわけでも、社会の各層における男女平等が達成されていたわけでもないが、半世紀から 70 年以上前の女性たちのこうした経験の蓄積は、現在においても中国社会での女性の社会的地位を考えるうえで重要な要素であり、また女性たちの就労への意思を持続するうえでも大きな意味をもっていると考えられる。

第8章　中国の社会主義的近代化推進期における女性の労働参加をどう評価するか

　それぞれの社会が、現代においてどのような経路をとおして女性解放への道筋をたどるのかについては、統一的な見解があるわけではないかもしれない。ただジェンダーにかんするさまざまな指標をみても、現在の欧米先進国の女性像がモデルとなっていると考えられる。近代家族論が示してきたように、そうした地域での女性解放や男女の社会的位置づけについても、近代化そのものが平等をもたらすといったような平坦な道筋ではなかった。多くの社会で、資本主義による産業化のなかで、女性は次第に家族に囲い込まれ、専業主婦化していっている。そのような状況へのアンチテーゼは、1970年代のウーマンリブやフェミニズムなどの社会運動が契機となっており、大きなトレンドの反転が生じ、現在まで続く様々な取り組みが行われるようになったのである。

　それに対して、本稿の試みは、20世紀に世界各地で実験的に進められた社会主義国家での女性たちの社会参与の経験を、女性解放のもう一つの道筋として取り出してみたものである。すべての社会主義国の状況が同一とはいえず、ここでは新中国建国当初の社会主義的近代化推進期において進められた女性の動員が、単なる国家の歯車としての割り当てという以上に、新しい社会への参与者としての位置づけを与えるものであったという点を指摘している。中国全体で8割以上の女性たちが、都市であれへき地であれ、また教育程度といった指標を絶対的なものとはしないことにより、それぞれの労働の現場につき、自らの社会的役割を受けとり、それを果たすという経験をしてきたのである。現在、中国では、これまでの男女平等が女性性を無視した「男並みの平等」であったとして、社会のさまざまな領域でのジェンダー役割や位置づけが再検討されている。そこでは、欧米や日本の思想潮流としてのフェミニズムの影響も大きく、これまで表面化されなかった家庭内暴力やセクシュアリティの問題など、多様な領域が問題化していっている。このようなフェミニズム需要の基盤をつくっているのも、また正面からジェンダー平等の議論がなされうるのも、たんに再生産領域にかかわる部分だけではない、社会と労働の現場における女性の存在感があるためではないだろうか。社会主義的近代化推進期の30年以上におよぶ、社会の幅広い領域における女性の社会参与の経験の蓄積は、資本主義社会の女性解放の経路とは異なる、

日常生活世界や社会的空間において、家庭に閉塞することのない骨太な女性
の存在を作り上げてきたのである。

注

1) 「人民公社見聞記　公社で洗濯・婦人も安心して働ける　中国の旅から　豊田文子」、
『婦人民主新聞』1963 年 1 月 27 日 2 頁。
2) 正確には中国語では「転型期」と記載することが多い。型の転換期というニュアンス
で、「外交の転型期」という場合、「伝統的な権威主義的体制における外交形態から、民
生と民建を重視する方向へと転換していくということ」(王 2012：52) を意味するとし
ている。
3) たとえば現代中国の農村女性についてのエスノグラフィ研究として、李霞の『娘家和
婆家』(李 2010) や李銀河による『后村的女人們』(李 2009) がある。李銀河は現在で
もかわらず家長の支配下にある農村女性の立場を論じ、李霞は明示化されない夫婦間で
の意思決定上の戦略をとりあげており、女性の家庭内での権力や立場についての解釈と
結論は正反対であるが、両者ともこうしたジェンダーにまつわる規範や実践を、そのほ
かの社会矛盾とは自立した領域として扱っている (坂部 2021a)。
4) 2000 年ごろの時点で、女性が生産年齢をとおして労働力率を高いまま保つのが中国
とタイ、30 代から次第に低下するのがシンガポールと台湾、20 歳代後半から一時低下
しその後再び上昇する「M 字型」をとるのが日本と韓国であるとしている (落合・山
根・宮坂 2007：17)。
5) 都市部女性の就業率は 1990 年に 76.3% から 2010 年には 60.8% まで減少するが、2020
年に 66.3% に回復している。農村女性の就業率の場合、1990 年の 93.9% から持続的に
低下し、2020 年に 73.2% である (鄭 2023：81)。
6) 2024 年 2 月 20 日に実施したオンライン・インタビュー調査のデータより。中国語か
らの翻訳は筆者による。
7) 2024 年 1 月 27 日に実施したオンライン・インタビュー調査のデータより。翻訳は同
上。

参考文献

秋山洋子 (2018)「中国におけるフェミニズムと女性／ジェンダー研究の展開」、小浜正
　　子・下倉渉・佐々木愛・高嶋航・江上幸子編『中国ジェンダー史研究入門』京都大学
　　学術出版会、421-436。

江口伸吾 (2024)「人民公社期における農村地域の国家建設と「婦女」——政治運動と社
　　会動員の視点から」、堀口正・大橋史恵・南裕子・岩島史編『中国と日本における農
　　村ジェンダー研究』晃洋書房、70-87。

王逸舟 (2012)「中国外交の進歩と転換——希望と挑戦」、飯田泰三・李暁東編『転形期に
　　おける中国と日本——その苦悩と展望』国際書院、29-89。

落合恵美子・山根真理・宮坂靖子 (2007)「アジアの家族とジェンダーを見る視点——理
　　論と方法」落合恵美子・山根真理・宮坂靖子編『アジアの家族とジェンダー』勁草書

房、1-26。

小野寺史郎（2019）「戦後日本における中国史研究における「近代」」山室信一・岡田暁
　　生・小関隆・藤原辰史編『われわれはどんな「世界」を生きているのか——来るべき
　　人文学のために』ナカニシヤ出版、223-242。

何燕侠（2005）『中国の法とジェンダー——女性の特別保護を問う』尚学社。

夏暁紅（藤井省三監修）（1995＝1998）『纏足をほどいた女たち』朝日出版社。

クリステヴァ，ジュリア（1974＝1981）『中国の女たち』丸山静・原田邦夫・山根重男訳、
　　せりか書房。

小浜正子（2020）『一人っ子政策と中国社会』京都大学学術出版会。

呉小英（2021）「転形期中国における家族のイデオロギー化と左翼右翼の闘争」坂部晶子
　　編『中国の家族とジェンダー——社会主義的近代から転形期における女性のライフ
　　コース』明石書店、34-54。

坂部晶子（2021a）「社会主義的近代化とジェンダーからみた中国女性のライフコース研
　　究」坂部晶子編『中国の家族とジェンダー——社会主義的近代から転形期における女
　　性のライフコース』明石書店、9-32。

坂部晶子（2021b）「社会主義的近代化の経路と公私領域にかんする問題構成——中国の
　　ジェンダー研究と関連分野を中心に」『中国 21』54：176-193。

瀬地山角（1996）『東アジアの家父長制——ジェンダーの比較社会学』勁草書房。

瀬地山角編（2017）『ジェンダーとセクシュアリティで見る東アジア』勁草書房。

高橋孝治（2018）「女性差別問題に見る中国の選択的執法——福島香織著『潜入ルポ　中
　　国の女』に描かれたエイズ村のインタビューを素材にして」『21 世紀東アジア社会
　　学』9：153-168。

陳其松（2023）「19 世紀の西洋絵入り新聞に見るアジアの〈身体〉——中国の纏足を例
　　に」、『北東アジア研究』34：1-16。

鄭楊（2023）「育児と仕事の競合——中国における「専業ママ」の母親規範を問い直す」
　　平井晶子・中島満大・中里英樹・森本一彦・落合恵美子編『〈わたし〉から始まる社
　　会学——家族とジェンダーから歴史、そして世界へ』有斐閣、79-106。

中兼和津次（2010）『体制移行の政治経済学——なぜ社会主義国は資本主義に向かって脱
　　走するのか』名古屋大学出版会。

堀口正・大橋史恵・南裕子・岩倉史編（2024）『中国と日本における農村ジェンダー研
　　究』晃洋書房。

南裕子（2024）「農業集団化期における基層の女性リーダー——社会主義国家建設と女性
　　解放における役割をめぐって」堀口正・大橋史恵・南裕子・岩島史編『中国と日本に
　　おける農村ジェンダー研究』晃洋書房、88-105。

李霞（2010）『娘家和婆家——華北農村女性的生活空間和後台権力』社会科学文献出版社。

李銀河（2009）『后村的女人們——農村性別権力関係』内蒙古大学出版社。

呉小英（2011）『回帰日常生活——女性主義方法論与本土議題』内蒙古大学出版社。

閻雲翔（2016＝2009）『中国社会的個体化』陸洋訳文出版社（Yan Yangxiang
　　(2009) "The Individualization of Chinese Society")。

（新聞）

『婦人民主新聞』1963 年 1 月 27 日。

第9章
歴史的不正義と向き合う方法

松田素二

1. 移行期正義の実験場としてのアフリカ

　20世紀後半に独立を達成したアジア・アフリカの新興国民国家にとっては、その新興国家そのものが分裂し長期かつ泥沼の内戦状態に陥る過程で、大量の犠牲者が生み出されていくことは珍しいことではなかった。アフリカ大陸を見るだけでも、1990年代後半から今も続くコンゴ内戦では、すでに560万人もの方が死亡している。1990年代半ばにはルワンダのジェノサイドが起きる。犠牲者はわずか数ヵ月で100万近くにのぼった。ほかにも独立まもない1960年代のビアフラ内戦では200万、スーダンでは第一次内戦（1955-72年）では50万、第二次内戦（1983-2005年）では250万、2013年以降の南スーダン独立後の内戦では40万、スーダン西部のダルフールで2003年以降続く紛争では40万の人々が殺害されたとされる。西アフリカも例外ではない。リベリア内戦（1989-2003年）では30万人、シエラレオネ内戦（1991-2002年）でも10万人が犠牲となった（武内2004；2009）。

　以上のような大量殺戮までには至らなくても。同じ構図で多くの犠牲者がアフリカにおいては、時期や地域を問わず日常的に生起していた。例えば2007-8年にケニアで起きた、大統領選挙後の暴力的騒乱もその一つである。ケニア全土が二分されて互いに対立する陣営と民族同士が、激しい憎悪を爆発させて住民が避難したキリスト教会ごと燃やして全員を殺害したり、無差別に敵対陣営とみなされた人々が居住する住居を焼き討ちしたりリンチした

183

りする無秩序状態が続き、1ヵ月で1500名を超える犠牲者と数十万人の国内避難民を作り出した。こうしたケニアの選挙後暴力（post-election violence：PEV）に類似した事件は、ジンバブエはじめ各地で発生し、先述した体制以降や平和以降後の過去清算と同じ困難と社会からの要請に直面することになった（松田2011）。

　このような膨大な数の犠牲者について、武力衝突状態が収束し平和状態が回復された際、一体どのようにして、衝突した当事者（組織）間で和解や正義回復がなされるのだろうか？先述した専制主義から民主主義への体制移行に伴う過去清算とならんで、この平和以降に伴う戦乱中の過去清算に関して、解決策として登場してきたのが移行期正義のアイディアであった。移行期正義とは、宇佐美誠の言葉を借りれば、「旧体制期や武力紛争時の人権侵害に対処するべく策定・実施が試みられる多種多様な対応策」であり、具体的には「人権侵害実行者・命令者への処罰」「事実を調査し記録する真実委員会」「加害者を公職から排除する浄化」「加害者を免責する恩赦」「犠牲者・遺族への保証」「名誉回復」および「記念碑建立」などが含まれる（宇佐美2013）。

　例えば2007〜8年のケニアのPEV（選挙後暴力）事件では、様々な試行錯誤の末、事件の審理をハーグにあるICCに委ね、PEVの容疑者は、そこで裁かれることになった。

　国際刑事裁判所（ICC）は、「ジェノサイド」「人道に対する罪」「戦争犯罪」などの国際人道法に対する個人の重大な違反行為を裁くことを目的として、2003年に設置された（ちなみにケニアの参加は2005年、日本は2007年に加盟国となった）。ケニアの場合、のちに同盟を組んで政権を握ることになる大統領と副大統領（紛争当時の与野党のナンバー2）の2人を含む合計6名（当時の官房長官、警察庁長官、暴力を煽動した民族系メディアのMCなど）が容疑者として公判のたびにハーグの法廷に出頭した。このように、移行期正義においても「法の支配」への信頼は依然として支配的なものだった。

　国内の「特別法廷」とハーグの「国際法廷」には、それぞれ長所と短所がある。特別法廷の長所は、国内で裁判が行われるため、国民の参加が容易であり、ケニアの特殊事情が考慮されやすい。さらには、十分な数の証人の召

還が可能であり、審理のスピードも速い。一方、国内法廷の最大の問題点は、有力政治家の責任が国内政治力学を反映して免責されやすいことだ。これに対して、ICC の長所は、「国内法廷」の短所の裏返しである。ICC に事案が付託されれば、国際人道法に基づいて、厳正公平な判決を期待できることもたしかだろう。しかし、審理には時間がかかる。数年以上続くと、当初、証言をするつもりであった証人の考えも政治状況を反映して大きく変化するのが普通だ。審理の間に、容疑者が政治的に失脚するどころかその勢力を増すならば、それに反対する証言をする証人はいなくなるだろう。実際にそのようなことが頻繁に起きた。

　しかし、「法による解決」とは全く異質な解決法も出現し、世界各地で実践されるようになった。法外の仕組みとしては、裁判外紛争解決手続（alternative dispute resolution: ADR）が知られている。ADR は紛争当事者双方と調停者などによる交渉によって、紛争を直接的に早期かつ迅速に解決し、時間も費用も短縮できる。法と法廷による解決に比べて、当事者に受け入れられやすく、双方にとって満足度の高いものだとして、1970 年代に出現し、1990 年代以降、もう一つの解決チャンネルとして世界中に広まった（入江 2013；仁木 2017；和田 2020）。この「法外の折衝」による解決方法と思想こそは、移行期正義の問題解決枠組の中でも核心的なものであり、法による加害者処罰の代わりに、過去の事実を解明し、真実を相互に確認することによって、赦し、和解、補償を導く作業を担った。それが、真実委員会あるいは真実和解委員会である。アフリカ連合も 2011 年の総会で、民主主義や人権を普遍的価値観として位置づけ、その共有を通じて結束と統合を促進する決定を行うことで、「アフリカ的移行期正義の枠組」はさらに発展に弾みをつけた。2013 年には、AU はアフリカ人の権利憲章（アフリカ憲章）に基づいて、「アフリカにおける移行期正義に関する決議」を採択した。

　しかしながら、これらの「移行期正義」が対象にしていたのは、内戦内乱状態における重篤な人権侵害の解決であり、体制転換後の軍事独裁政権による不正義の後始末であった。これらは、「和平合意」においては確かに実効的に機能した。だがそこに大きく欠けているのは、19 世紀から 20 世紀中葉まで行われた植民地支配という「歴史的不正義」の清算の視点であった。2013

第Ⅱ部　グローバル正義の展望

年の AU の「移行期正義決議」においても、アフリカにおける紛争の原因の多くが「植民地時代の構造的暴力と、植民地支配の終焉以降、悪政と外部権力の干渉によって永続化したもの」であることが指摘されているものの、「植民地時代の構造的暴力」に対する責任追求と解決のための道筋は全く提示されていない。

　2000 年代になると、移行期正義論者の中には、これまでの体制移行や平和移行といった「従来型」の移行期正義では捉えきれない数百年の歴史的不正義を移行期正義メカニズムの俎上にのせようとする試みが出現する。ただ当初こうした試みは、カナダ、オーストラリア、ニュージーランドなど白人入植者が形成した「入植者植民地」「入植者国家」における先住民族に対する歴史的不正義の是正が目的であった。例えばカナダでは先住民の子供を両親から隔離して白人の監督のもとで「教育」を受けさせる「先住民寄宿舎制度」について、2008 年には当時のハーパー首相が、2015 年にはトルドー首相が「文化的ジェノサイド」として謝罪し、真相究明を表明した。しかしながら、20 世紀の間、アフリカに対する植民地支配、それに先行して組織的に継続していた「奴隷交易」といった歴史的不正義の是正と移行期正義の適用が国際社会において正面から取り上げられることはなかった。たしかに歴史的不正義の是正をアフリカから旧宗主国および国際社会に求めたことはあった。その代表的なものが、2001 年 8 月、南アフリカのダーバンで開催された国連の反人種主義世界会議だった（松田 2022）。

　この会議には、150 ヵ国から 8000 人の政府代表や NGO 関係者が集まった。とくに 74 ヵ国からは国家元首や政府首脳が参加した（日本政府代表は、閣僚ではなく外務政務官が務めた）。会議の最大の論点は、15 世紀から 19 世紀にかけてヨーロッパがアフリカに対して行った奴隷貿易と、同じくヨーロッパ列強が 19 世紀から 20 世紀にかけて行ったアフリカ分割と植民地支配に対する、公式の謝罪と補償であった。アフリカ諸国や人権 NGO は、この歴史的不正義に対する謝罪と補償を要求し、欧米政府は揃って全面的に拒絶した。アフリカ大陸から数千万の男女を捕獲し奴隷として売りさばくといった明らかに「人道に違反する罪」に対しても、欧米諸国はその罪を認め補償することはなかったし、植民地支配によってアフリカ社会の文化を破壊し経済的に

搾取し、政治的に差別・弾圧した不正義についても、それを認め謝罪することはなかった。

　会議では長い折衝の末、奴隷貿易がようやく「人道に対する罪」であったことを認め謝罪はするものの、補償には応じないという共同宣言を発出した。その共同宣言では、奴隷取引について、「その規模、組織の程度、被害者の本質否定ゆえに、人類史のすさまじい悲劇であったことを承認し、つねに人道に対する罪であった」と認めた。さらにその結果、「アフリカ系人民が数世紀にわたって人種差別の被害者であり、権利を否定されつづけた被害者であり、今日もなお世界の多くの地域で偏見と差別を被っている」ことについても承認した。宣言は続けて、こうした重大な被害の救済・是正・補償について以下のように指摘した。「奴隷制と植民地支配が夥しい数の人間に苦痛を与えたことを残念に思い、それらを非難するよう各国に呼びかける」。「こうした歴史を閉じて和解と癒やしを求めて謝罪を表明した国家があることに留意し、被害者の尊厳を回復しようとしないすべての諸国に適切な方法を見いだすよう呼びかける」。

　これが21世紀の（欧米主導の）国際社会のアフリカに対する歴史的不正義への公式見解なのである。一方で普遍的人道や普遍的人権を説きながら、アフリカ人とアフリカ社会に対する数百年の歴史的不正義については、加害者（被害者）・加害（被害）国家・加害（被害）社会の特定をすることなく、人道の罪に対する遺憾、残念の意の表明で済ませそうとしているのが現実なのだ。これでは、到底、歴史的不正義の是正に近づくことなどできない。しかしながら、この数世紀、奴隷貿易で巨額の利益を得る一方で、レイシズムを世界に埋め込み、アフリカ人の人権を完全に否定し、植民地支配によってアフリカ社会の文化、社会、経済を捻じ曲げたり、破壊・搾取したりしてきた不正義について、一言も判断をしてこなかった加害側が、「遺憾」「残念」であっても、言及したという一点が画期的だった。そのこと自体が、この不正義の根深さと、今日まで継続するレイシズムの強靱さを物語っている。

　ではこうした不正義の是正のための道は全て閉ざされているのだろうか。次節では、そのための試行錯誤と危うい戦略について検討することにしよう。

187

2. 現代アフリカにおける植民地責任

21世紀に入って、植民地支配の過程で生起した大量殺戮や人権侵害について、謝罪と補償を求める動きがアフリカ人被害者や被害コミュニティから起き始め、国際的に注目を浴びた事例が相次いだ。ケニアの場合、第二次大戦後、急激に拡大するアフリカ・ナショナリズムの展開の中で、1950年代には、土地を白人に奪われた中央州のキクユ人農民を中心に「土地自由軍（植民地政府は彼らをマウマウと呼んだ）」が結成され、反英武装蜂起と武装闘争が開始された。植民地政府は、1952年10月、植民地政府に協力してきたキクユ人の最高行政首長が暗殺された事件をきっかけにして「非常事態宣言」を発出し、イギリス正規軍を動員し中央州は内戦状態に陥った。イギリスは第二次大戦で実戦配備していた戦車や戦闘機および南アフリカからゲリラ戦の専門家をケニアに派遣し、土地自由軍を圧倒した。土地自由軍を背後から支える基盤として、多くのキクユ人農民が拘束され、15万人以上が強制キャンプに隔離された。その過程で1万人以上のマウマウ兵士が殺害され、隔離キャンプや農村でゲリラの支援者と疑われた多くの人々が拷問を受けたり心身に深い傷を負ったりした。拷問・暴行の被害者は9万人を超えるといわれる。

1963年の独立以降、新しい政権を握ったのは土地自由軍として戦った人々ではなく、なかには植民地政権に協力した人々もいた。「土地自由軍」は戦闘や敵への内通者に関する詳細な記録を保管していたが、独立後の政権によって、こうした文書は封印され、元兵士や遺族たちは貧しく厳しい独立後を送らざるをえなかった（Barnett 1968；Bennett 2012；キニャティ 1992）。

そうした状況で、元マウマウの戦士や彼らを支援した当事者が、イギリス軍から受けた拷問や暴行や性被害を、イギリスの法廷に訴えようとし始めたのである。それは、独立以来続いてきた実質上のKANU一党支配が崩壊し、マウマウの反英武装闘争に共感する新大統領が登場する2002年以降のことだった。ケニア政府の後押しはあったものの、2000年代初頭に提訴を計画していた原告10名は結局、イギリスでの裁判闘争には至らなかった。しかし2009年、原告5名がついにロンドンの裁判所に提訴し、被害者への謝罪

第9章 歴史的不正義と向き合う方法

と補償を求めた。当初、イギリス政府は、植民地時代の債務は全て独立した
ケニア政府に引き継いだこと、係争事実から50年以上が経過しており、証
拠も散逸し合理的で公正な裁判は望めないこと、そもそも時効除斥で審理不
能、という法技術上の理由をあげて、提訴受理の可能性を全面的に否定した。
しかし2011年7月、ようやくイギリスの高等裁判所が、原告に対する賠償
請求訴訟に重い扉を開いた。それによって、5名の元マウマウ戦士（男性4
名、女性1名）が自ら受けた拷問、暴行、監禁などを訴えて提訴した。いず
れも70代、80代の高齢者だった。その後、死去などで最終的には3名で法
廷闘争を闘うことになった。そして2013年6月にようやくイギリス政府が
和解を申し立て補償に応じたのである。それは和解金として被害者5228名
に総額1990万ポンドを支払い、植民地時代の拷問と虐待の犠牲者のための
記念碑をナイロビに建設し、ナイロビの英国高等弁務官がマウマウ戦争退役
軍人協会のメンバーに対して「非常事態の出来事に対する遺憾の意」を表明
することなどからなる（津田2009）。

　このように、歴史的不正義に対しては「和解金」という名の金銭供与と
「遺憾」の表明で決着をつけようとしたのである。その上この声明を読み上
げたヘイグ外務大臣は、「ケニアで起こった苦しみと不正義を認識し」と言
いながらも、続けて「我々は政府とイギリスの納税者を代表して、請求に対
する植民地政府の行動に対する責任を否定し続けており、実際、裁判所も政
府に対して責任認定を下していない」と明確に述べて、植民地支配の責任に
ついては全面的に拒否したのである。

　つまりマウマウ兵士に対する拷問や行き過ぎた暴力に対する「不正義」は
認識し和解金を支払うが、彼らが植民地権力によって奪われた土地（いわゆ
る中央州からリフトバレーにかけて広がる肥沃なホワイトハイランド）の奪還を
求めて立ち上がった植民地支配の歴史的不正義は、全く認識していない。こ
うしたやり方は、21世紀になって見られるアフリカに対するヨーロッパ側
の過去清算（これは一部で賞賛されている）の姿勢に共通している。例えば、
2021年5月ドイツのマース外相は、ドイツ政府が行った行為が今日の視点
ではジェノサイドであったことを認め、30年間に11億ユーロを「復興と開
発のための支援金」としてナミビア政府に対して支払うことを発表した。ド

イツは、20世紀初頭に当時のドイツ領南西アフリカ（現在のナミビア）でドイツの植民地統治に対して反乱を起こしたヘレロ人、ナマクア人に対して近代兵器による無差別殺戮を行い、ヘレロ人の全人口の8割、ナマクア人の総人口の半数を殺戮したのである。ただドイツ政府の立場は、謝罪や補償からは程遠いもので、渡される金銭は、マウマウ訴訟のような和解金ですらない復興支援金であり、対象も被害者の遺族、被害コミュニティ・被害民族ではなく、現在のナミビア政府（政権中枢には両民族の代表はいない）となっている。さらにドイツ政府は、ジェノサイドと認めたものの、それは今日的視点によるものであって、当時の国際法には違反しておらず、植民地支配への責任や謝罪ではないと明言している。

3. 植民地責任清算の困難

　このようなことが起こるのは、植民地支配を不正義とする認識が欧米諸国には皆無だからだ。謝罪や和解金の対象となるのは、植民地支配という統治のあり方ではなく、その統治期間に起きた個別の犯罪行為であるというのが、植民地支配を行なった側の基本認識だ。旧植民地宗主国にとって、植民地支配は、当時の世界の列強にとって「通常の統治行為」であり、それ自体を現在の視点で責任を問うことはできないと考えているのである。したがって、拷問や性的暴行などの行きすぎた不法行為については、間違った行為として認めるが、アフリカをヨーロッパ列強の植民地政府が統治し、アフリカ人を二級市民とし差別し、経済的に搾取し、モノカルチャのような歪んだ生産構造を宗主国のために強制的に押し付けたり、文化的に破壊したりするシステムや制度、行為の総体（それが植民地支配である）についての責任やそれ自体を不正義と認定する視点は、全く存在しようがないのである。

　こうした問題点については、永原陽子が『植民地責任論』の中でも明確に指摘し、批判的に問題化している。「植民地支配を行なったこと自体」から派生する「植民地責任」と、植民地統治の過程で植民地住民に対して発生する「植民地犯罪」が、明確に区別されているというわけだ（永原編2009）。拷問、暴行などの人権侵害を含む、後者の植民地犯罪については、「人道に対する罪」のような「国際法上確立しつつある法的根拠」に基づいて判断さ

れ断罪されるのに対して、前者の植民地責任を問う法的根拠は存在せず、せいぜい道義的な責任を問うにとどまるという考え方が、政権担当者だけでなく、移行期正義論者の中にも浸透しているように思われる。

　しかしながら「植民地責任」と「植民地犯罪」を分けて責任を論じる思考自体にすでに植民地支配を免罪する精神と思想が組み込まれている。植民地犯罪として表出する行為は、単独で存在しているわけではない。例えばケニア人のマウマウ戦士を拷問したイギリス軍の兵士は、1人の粗暴な人間としてケニア人の「容疑者」に対したわけではない。ケニア植民地の社会秩序の防衛のために、それを阻害するテロリストやゲリラを撲滅するための活動（それが植民地統治の治安活動の骨幹である）の一環として、容疑者を締め上げて敵に関する情報を搾り取り、敵を殲滅する次の行動を準備する。それはまさに植民地の統治実践であり、植民地支配の責任に関わるものだ。したがって、この行為を裁くためには、植民地統治自体の持つ、アフリカ人の人権を侵害するメカニズムを俎上に上げる必要がある。植民地統治下の統治行為、治安行為は全て、植民地支配という体制の上で行われるものであり、そうした環境で仕事をし、入植者としての日常を営むこと自体も植民地支配の責任を分有する。

　同じように、植民地支配が終わり新たな政権ができたとしても、植民地統治によって形作られた社会や環境が引き起こす事象によって、ポスト植民地社会を生きている人々が、不利益や不自由を経験するとしたら、それは植民地支配をした側の植民地責任として問いかける必要がある。それは、ちょうど日本の植民地支配をめぐる議論の中で、「直接関与」していないにもかかわらず「自分には関係ない」とは言えないような、過去との関係を示した概念として、テッサ・モーリス・スズキが提起する連累の思想とあい通じるものだ（モーリス-スズキ 2014）。連累とは、過去との直接的・間接的関連の存在と、（法律用語でいうところの）「事後共犯」の現実を認知するということだが、植民地支配や奴隷貿易は、自分自身の犯した行為ではないが、自分たちが今生きている社会は、こうした出来事によって受益し形作られた社会であり、その社会に生きている、あるいはその社会の政治を司っていることから生じる責任を連累と呼ぶのである。

第Ⅱ部　グローバル正義の展望

　植民地責任は、遠い過去の終わった行為であったり、当時は不法とは認められなかった行為であったり、被害者と加害者の継承性の曖昧さなどによって、常に免責されてきた。その責任をわずかにでも問い直す手がかりさえ得られない状況で、歴史的不正義は手付かずで見逃されてきた。

　植民地支配を経験した世界と社会を加害者側も被害者側も生きている現代は、連累の思考で繋がることでその責任を明確化していく可能性は存在している。しかしながら、過去の上に積みあがった現代を生きる責任という連累の議論が、どれほどの実効性を得ることができるだろうか？　2001年のダーバン会議の経験を見ると、連累の思考を受容し実践する環境は整っているとは言い難い。むしろ、アメリカのトランプ主義、欧州の極右民族主義の台頭、日本のネット世界における反韓嫌中感情の膨張などを見ると、植民地責任を連累の思想で追求することの困難が見えてくる。では、こうした状況の中で、例えばアフリカにおいて、植民地支配という歴史的不正義とどのようにして向き合い、是正していくことができるのだろうか？　次節ではそのささやかな試みを検討してみたい。

4.　ケニアにおける歴史的不正義の追及

　移行期正義の実験場でもあるアフリカ社会において、過去の植民地支配に関わる歴史的不正義が、移行期正義の枠組の中核である、真実委員会系の組織で正面から取り上げられた例は少なくない。その中の一つが、ケニアの真実・正義・和解委員会の事例である。この委員会は、先述した2007-2008年に起きたケニアの選挙後暴力（PEV）事件後の混乱と分断を解決するために、2009年8月に発足した。PEVの具体的な中身、背景、その後の展開については、すでに別稿で説明しているが（松田 2011）、簡単に振り返ると、2007年12月27日の大統領選挙（および国会議員選挙）において、再選を狙う現職大統領と巨大野党を率いる候補者が、全国の地域、民族を二分する激しい選挙戦を戦い、事前の世論調査を覆して不明朗なプロセスを経て現職の勝利が一方的に宣言された。その直後から首都ナイロビはじめ、ケニアの各地で両陣営の衝突が始まり、放火、略奪、暴行・殺人などによって多数の死傷者と国内避難民を生み出した。

192

第 9 章　歴史的不正義と向き合う方法

　直前の世論調査では野党候補有利の情勢で当日を迎えた。投票後、開票速報が野党候補有利のまま順調に進んでいるなか、突如、開票速報が中断し、その後、大統領が任命した選挙管理委員会が現職の勝利を宣言した。そして深夜にもかかわらず即座に大統領の宣誓式を強行したのである。それを見た野党候補支持者を中心に、多くの若者が抗議の声をあげ治安部隊と激しく衝突、同時に首都をはじめ各地で放火や略奪、殺人、暴行が過激化し、全国的な暴動・騒乱状態となった[1]。

　この内戦一歩手前の騒乱状態を危惧した AU は、事態に介入し、選挙の正当な勝利を主張する両陣営を調停するために、前国連事務総長のコフィ・アナンを委員長とする「アフリカ賢人委員会」を送り込んだ。賢人委員会は、2008 年 1 月中旬以降、両大統領候補と繰り返し会談し事態の沈静化をはかった。彼らの解決のためのプログラムは、第一に「即時の暴力停止」、第二に「秩序の回復」、第三に「権力分有による新政権の発足」、そして第四に「ケニア社会の歴史的歪みを是正するための恒久的安定化」であった。賢人会議の精力的な斡旋によって、第一、第二段階は 2 月上旬には達成できた。懸案の第三段階についても、現職大統領を大統領に、野党候補を首相に据える大連立政権のための憲法改正が 3 月の国会において可決され、「国民調和と和解のための合意」が実行に移された。最大の、そして根本的な問題は第四の課題であるケニア社会の歴史的歪み（不正義）の是正についてであった。

　この第四の課題を達成するために、移行期正義の手法が導入され、南アの TRC をモデルにした真実・正義・和解委員会（Truth, Justice and Reconciliation Commission of Kenya：TJRC）が、2008 年 10 月には国会で正式に承認された。その最終報告書は、紆余曲折の末、2013 年 5 月に当時のウフル・ケニヤッタ大統領に手渡された[2]。この報告書の中では、PEV を含む独立後のケニア社会で頻発する人権侵害の構造が、植民地支配体制による歴史的不正義と深く関わっており、状況の抜本的、恒久的安定化を実現するためには、この歴史的不正義の問題に取り組む必要があることを強調する。報告書は「ケニアにおける支配を確立し強化するために、植民地政権は想像を絶する人権侵害と不正を行った」と指摘し、マウマウも含む具体的な植民地政府による各民族への弾圧、攻撃をはじめ、ローカル首長をでっちあげて植民

193

第Ⅱ部　グローバル正義の展望

地支配のエージェントとして利用するやり口（行政首長制度）や、強制労働、徴用、土地の権利の強奪など一つ一つの不正義を列挙し、それが独立後の社会に継承されることで歴史的不正義も絶えず再生産され時には拡張していく様子が指摘される。

　こうした指摘を踏まえて、報告書は、「イギリス政府は、被害者とケニアの人々に公式に謝罪すべき」であると述べる。このような植民地責任のみならず、先述した植民地支配期に生起した「植民地犯罪」についても、不法抑留、拷問、虐待（特に性的虐待）について詳細に調査し記述している。

　歴史的不正義の核心点の一つが、土地問題だった。例えば、「植民地行政は、地域社会から土地を奪い取るために様々な方法を用いたが、多くの場合、その手段は、非正規または違法であった」とし、具体的な土地収奪や強制移住の説明を加えている。そしてこの植民地支配による土地の収奪が、独立後の人々の不満や構造的不正の原因となったと断じている。不正に収奪された土地は、独立後、正しい所有者に返還されることなく、「公有地から私人への土地の違法な譲渡が繰り返されていることからも明らかなように、政府高官やその取り巻き、彼らの一族は法律をあからさまに無視し、その代わりに国民を犠牲にして自分たちだけが潤うという態度を示した」と指摘する。そして、2007-8 年の暴力も、歴史的に見るとこの不正義に起因しているとし、その構造を以下のようにまとめている。「独立以来、ケニアにおける民族間の対立と緊張は、かつて白人入植者が占有していた土地の再分配が原因となっている。（白人入植者が収奪したホワイトハイランドは、）独立達成後、一般国民を犠牲にして支配階級を優遇する偏った方法で再分配された」。「公共の利益を無視した土地の違法・不規則な配分や分配が続いたため、地域社会の間に疎外感が生まれた。これが民族間の緊張と暴力の基盤となった」。

　このように PEV 後のケニア社会に導入された移行期正義の枠組は、明確に植民地支配に由来する歴史的不正義を対象化し、収奪された土地問題についての具体的な解決策として、（1）公有地からコミュニティ用地への転換を含む土地の返還、（2）特定の地域をコミュニティの土地として正式に承認する、（3）住民移転および／または代替コミュニティ用地の提供までも提案されている。

第9章　歴史的不正義と向き合う方法

　しかしこの真実・正義・和解委員会の提言は、現実には封印された。この
あと続く政権によって顧みられることはなかったのである。ではこうした歴
史的不正義は、現実には現場において、どのようにして生きられていったの
だろうか？　その現実を生きる人々は、この不正義に対して、それを是正な
り改善するためにどのような実践を積み重ねていったのだろうか。それを次
節と最終節で指摘したい。

5.　ケニアにおける歴史的不正義の現場

　暴力や人権侵害を引き起こすケニア社会の歪みの主因が、植民地支配によ
る土地の収奪などの歴史的不正義であることがわかった。その現場から、そ
の不正義の生きられ方（是正・改善の創意工夫）を見ることにしよう。取り
上げるのは、西ケニアのビヒガ県とキスム県の境界に広がるマラゴリフォレ
ストとそこで暮らす森の住民である（松田 2009）。

　マラゴリフォレストは貴重な熱帯雨林の生態系で知られるカカメガフォレ
ストの南西 40 キロメートルに位置するわずか 4 平方キロメートル（1000
エーカー）ほどの小さな森である（図1）。240 平方キロメートルのカカメガ
フォレストは、生物多様性の宝庫として知られており、特に 350 種の鳥類、
400 種の蝶類、7 種のサルなどで知られている。一方マラゴリフォレストに
ついては、1980 年代には家畜や人を襲うこともあったヒョウやハイエナも
姿を消し、生物多様性も急激に失われつつある。こうした変化は 1990 年代
の末にフォレストが、わずか数年の期間に無秩序伐採によって消滅の危機に
直面したことの反映である。2000 年の春には、マラゴリの森はほとんど消
滅してしまった。激しい雨がふると、保水力のある木々がないために、一挙
にふもとの川まで雨水が大量の土壌とともに流れ出し、住居や畑にも大きな
被害を与えた。

　豊かな森が無残な禿げ山となった経緯はおおよそ以下のようなものであっ
た。まず 1990 年に、スギの害虫であるスギアブラムシが異常発生して、ス
ギ林が大被害を被った。そこで県の環境保全委員会が調査し、1992 年には
被害地域に限定して、選択的な商業伐採を認める決定をくだした。これが以
降の無秩序伐採の引き金となった。もともとは、伐採許可証を与えられた業

195

第Ⅱ部　グローバル正義の展望

図1　マラゴリフォレスト

者が、被害地域に指定されたスギのみを切り出すルールが定められていた。しかし実際には、当時の行政官が述べているように、伐採適齢の樹木も多く商業的価値のある、健康な木が次々と切り出されていった。1993年から96年にかけての時期には、多くの許可証を持たない外部業者が大量に森に侵入し、無許可のまま成熟した樹木を伐採していき、地元の有力者もその開発ゲームに加わった。彼らは森の住民を伐採労働者として動員して、木材は全て運び去り、森のコミュニティには何も残されなかった。こうして1997年の末までには、豊かなマラゴリの森は消滅してしまったのである。

　もともとマラゴリフォレストがある地域は、19世紀後半に見られる民族移動の十字路に位置していた。当時、人口が過密になりつつあったビクトリア湖北岸の平原から、北に聳えるマラゴリ山系を目指してルオ系の諸グループが移住し、東からはカレンジン系のニャンゴリ人、西からはバンツー系のブニョレ人やウガンダ南部から移住を続ける多様なバンツースプリット集団が、この地域にやって来て、先住の集団と混交したり、吸収されたり、争いながら地域生活を送っていた（松田2003）。森の住人の多くは、炭焼きと土

器製造で生計を立てていた。その光景に変化が訪れたのは、イギリスがこの地域を植民地支配して数十年が経過した 1939 年のことだった。

20 世紀初頭にこの地域にフレンズ宣教団が来訪して以降、数多くのキリスト教伝道組織が競ってキリスト教化を進めていった。フレンズ宣教団は、アフリカ人に規律正しい労働と産業育成を掲げて、この森の経済的価値に注目した。森の木が商品となり森の民の生活を豊かにすると考え、木を切り出して市場で販売し現金を得ることを森の民に教え込んだ。そのためには成長して商品になるまで時間のかかる在来種ではなく、成長が早く巨大化するユーカリ、マツ、スギを植林するのがベストである。マラゴリフォレストから東に 40 キロメートル離れたカイモシに宣教団の総本部を置くフレンズ派の白人宣教師が、ユーカリの植林をしたのが 1939 年だったのである。しかし森の住民の承諾なしに行われたこの植林に怒った住人は、ユーカリの幼木を引き抜いて抗議し、森はかろうじて守られた。

しかし時流はマラゴリフォレストの木々を必要としていた。第二次大戦が始まり、北にイタリアの影響の強いエチオピア、ソマリア、東のインド洋にはナチスに降伏し親ナチ政権となったフランスが領有するマダガスカルと対峙するイギリス植民地政府は、鉄道輸送や軍隊宿舎建設のために大量の木材を必要とし、各地に供出を命じた。その波はマラゴリフォレストにおよび、植民地政府は次々と伐採して木材に加工していった。こうした過伐採について、当時の森林局は 1944 年の年次報告において、「過伐採と指摘されるが、大量に伐採したのはローカルな需要のない種類」であり問題ないと弁解している。

第二次大戦が終了すると、過伐採で深刻な被害を受けたマラゴリフォレストの回復の必要を感じた植民地政府は、1950 年にはスギとマツの植林を指示し、再び、自分たちの生活空間に上から植林を命じる植民地政府と森の住民が対立する。しかし今回、植民地政府は強行だった。自然資源（森林資源）を保全し、効率的に管理するために、人間と自然（動植物）の境界を確定し、両者を分断することで、自然を保護するという近代的自然管理の思想を押し通したのである。その結果、ついに 1957 年 4 月にはマラゴリフォレスト 1160 エーカーを「フォレスト・リザーブ」として国有化した。国有化

第Ⅱ部　グローバル正義の展望

が公示されると、それまでフォレストの中に住み生活を営んで来た森の住人
は、国有地への「不法占拠者」ということになり、彼らはいつでも「違法侵
入者」として法で処罰されるリスクの中で生きることになる。植民地政府は、
国有化後すぐに「南マラゴリ山地植林計画」を策定し、1957年中に19万本
の植林を強行した。

　当然、森の住人は自分たちを森から排除するこの動きに激しく反発して、
マラゴリ山地農民組合を結成し、幼木の除去など植林作業の妨害工作を続け
た。その過程で多くの住人が逮捕され拷問された。この時代は、ナイロビと
隣接する中央州では「非常事態宣言」が発出され、ケニア土地自由軍とイギ
リス軍の戦争が続く時代であった。マウマウ戦士と同様、マラゴリフォレス
トの住人も、植民地支配による不正義と直接対峙していたのである。

　1963年、ケニアはイギリスからの独立を勝ち取りジョモ・ケニヤッタの
もとで新生国家の道を歩みはじめた。マラゴリフォレストの住民は、1950
年代の植民地権力との物理的対決以降も、「不法占拠者」のままで森の暮ら
しを続けていた。彼らは、アフリカ人によるアフリカ人のための政府が、植
民地時代に不当に奪われた森を自分たちの権利を奪い返してくれると信じて
いた。1960年代から70年代にかけて新政府は、各地で土地登記を進め、所
有権を確定する作業を進めていた。森の住民は、新政府が、彼らに対して、
森の土地の登記を認め所有権を保証することを期待していたのである。しか
しながら、現実の新政府の対応は、植民地政府といささかも変更はなかった。
新政府は、マラゴリフォレストは、植民地政府の国有化宣言以降一貫して国
有地であり（管理を担当するのはケニア森林局）、そこに違法に住み着いてい
る森の住人は退去すべきであると通告した。

　新政府は、独立直前の1962年に植民地政府が決定した森林再生政策を引
き継ぎ、植民地時代と同様にマツを中心とした外来の樹木の植林を強行して
いった。そうした状況の延長上に1990年代末の「森の消失」事件が起きた
のである。当時、森の住民は、土地の所有権の拒否だけでなく、新しい樹木
を植えることによって人間と野生動物の衝突の急増を恐れていた。「不法占
拠者」という不安定な状況の中で、森の住民は、マラゴリ・フォレストの中
に三つの集落を作り、それまでは森の周辺部の村にある小学校に通っていた

198

子供達のための小学校も、1978年には森の中に建設した。こうして森の住民は、1990年代に至るまで、森での生活基盤を自身の手で作り上げて来たのである。

1990年代後半、電動ノコギリを持った無許可伐採業者による無秩序破壊を経て、マラゴリ・フォレストは「死んだ」。当時の行政官（今の知事にあたる）が、国有林における成熟した樹木の合理的伐採と位置づけ、警察官による伐採防衛までできたのは、この森が国有地であり、抗議する森の住民は「不法占拠者」であったからだ。しかし一方で、森が激しく損傷するのを見た、ケニア政府の森林局は、国連、スウェーデンの「国際開発庁」さらには「森林行動ネットワーク」「東アフリカ野生動物協会」といった国内外のNGOと連携して、マラゴリフォレストの再植林計画を計画した。彼らは、地元コミュニティを中心に森林管理委員会（Forest Management Committee）を組織し、その承諾と協力をもとに、再植林計画を実行した。ところがこの森林管理委員会のメンバーは、地元の公務員や教員などが中心で、実際に森の中に住んで生計を立てている住人はほとんどいなかった。

こうした状況で、再植林が行われたが、森の住人は今回も激しく反発し幼木を引き抜いた。政府や援助団体、NGOは、この「暴挙」に驚愕する。彼らがこうした「暴挙」を犯すのは、正しい科学的知識が欠如しているからだと考えた森林局やグリーンNGOは、住民の「無知」を正すために、急遽、啓発セミナーを開催し、森林の重要性、植林の大切さ、土壌流出などの危険性、森での生活基盤の脆弱化などを様々な教育手段を活用してわかりやすく教え込もうと試みた。しかしながら森の住人の敵意と反発は和らぐことがなかった。なぜなら、森で長年生活して来た彼らは、森林や植林の重要性や土壌浸食の危険性について、当然ながら百も承知であり、彼らがこだわっていたのは、植林した樹木の所有権そのほかの権利の行方であり、それ以上に、自分たちが一方的な国有化宣言で奪われた森の土地の正統な所有者であるという点についての国判断であった。この点が、否定されたままで、再植林に協力することは、それ以降、彼らに対する国家からの排除を自分で承諾することにつながると彼らは考えたのであった。これが21世紀初頭のマラゴリフォレストの状況だった。

6. 歴史的不正義の飼い慣らし方

しかしながら 2020 年代に入ると再び状況は劇的に変化していた。フォレストは緑を取り戻しつつあり、人々はビヒガ県政府や NGO が行う再植林に極めて友好的でそれを受け入れていた。いったい何が起きたのであろうか？ 植民地政府から続く歴史的不正義についてはどのようにして解決しているのであろうか？　そのことを考えることで結びに代えたい。

2010 年のケニア新憲法によって、地方分権制度が確立し、全国を 47 のカウンティ（県）に分け、住民は、県知事と県議会議員を直接選挙で選び、知事は独自の内閣を組織して県行政を執行することになってから、変化は起きた。2017 年にマラゴリフォレストを管轄するビヒガ県の知事に就任した政治家は、環境保護政策に力点を置き、マラゴリフォレストの再生プログラムを策定し、地元に森の住民を中心としたコミュニティ森林組合などを組織し、中央政府、国内外の援助機関やグリーン NGO と協力して再植林計画を推進した。その結果、多くの組織、機関、企業、個人が地元の村人や森の住人と共同して植林活動に参加するようになった。2024 年 5 月には住民の手により 3000 本の植樹が行われ、県政府は今後 10 年間で 230 万本の木を植える目標を掲げ予算措置を講じるとしている。

こうした森の再生と軌を一にして、マラゴリフォレストの資源の活用計画として、エコツーリズムや蜂蜜精製所の設立も検討されており、植林活動と相まって、森林保全、生物多様性の回復、地域社会の雇用創出という複数のプロジェクトが同時に進められている。

1950 年代、1990 年代とあれほど激しく植林に反対して森林局や NGO と争い、警察とも衝突した森の住民は、なぜ、180 度立場を転換したのだろうか？　土地と生活空間の強奪と排除という植民地政府による歴史的不正義とそれを引き継いできた独立後の政府に対する抗議や要求はどうなったのだろうか？

実際に森の住民に聞いてみると、今回の再植林プログラムには反対しない理由をいくつかあげてみせる。2020 年代に入って、コロナ禍の中で、失業・賃下げ・物価高騰などでケニア全体で人々の生活の困窮度は激化してい

くが、そうした状況において、マラゴリフォレストで暮らす住民の数は、都市出稼ぎをしていた村人を受け入れることで安定している。三つの森の中の村を合わせると 600 世帯近い人々が、「不法占拠者」のまま森での暮らしを定着させている。彼らが今回の方針の大転換を行うのは、こうした実績と生活基盤の確立を背景に、県政府が、森の所有権や彼らの土地への権利について沈黙しているからである。それまで森は国有地、そこに住む住民は不法占拠者という建前を決して崩すことのなかった地方政府が、この点に触れずに結果的に黙認していることを半ば公にしているのである。以前であれば問題になっていた、植林した樹木の所有を含む権利、それが植えられる土地の所有を含む権利について、彼らの権利を一切否定も侵害もせず、黙認する形で承認している点こそは、大きな変化として指摘できる。

　さらに 1990 年代との違いは、森のコミュニティの存在である。1990 年代当時、森のコミュニティの代表者は、森の外（隣接した村や町）に住む公務員や教員、牧師といった人々で占められていた。彼らは、ほぼ中央政府や地方政府の役人と同じ世界の住人で同じ言語、同じ価値観を共有することで、政府の別働隊として機能していた。しかし、2020 年代以降、森のコミュニティの代表者は、森の中で暮らしを営み、森を生活世界としている当事者が務めるようになった。例えば、マラゴリ・ヒルズ・コミュニティ森林組合（Maragoli Hills Community Forest Association : CFA）の会長は、森で生まれ森に隣接している学校で学び今、森で暮らす男だ。CFA は、森林周辺の村人も含む森のコミュニティから選ばれた 14 のグループで構成されている。彼らの主な仕事は、苗木を森の住民に無料で提供し、苗木を植え、下草刈り、枝打ち、動植物の保護と森の生態系維持に必要な作業である。1990 年代とは違い、文字通りの森のコミュニティに依拠したグループが、政府やグリーン NGO と対等なステークホルダーとして、マラゴリフォレストに関わるように変わった。

　マラゴリフォレストの住民は、植民地時代に一方的に土地を取り上げられ「不法占拠者」とされ、「無権利」なポジションに追いやられるという歴史的な不正義、すなわち、PEV 後にケニア社会の構造的不安定化の要因と解決を要請された植民地支配に起因する土地所有をめぐる歪み、を経験した。こ

第Ⅱ部　グローバル正義の展望

うした森の住民がこの歴史的不正義を、現実に現場でどのように生きている
のかが、ここには示されている。植民地支配に起因する不正義、土地に対す
る権利をめぐる不正義を、正面から政府に働きかけたり、議会で審議したり、
裁判で争ったりせずに、権利の所在を曖昧にしたままで、現状を追認させ黙
認させることで、不正義を正すという選択である。その過程で、権利、所有、
責任についての思考や議論を回避して、生活基盤を構築し、森を自分たちの
生活世界としてより強固に作り変えようというのである。もちろん、そのま
ま森の土地を彼らの名前で登記して正規の法的な所有者として認める方向に
動き出しているわけでは決してない。しかしながら、常に「不法占拠者」と
して「森の住人」を排除、再移住対象者とだけしか捉えてこなかった、これ
までの政府と森の住民の関係性とは全く異なる状態にあることは間違いない。
そしてそれが、彼らの長年の主張と闘いの成果であることも疑いない。

　ただしそれでもその関係は脆く不安定なものであることは間違いない。ビ
ヒガ県政府の開発計画青写真（2021-2025）においても、マラゴロフォレスト
の問題点としては、現在の良好で友好的なものと異なり、依然としてかつて
の関係性がそのまま列挙されている。「（森への）侵入、採石活動、森林伐採、
違法かつ無秩序な放牧、無秩序な薪集め、野生動植物の密猟、集約農業、人
口爆発、地域社会の敵対」といった項目が明記されており、所有と権利につ
いて「スルー」しているとは言い難い。この点については、CFA の指導者
自身十分に自覚している。彼は、2000 年代にリフトバレー南部のマウフォ
レストの森林保護のために政府が住民 5 万人を強制退去させ、再移住させよ
うとしている事実を取り上げ、「私の頭に浮かんだのは、次は私たちだとい
うことでした」と語った。つまり、今は彼らの権利を黙認し、過去の強硬策
を隠しているような政府が、その路線を突然放棄して、マラゴリの森から自
分たちのコミュニティを強制的に立ち退かせる危険性を想像しているのであ
る。

　政府は現在、たしかにマラゴリフォレスト内の村落に付随する土地につい
ては、コミュニティのものであると保証している。それは、かつてのような、
問答無用で国有地であり、住人は不法占拠者であると決めつけた時代とは異
なっている。しかしながら、森の住人は、正規の法的な所有者ではないので、

その土地を利用するために、例えば銀行から融資を受けることができない。またかりに森を出て、他の場所に再移住したいと希望したとしても、現在耕作している農地や利用している林地を売却することもできない。なぜならそこは依然として国有地であり、彼らは何の権利も保証されていないからである。

　こうしてみると、現状は彼らにとって極めて不安定な権利状態にあり、彼らが法的には国有地の「不法占拠者」であるということは、独立後から今日まで全く変わりはないことがわかる。しかしながら、1950年代から1990年代、2000年代まで断続的に生起していた警察や森林局と森の住人との衝突や、強制退去の命令と抵抗という構図では、森の住民の権利は一貫して歯牙にも掛けられず否定されてきた。こうした絶望的な状況において、歴史的不正義について、被害者・犠牲者の権利を「黙認させる」ことの持つ意義は実践的には計り知れないほど大きい。「黙認させる」ことによって、自分たちの権利を実質的に存分に享受するという選択の可能性を、2020年代のマラゴリフォレストの住人の現実は示している。それは、たしかに歴史的不正義を正面から主張し権利を獲得する闘いとは程遠いものだ。しかし、歴史的不正義をめぐる問題解決が、ケニアレベルでも国際社会の次元においても、絶望的に困難な現実を前にして、不正義の犠牲者や被害者が、その困難な現実をよりよく生きるためには、こうした「黙認」の意味は決して否定したり、過小評価したりすべきではない。

　この「黙認」をいかに次のステップに進めることができるかは、わずか600世帯ほどのマラゴリフォレストの住民の手には余る。彼らが圧倒的に巨大な歴史的構造や世界システムと対峙するさい、この「黙認」を巧妙に勝ち取り、できる限り維持することこそは弱者の最大の不正義是正の成果なのである。

注
1）　なかでも悲劇的だったのは、2008年1月1日に野党候補の支持基盤であるリフトバレー州北部の中心都市エルドレット近郊の村で起きた教会焼き討ち事件だった。選挙後の暴力を避けて「ケニア・アッセンブリーズオブゴッド教会」に避難した現職大統領の出身民族キクユ人の住民（主に女性と子ども）が、300人の暴徒に包囲され、教会ごと焼き殺されたというものだ。教会内部からは35名の炭化した遺体がみつかった。

第Ⅱ部　グローバル正義の展望

2)　ケニア真実正義和解委員会（TJRC）の最終報告書はアメリカ議会図書館でオンライ
ン公開されている。全4巻のうち、第2巻は3部に分けられており、各巻アクセスURL
は以下の通り。
　　https://hdl.loc.gov/loc.gdc/gdcebookspublic.2018338347v1；
　　https://hdl.loc.gov/loc.gdc/gdcebookspublic.2018338347v2a；
　　https://hdl.loc.gov/loc.gdc/gdcebookspublic.2018338347v2b；
　　https://hdl.loc.gov/loc.gdc/gdcebookspublic.2018338347v2c；
　　https://hdl.loc.gov/loc.gdc/gdcebookspublic.2018338347v3；
　　https://hdl.loc.gov/loc.gdc/gdcebookspublic.2018338347v4

参考文献

入江秀晃（2013）『現代調停論——日米ADRの理念と現実』東京大学出版会。
宇佐美誠（2013）「移行期正義——解明・評価・展望」『国際政治』171：43-57。
キニャティ、マイナ・ワ（1992）『マウマウ戦争の真実——埋れたケニア独立前史』楠瀬
　　佳子・砂野幸稔・峯陽一訳、宮本正興監訳、第三書館。
武内進一（2004）『国家・暴力・政治——アジア・アフリカの紛争をめぐって』日本貿易
　　振興機構アジア経済研究所。
————（2009）『現代アフリカの紛争と国家——ポストコロニアル家産制国家とルワン
　　ダ・ジェノサイド』明石書店。
津田みわ（2009）「ケニアの元「マウマウ」メンバーによる対英補償請求訴訟」『アフリカ
　　レポート』48：31-34。
永原陽子編（2009）『「植民地責任」論——脱植民地化の比較史』青木書店。
仁木恒夫（2017）「裁判外紛争処理研究において《法》を見る」『法社会学』83：11-20。
松田素二（2003）『呪医の末裔——東アフリカ・オデニョ一族の二十世紀』講談社。
————（2009）『日常人類学宣言——生活世界の深層へ/から』世界思想社。
————（2011）「理不尽な集合暴力は誰がどのように裁くことができるか——ケニア選
　　挙後暴動の事例から」『フォーラム現代社会学』10：37-49。
————（2022）「アフリカ史の挑戦——アフリカ社会の歴史を捉える立場と方法」荒川
　　正晴ほか編『岩波講座世界歴史　アフリカ諸地域～20世紀』岩波書店、43-80。
モーリス-スズキ、テッサ（2014）『過去は死なない——メディア・記憶・歴史』田代泰子
　　訳、岩波書店。
和田仁孝（2020）『紛争過程とADR』北大路書房。
Barnett, Donald L.（1968）*Mau-mau from within : Analysis of Kenya's Peasant Revolt,* Karari
　　Njama Monthly Review Press.
Bennett, Huw（2012）*Fighting the Mau Mau : The British Army and Counter-Insurgency in
　　the Kenya Emergency*, Cambridge University Press.

204

第10章
アート、アクティヴィズム、グローバルな正義
フォレンジック・アーキテクチャの「揺れ」をめぐって

近森高明

1. アートか証拠か？

　フォレンジック・アーキテクチャは、イスラエル出身のイギリスの建築家エヤル・ヴァイツマンが2010年に設立した、ロンドン大学ゴールドスミス・カレッジに拠点を置く調査機関である[1]。国家や企業による犯罪や人権侵害のケースについて調査をおこない、暴力的な出来事の空間的証拠を収集・分析・再構成し、さまざまなフォーラムで提示することが、その機関の主要な活動内容である。構成員の専門分野は多岐にわたり、建築家、映画制作者、調査報道ジャーナリスト、アーティスト、ソフトウェア開発者、弁護士などが含まれる。調査の素材となるのは、動画や画像や音声のデータ、ニュース映像、監視カメラの映像、衛星イメージ、被害者や目撃者の証言、等々である。分析にあたっては、空間分析や物質分析、3Dデジタルモデルの構築、没入型技術などの先端的なテクニックが用いられる。調査結果が提示される政治的・法的なフォーラムとしては、国際法廷、議会調査、国連議会、市民法廷や真実委員会などがあげられる。調査は基本的に、被害者や人権団体、市民イニシアティヴなどからの委託を受けておこなわれる。

　フォレンジックスとは、日本語で「法医学」「科学捜査」と訳されるように、通常は警察など国家機関の側が犯罪者を捜査する手段を意味するが、

第Ⅱ部　グローバル正義の展望

フォレンジック・アーキテクチャが目論むのは、この「フォレンジックなまなざし」の反転である。つまり、ここで調査されるのは、国家の側であり、国家による犯罪を、市民の側が、国家が独占してきた手段を逆用しつつ暴こうとするのである。対抗的なフォレンジック・アーキテクチャの営みは、それゆえ「カウンター・フォレンジックス」と呼ばれる（Weizman 2017: 64）。このようなフォレンジック・アーキテクチャの実践は、市民的アクティヴィズムのひとつの範型であるとともに、グローバルな状況下での「真実」と「正義」への代替的なアクセス方法を構築しようとする試みでもある。

　これまで実施された調査の例としては、イスラエル警察によるパレスチナ市民に対する銃撃、シリアのサイドナヤ軍事刑務所での拷問、グァテマラでのジェノサイド、ギリシャでの移民の強制的な「押し返し」、アメリカ・ルイジアナ州のミシシッピ川沿いの土地での石油化学工場建設による環境破壊、パキスタンでの米軍によるドローン攻撃、2014年のイスラエルによるガザ地区での爆撃、2017年のロンドンのグレンフェル・タワーの火災、2020年以降のロシアによるウクライナ侵攻、2023年以降のイスラエルによるガザ攻撃、等々があげられる[2]。

　興味深いのは、フォレンジック・アーキテクチャが、その活動範囲をアートの領域にまで拡張しており、アートの領域もまた、彼らの活動をアートとして積極的に評価している点である。アートの世界では、彼らは特異なアーティスト集団として扱われ、調査結果をまとめたビデオ映像やインスタレーションなどの「作品」が、国際的な芸術・文化施設において展示され、観客を集めている。2018年には、権威あるターナー賞の最終候補（ただし受賞は逃している）にノミネートされている。

　ここで、重ねて興味深いのは、フォレンジック・アーキテクチャの仕事はその身分が不安定であり、つねに「アートか証拠か」というアイデンティティの「揺れ」にさらされてきたという点である。その例として、2017年にドイツのカッセルで開催されたドクメンタ14での作品展示の評価についてみてみよう。彼らが展示したのは『77sqm_9:26min』という映像作品であり、同じカッセルの地で2004年に起きた、ネオナチ組織による移民殺人事件にまつわる疑惑を扱ったものである[3]。

第 10 章　アート、アクティヴィズム、グローバルな正義

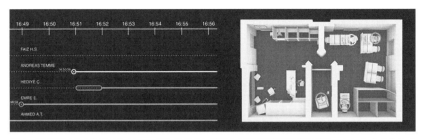

図 1　店内にいた人物のコンピュータのログイン時間と電話の通話時間をプロットしたタイムラインならびに人物の空間的位置を示した図
出所）Forensic Architecture（2017：12）

　家族経営の小さなインターネットカフェで受付をしていたトルコ人青年が、銃で殺害された。問題は、殺害と同じタイミングで、その店内にドイツ国家情報局の諜報部員がいたことである。諜報部員は、自分は銃声を聞いておらず、火薬の刺激臭にも気づかず、店を出るさい、カウンターの向こうの死体も見なかったと証言したが、映像作品は、その証言を崩すような検証を展開している。すなわち、店内空間のデジタルモデルおよび原寸大の物理モデルを構築したうえで、警察からのリーク資料やコンピュータのログイン情報をもとに、その場にいた人びとの動きを追跡し、可能な複数のシナリオを再現することで、青年が致命傷を負った 9 分 26 秒間のタイムラインを検証している（図 1）。検証のなかには、音響専門家による銃の発射音の分析や、火薬の刺激臭の拡散状態をシミュレートした流体力学モデルによる分析も含まれる（図 2）。検証結果が示しているのは、諜報部員が殺人犯と結託しているか、あるいは諜報部員自身が犯人だという可能性である。
　この映像は（弁護士の不手際のため法廷での証拠採用が見送られたのち）ヘッセン州議会調査委員会でも証拠として提示されたが、ある与党議員は「これはアートであり、証拠ではない」と、その証拠価値に異議を唱えた。ところがこの同じ作品は、ドクメンタ 14 の当初のレビューで、それとは正反対の評価を受けていた。すなわち「これは証拠であり、アートではない」と（Fuller and Weizman 2021：5-7）。
　本章の考察の出発点としたいのは、この「揺れ」である。「証拠」か「アート」かで揺れる、この「揺れ」が意味するものを、フォレンジック・

207

第Ⅱ部　グローバル正義の展望

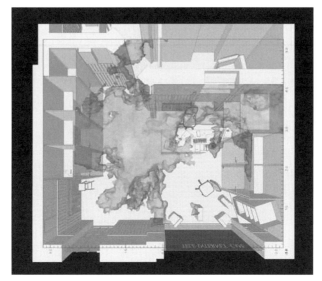

図2　流体力学モデルによる火薬の刺激臭の拡散状態のシミュレーション
出所）Forensic Architecture（2017：28）

アーキテクチャが出現し、その実践が必要とされてきたグローバルな文脈における「真実」と「正義」という問題系に照らして考えてみたい。じじつ司法の文脈では「これは証拠ではない」とされ、アートの文脈では「これはアートではない」とされるフォレンジック・アーキテクチャの仕事は、まさにその落ち着きの悪さ、そのマージナルな性格、その多面性においてこそ、「真実」と「正義」へのオルタナティヴな回路を示しているように思われる。

フォレンジック・アーキテクチャにとって「アート」とは何か、そして「アート」にとってフォレンジック・アーキテクチャとは何か。この双対的な問いを考えることが、そのままグローバルな状況下での「真実」と「正義」へのオルタナティヴな回路のあり方を照らし出すことにつながる、そのようなロジックを、ヴァイツマンによる著作や発言の集合体のうちに探りあてて、再構築すること——これが本章の目的である。

以下の構成として、まず第2節と第3節では、フォレンジック・アーキテクチャの特徴的な考え方について、「アーキテクチャ」「フォレンジックス」という用語をめぐる複数の意味のレイヤーを解きほぐしつつ解説する。それ

208

を踏まえ、第4・5・6節では上記の双対的な問いについて考察する。第4節では、文化・芸術の専門機関の側が、近年のアート概念の転回を背景として、フォレンジック・アーキテクチャの作品をいかに「アートでもあり証拠でもある」ものと解釈しているかを確認する。第5節では、彼らの仕事が「そもそもアートであったもの」と位置づけうる契機として、ヴァイツマンの「方法論的フェティシズム」という論点を検討する。第6節では、「エステティクス」概念を拡張するヴァイツマンの試みに触れつつ、そのネガティヴな側面を指摘し、結論的な考察を導く。

2. なぜ「アーキテクチャ」なのか？

フォレンジック・アーキテクチャとは機関の名称でもあり、方法の名称でもある。ここでは、方法としてのフォレンジック・アーキテクチャの特徴を把握するために、なぜ「アーキテクチャ」なのか、なぜ「フォレンジックス」なのか、という基本的な問いに答えておくこととしよう。

なぜ「アーキテクチャ」なのか、という問いについては、ヴァイツマンの初期活動をたどることが、その答えへの端的な導入となるだろう。ヴァイツマンが注目される契機となった出来事として、2002年にベルリンで開催された建築世界会議において、イスラエル代表として招待されたさいの一連の顛末があげられる。ヴァイツマンは同僚とともに、ヨルダン川西岸地区におけるイスラエルの入植地計画を扱ったモデルを展示しようとしたが、イスラエル建築家協会からの妨害を受けて中止を余儀なくされ、対抗措置としてニューヨークで展示会を実施することとなった（Weizman & Marshall 2020）。このエピソードから見てとれるのは、建築を道具とする支配のあり方と、支配そのものの建築的あり方の両方に対する批判的洞察の胚胎であり、さらにまた、そうした支配の建築／建築的支配を暴き立てるのもまた建築である——すなわち、建築（的モデル）が暴力的出来事の調査の手段になりうる——という発想の形成である。

じじつユダヤ人入植地の建築は、支配の道具の例示でもあり、支配のあり方の物理的表現でもある。2007年に刊行された著書『ホロウ・ランド』（Weizman［2007］2012）では、イスラエルによる占領の建築的プロジェクトが、テ

リトリーに層化的秩序をもたらす状況が詳細に検証されている。ユダヤ人入植地は、丘の上に、パレスチナ人の村や農地を眼下にとらえ、監視できるような形態で設計されている。それら丘の上にある島の数々を、ユダヤ人専用の道路ネットワークが結びつけるのだが、その道路は、低地の谷に点在するパレスチナ人の町や村のエンクレーヴを陸橋でまたぎ越し、その地下を潜るトンネルのかたちで通される。つまり同じテリトリーに場を占めながら、ユダヤ人とパレスチナ人との交流を抑止し、建築とインフラによって三次元のアレンジメントへと空間を分離する政治——ヴァイツマンは「垂直性の政治」と呼ぶ——がそこには働いているのだ（Weizman［2007］2012）。

　そうした支配の建築／建築的支配という発想を引き継ぎつつ、ヴァイツマンは 2010 年に調査機関としてのフォレンジック・アーキテクチャを設立し、活動を開始するのだが、2017 年に刊行された著書『フォレンジック・アーキテクチャ』（Weizman 2017）では、それまでに実施された調査の紹介にくわえて、彼らの活動の理論的前提や方法論が包括的に解説されている。そこにおいて建築の概念はさらに拡張され、センサーないしはメディウムとしての建築という見方が付け加わる。すなわち建物はダイナミックな存在であり、環境の変化を記録するセンサーであるとともに、出来事の痕跡が刻み込まれるメディウムである、とみなされる。建物の変形（deformation）は、そのまま読み取られるべき情報（information）でもある。そこでは、人間が建物を経験するあり方というよりも、建物が周囲の世界を経験するあり方が問題になる（Weizman 2017 : 51-52）。

　こうした「フォレンジックなまなざし」が体現された調査の例として、パキスタン北西部の都市ミランシャーにて、米軍のドローン攻撃を受けた建物の屋内を対象とした分析があげられる。部屋の内壁には、爆発による数百の小さな痕跡が散らばっていた。調査グループは、それらの痕跡のひとつひとつに印をつけることで、天井から部屋に侵入したミサイルが爆発した地点と高さを再現しようとしたのだが、その作業の過程で、壁に、痕跡がない空白のスポットが二つ浮かびあがってきた。それは、室内にいた犠牲者の「影」であると考えられた。人体が破片を吸収したために、壁に痕跡が残らなかったのである。この場合、壁は写真のフィルムとして機能しており、ネガが光

にさらされるのと同様、爆風にさらされた人間が壁に記録されていたことになる（Weizman 2017: 36-43）。

『フォレンジック・アーキテクチャ』では、なぜ「アーキテクチャ」なのかという問いに明示的に触れたうえで、それを、調査の対象、調査の方法、そしてプレゼンテーションの様式という三つの側面から説明している。1点目の、調査の対象としての建築とは、上記でみたとおり、環境の変化をとらえるセンサーないしは出来事の痕跡を記録するメディウムとしての建築という次元をさす。2点目の、調査の方法としての建築とは、収集されたデータの断片を互いに関連づけ、証拠を作成するさいの空間的操作の次元をさす。3点目の、プレゼンテーションの様式としての建築とは、建築的・空間的モデルによる明瞭な提示の方法という次元をさす。すなわち、3Dモデルやアニメーションなどを利用することによって、複雑な出来事であっても、専門家にも一般の人びとにも同様に直感的に理解できるようになる（Weizman 2017: 58-59）。

以上のように、フォレンジック・アーキテクチャの「アーキテクチャ」を構成するコンテクストは重層的であり、その概念には、ヴァイツマンが学んできた建築、パレスチナ占領地における支配の建築／建築的支配、変化を記録するセンサーとなりメディウムとなる建物のダイナミックな性質（対象としての建築）、断片的データの相互的な関連づけという空間的操作（方法としての建築）、そして直感的なプレゼンテーションの様式という、複数の脈絡が重なり合っている。

3. なぜ「フォレンジックス」なのか？

続けて、なぜ「フォレンジックス」なのか、という問いに答えてみよう。それにはまずヴァイツマンが2012年にトマス・キーナンとの共著で刊行した『メンゲレの頭蓋』（Keenan and Weizman 2012）という小著に触れておくのがよいだろう。2人はそのなかで「証人の時代」から「フォレンジックスの時代」へという、司法的・文化的な感受性の転換を指摘している。

その転換は、アドルフ・アイヒマンとヨーゼフ・メンゲレという、2人のナチ戦犯の運命をめぐるエピソードによく示される。彼らは1960年の時点

第Ⅱ部　グローバル正義の展望

でブエノスアイレスに潜んでいたが、その地に、2人を捕えてエルサレムの裁判に連行すべく、イスラエルの諜報機関モサドのエージェントが送り込まれてきた。捕まったアイヒマン——ユダヤ人強制収容所と「最終的解決」の考案者のひとり——はエルサレムの裁判にかけられ、メンゲレ——人体実験を繰り返したアウシュヴィッツの医師——は逃げ延びた。アイヒマン裁判は、人道に反する犯罪を扱う国際法廷において、被害者が主要な証人となる最初の裁判であり、これにより「証人の時代」が導かれることとなった。被害者の証言は、それ以降、過去の出来事を再構成するうえでの認識上の価値のみならず、情動を喚起する倫理的・政治的な力がそなわったものとして扱われることになる（Keenan and Weizman 2012：9-12）。

　一方、うまく逃げおおせたメンゲレは、1979年に海水浴中に溺死した。彼の骨は1984年にサンパウロ郊外の小さな町で、別人名義の墓から発見された。そこで問われたのは「これはメンゲレのものか否か?」という問いであった。遺骨の同定作業にかかわった専門家のひとりに、フォレンジック人類学者のクライド・スノーという人物がいた。彼は、遺骨には習慣や労働、健康状態、栄養状態などが刻み込まれており、「骨はすばらしい証人になる」と考えていた。スノーらによって遺骨の特定のための手順と技術が整備され、それは中南米において、1980年代中盤より本格化する、国家の暴力による行方不明者たちの遺骨の掘り起こしと特定化の動きを準備することとなる。それゆえアイヒマン裁判が「証人の時代」を開始したのに対して、メンゲレの頭蓋の同定作業は「フォレンジックスの時代」を導くことになったとヴァイツマンはいう。それは、過去の出来事への接近方法として、人間よりもオブジェクトを、記憶よりもマテリアルを価値づける、司法的・文化的な感受性が支配的になる時代である（Weizman 2011：112-115；Keenan and Weizman 2012：17-20, 66；Weizman 2017：80-84）。

　以上のような文脈にあって、フォレンジックスは、もっぱら現代的な「法医学」や「科学捜査」という意味合いで用いられている。だが『フォレンジック・アーキテクチャ』のなかでヴァイツマンは、そうした現代的用法を相対化・歴史化しつつ、フォレンジックスの語源へと遡行してみせる。そこで浮かびあがるのは、「フォーラム」という意味合いとそれに連なる多次元

212

性である。

　フォレンジックスの語源として、ヴァイツマンが持ち出すのは「フォレンジス」という言葉である。これは「フォーラムに関係する」という意味のラテン語であるが、ここで重要なのは、第一に、ローマ時代においてフォーラムは、政治、経済、法にかかわる交渉と真理探究がおこなわれる多次元的な領域であったこと、そして第二に、その場には人間だけではなく、事物もまた参加していたことである。硬貨や短剣などの小さな事物はそのまま物理的に示される一方、河川、土地、戦争、都市、飢饉といった抽象的または大きすぎる事物は、口頭でのデモンストレーションの力で生き生きと表現される必要があった。そのとき事物は——フォレンジック・アーキテクチャがオブジェクトに対してそうするように——声を与えられ、証人として語り出すことになった（Forensic Architecture 2014：9-10；Weizman 2017：64-68）。

　だがフォレンジックスという言葉は、やがて意味の圧縮の軌跡をたどってゆく。言葉が近代化されるプロセスで、フォーラムはもっぱら法廷を指すようになり、フォレンジックスは法廷における科学と医学の利用を意味するようになった。その語が元来そなえていた多次元性と、そこに含まれていた公共的・政治的な潜在的可能性は、限局化のプロセスのなかで失われてしまった。その点で、フォレンジック・アーキテクチャは、フォレンジックスにおけるフォレンジス的な多次元性とその政治的可能性を救出し、現代のうちに回復させようとする試みでもある（Weizman 2017：64-68）。

　それゆえヴァイツマンは、フォーラムをつねに複数的に拡張してゆくことにこだわる。いかなるフォーラムも普遍的にアクセス可能なわけではなく、制度的・法的・政治的・地政学的な条件によって制限が生じる。そのため証拠の提示にあたっては、単一のコンテクストに限定するのではなく、複数の異質なフォーラムのあいだを移動し続ける必要がある。あるいは、どのフォーラムも固有の歪みを抱えている（Basciano 2022）以上、さまざまなフォーラムを横断しつつ、みずからの異なる面を示し続ける必要がある。フォレンジック・アーキテクチャが、法廷という「正義」の主戦場を超えて、文化・芸術施設での展示を積極的におこなうのも、こうした方法論的・実践的なフォーラムの複数的拡張という方針にかかわっている。

第Ⅱ部　グローバル正義の展望

別言すれば、「アートか証拠か」という二者択一的な問いは、法的領域と文化領域を区別し、それぞれを閉ざされた領域とみなす制度化を経た、事後的な視点からの問いであり、フォレンジス的な多次元性の視点からみれば、その区別自体が消失し、むしろ「アートでもあり証拠でもある」という領域横断的なダイナミクスこそが、フォレンジックスの原義の救出につながることになる。

4.　なぜ「アート」なのか？・その1——アートの社会的転回

以上では、なぜ「アーキテクチャ」なのか、そしてなぜ「フォレンジックス」なのか、という問いに答えるなかで、フォレンジック・アーキテクチャの特徴的な考え方について検討してきた。以下では、それらを踏まえつつ、なぜ「アート」なのか、という問いに答えてみたい。そのさいまず押さえておくべきは、そもそもなぜアートの側が、フォレンジック・アーキテクチャの活動を「アート」という枠組みで扱い、肯定的に評価しているのか、という点である。それを考えるには、近年におけるアート概念の転換、すなわちアートの「社会的転回（social turn）」という事態に触れておく必要がある。

アートの「社会的転回」とは、芸術批評家のクレア・ビショップらが提唱した、アートの現代的変容を特徴づける動向である（Bishop 2012＝2016）。ここで、アートの何がどのように「社会的」あるいは「ソーシャル」になっているかについては、複数のレイヤーを分節化することができる（近森 2019）。

第一に、作品がソーシャルになるという次元。絵画や彫刻など、独立したオブジェクトとしての作品だけではなく、非モノ的なプロジェクトや、プロジェクトをつくるプロセスそれ自体を作品とみなす傾向が出現している。第二に、アーティストの役割がソーシャルになるという次元。アトリエにこもり作品と対峙する存在から、人びとと共同で作品をつくりあげるファシリテーター的存在へと、アーティスト像が変容しつつある。第三に、社会的イシューを作品の主題にする次元。移民や貧困、暴力などの社会的争点を芸術活動に組み込み、芸術が社会的現実に介入する方向性が出てきている。第四に、展示空間がソーシャルになる次元。美術館やギャラリーなどの自閉空間

から、開かれた公共空間へと展示スペースが移行しつつある。第五に、他の社会領域と接続する次元。地域、教育、医療、福祉など他の社会領域に、アートが結びつく傾向が活性化しつつある。第六に、アカウンタビリティや倫理的責任の回路とつながる次元。公的資源をえている以上、アートの側も説明責任を果たす必要が生じ、アートが社会に開かれればそれだけ、いわば社会を回す論理がアートに逆流する状況が生じている（近森 2019）。

　それでは、こうしたアートの社会的転回という動向を背景としつつ、文化・芸術の専門機関の側は、フォレンジック・アーキテクチャの仕事を扱うにあたり、それをいかにアートとして意義づけているのだろうか。その意義づけのプロセスは、同時に、機関としてのアイデンティティの再調整の作業をともなうはずである。2022 年にフランクフルト芸術協会で開催された「三つのドア」展のために、協会が作成した解説文は、この作業についての真摯な意見表明となっており、以下で詳しくみておきたい。それは、2020年にハナウで発生した人種差別的なテロ攻撃を対象とする調査ならびに2005 年にデッサウの警察署で男性が焼死した事件にまつわる妥当性調査を扱う展示会であった。

　解説文はまず、展示会の性格を次のように描写する。

> 展示会「三つのドア」では、芸術的手法、視覚的手法、調査報道的手法、そして被害者の声を取り入れ、ハナウとデッサウで起こった出来事に関する国家の公式見解に対するカウンター・ナラティヴを提供するとともに、人種差別的暴力の被害者の存在を可視化し、彼らの権利を強化することを目的としている。この展示スペースは、集合的ナラティヴの創造に関する社会政治的な議論のパブリック・フォーラムとなり、誰の声、誰の視点、誰の観点が交渉されているのかという問題に取り組む場となる。（Nori 2022：7）

　また、自身の芸術機関としてのアイデンティティについて、次のように述べている。「フランクフルト芸術協会は「三つのドア」において、専門分野の境界を越えるという長年の課題にふたたび取り組む。現在の社会・政治情

勢は、芸術機関の側からなされる新たな取り組みを求めている。文化活動を
つうじて、芸術機関は、民主的構造の擁護と市民社会の価値の強化に向けた
多角的なアプローチを追求している」（Nori 2022：11）。「この展覧会はさら
にまた、芸術や文化機関の役割を拡張すべきか否か、純粋に比喩的・象徴的
なレベルにとどまるのではなく、現実の民主的プロセスに参加すべきか否か
という、包括的な問いを投げかけている」（Nori 2022：11）。

　そのうえで、フォレンジック・アーキテクチャの実践は「新しい芸術形
態」であるとされる。「この芸術的実践は、科学、ジャーナリズム、ドキュ
メンタリー映画、建築を組み合わせ、すべての人びとがアクセスできる、社
会的調停のプロジェクトに役立てることを目的としている。その真実の内容
が、国家の不正行為や失敗の証拠としても使用できる、新しい芸術形態であ
る」（Nori 2022：14）。ここで注目すべきは、法的な「証拠」が偶発的に
「アート」になりうるというよりも、その逆に「新しい芸術形態」としての
彼らの実践は、その真実の内容が証拠としても使用できる、とされている点
である。つまりここでは「アートか証拠か」という二者択一的な問いは立て
られず、かわりに「アートでもあり証拠でもある」ことが、民主的プロセス
に積極的に関与する——「社会的転回」を経た——芸術機関にふさわしい
「新しい芸術形態」だとされているのである。

5.　なぜ「アート」なのか？・その2——方法論的フェティシズム

　以上では、「アート」にとってフォレンジック・アーキテクチャとは何か、
という問いに答えてきた。では逆に、フォレンジック・アーキテクチャに
とって「アート」とは何なのだろうか。その問いには、戦略的・実践的水準
および理論的・原理的水準という、二つの水準から答えることができる。

　まず、戦略的・実践的水準というのは、彼らがアートの領域を次善の策と
して利用する面を指す。すなわち、司法の厳密なプロトコルにあわず、フォ
レンジック・アーキテクチャが作成した証拠が法廷で認められない場合に、
公的な議論を喚起し、間接的にプレッシャーを与えることを目的として、彼
らがアートの領域を利用する場合がある（Borjabad 2021；Weizman 2022：27）。
こうした戦略的・実践的水準にあって、一次的な目的は、あくまで法的

フォーラムでの「正義」の達成にあり、文化領域でのアート作品の展示は、その二次的な手段となる。

　だが、フォレンジック・アーキテクチャの営みとアートとのあいだには、より内的な、理論的・原理的水準での結びつきがある。その観点からすれば、フォレンジック・アーキテクチャの営みは、「アートでもありうるもの」という位置づけを超えて、「そもそもアートであったもの」と位置づけられることになる。その内的な結びつきについて、以下では、「方法論的フェティシズム」（第5節）と「エステティクス」（第6節）という、ヴァイツマンの2つの特異な考え方にそくして検討してみたい。議論を先取りするなら、本章では、グローバルな文脈での「真実」と「正義」への代替的通路を照らし出すにあたって、前者のラインの方に可能性を認め、後者のラインには限界を見出すこととなる。

　まず、方法論的フェティシズムという特徴的な分析の方針について、ヴァイツマンは次のように述べる。それは「部分や細部が、より大きなプロセスや出来事や社会関係、アクターと実践、構造、技術の結びつきを再構築するためのエントリー・ポイントとなるような、ミクロ物理学的分析である」。「方法論的フェティシズムのミクロ物理学的なレンズをとおしてみると、オブジェクトのなかにこそ、複雑な社会関係の構造、刻印された政治的力、実践の論理が折り畳まれている」（Forensic Architecture 2014：18）。

　この圧縮された記述をうまく解題してくれるのが、ターナー賞候補になった『スプリット・セカンドの長い持続』という作品の逆説的なタイトルに示されている問題である。この映像作品は、2017年、イスラエル警察がナカブ／ネゲヴ砂漠にあるベドウィンの集落を強制撤去するさいの衝突で、2名の死者（ひとりは村人でもうひとりは警官）が出た事件を扱った作品である。「スプリット・セカンド」というのは、たとえば警官が、危険が差し迫っているさいに銃撃をすべきかどうか、瞬時の判断が求められる極小の時間を指す。「それはスプリット・セカンドの判断であった」というかたちで、しばしば、この概念は、誤っておこなわれた銃撃を免責するために用いられる。ヴァイツマンによるその論点の読み解き方は、方法論的フェティシズムの具体的な範例となっている。

アブ・アル゠キアン〔殺害された村人〕の射撃を正当化しようとするなかで、警察は間違いなく、都合のよい持続へと立ち戻るであろう。それはつまり「スプリット・セカンド」——車が近づいてくるという、知覚された脅威を目の当たりにして警官がどう行動するかを決めねばならない時間——である。「スプリット・セカンド」という不特定的な持続はまた、フォレンジックスではありふれた時間性である。しかしながら、つねに問われるべきはこの点である——どのようなイデオロギー、政治、そして「常識」がすでに「スプリット・セカンド」のうちにプログラムされ、自然化されているのか。このケースではベドウィンが不法占拠者であり、国家にとっての脅威であり、敵であるという考えによって、そのことがあらかじめ条件づけられていたように思われる。緩慢に動いてくる車に向かって射撃することを決定する「スプリット・セカンド」のうちに屈折しているのは、それゆえ、いまや何世代にもわたる植民地化と環境変容の暴力の長期持続にほかならない。(Weizman 2017: 304)

瞬間的に判断がなされる「スプリット・セカンド」には、何世代にもわたる暴力の長期持続が折り畳まれている。方法論的フェティシズムは、このような出来事の分子レベルの歴史にダイヴし、一瞬のうちに封じ込められている長期持続を解き放とうとする。それはつまり、矛盾するベクトルが融合するミクロな出来事の歴史を、長期的スケールの抑圧と暴力の歴史と結びつけつつ、出来事に含まれる潜在力を、政治的な変革の可能性として組み直してゆくことである。

　こうした方法論的フェティシズムにおける因果のとらえ方は、司法のプロトコルで求められる因果のとらえ方と折り合いが悪い。後者では、特定の原因と特定の結果のあいだの——加害者の特定の行為と、それが被害者に与えた特定の帰結とのあいだの——一対一かつ直線的な関係性が、証拠をもって確定される必要がある。それに対して「フォレンジックなまなざし」は、ミクロな出来事とマクロな歴史のあいだの、相互的かつ複雑な因果の連関を照らし出そうとする（Fuller and Weizman 2021: 165-169）。その場合、証拠を構成する個々の要素は、それだけで因果を確定できる決定的な証拠というより

も、複雑な因果の連関をたどってゆくための「エントリー・ポイント」として扱われる。

それゆえフォレンジック・アーキテクチャの調査は、法的フォーラムが求める手続き的な制限を超えることとなる。「私たちの調査は、証拠の提出を依頼されたそれぞれのフォーラムの手続き的な制限を超えようとするものである。私たちは出来事を、その歴史的・政治的コンテクストにおいて提示し、その出来事を可能にした、周囲の世界それ自体を再構成しようとする」(Weizman 2017：64)。そして、そうした政治的・歴史的なコンテクストとの複雑な連関を示し、議論を喚起するのにふさわしい場が、文化的・芸術的なフォーラムであるということになる（Bailey 2021）。とするなら、アートの領域は、フォレンジック・アーキテクチャにとって次善の策として、手段的に利用する場というよりも、むしろその本来的な方法論的特徴を十全に発揮しうる場ということになるだろう。

注目すべきは、ヴァイツマンが「エントリー・ポイント」の概念化を「直感的で捉えどころのない要素」として、アートと結びつけている点である。「私たちの仕事において興味深いのは、直感的で捉えどころのない要素です。なぜなら私たちはエントリー・ポイントを概念化する必要があるからです」(Border Crossings 2022)。こうして「エントリー・ポイント」を探る営みはアートの営為に近づいてゆく。フォレンジック・アーキテクチャが「アートでもありうるもの」という位置づけを超えて、「そもそもアートであったもの」と自身を位置づけうる契機のひとつが、ここにある。

6. なぜ「アート」なのか？・その3――調査エステティクス

なぜ「アート」なのか、という問いは、ヴァイツマン自身によっても自覚的に深められてゆく。すなわち彼は、2021年に刊行された美学者のマシュー・フラーとの共著『調査エステティクス』(Fuller and Weizman 2021)のなかで、フォレンジック・アーキテクチャの営みを「そもそもアートであったもの」と読み替えてゆく作業を展開している。そのさいポイントになるのは「エステティクス」概念の拡張であり、それは「フォレンジック・アーキテクチャ」から「調査エステティクス」への方法論的視座のシフトと

連動している。

　そのシフトは、一方において、運動の再定義という面をもつ。すなわち、ベリングキャットなどをはじめとする市民アクティヴィズムとしてのオープンソース調査の一般的広まりと、フォレンジック・アーキテクチャの活動とを連接させつつ、それらを包括的に、ひとつの運動として意義づける試みという面をもつ。

　スマートフォンの普及やソーシャルメディアの発達にともない、インターネット上に散らばる動画や画像や音声のデータは、ここ最近、爆発的な勢いで増殖してきた。それらのネット上に「落ちている」データや、利用可能な衛星画像やニュース映像の断片などを拾い集め、組み合わせることで、ある出来事や事件について、政府による公式見解とは異なる事実を明らかにする——「国家の嘘を暴く」——作業は、根気と時間さえあれば、専門知識のない一般人にも可能となってきた。なかでもベリングキャット——その名付けは「猫の首に鈴をつける」という寓話にもとづいている——というグループは、2014年に起きたマレーシア航空機撃墜事件の「黒幕」を明らかにしたり、2020年に生じたロシアの野党指導者ナワリヌイ氏の暗殺未遂事件の実行者を割り出したりする実績により、有名になった（Higgins 2021＝2022）。

　こうしたオープンソース調査の一般的な広まりと、自身が展開してきた運動とを結びつけつつ、両者を包括的な視座からとらえるために、フラー＆ヴァイツマンは「フォレンジックス」という限定的用語にかえて、より一般的な「調査（investigation）」という用語を持ち出す（Fuller and Weizman 2021）。「調査」において強調されるのは、明らかにされるべき「真実」の公共性・構築性・ネットワーク性である。ヴァイツマンは、真実は「名詞ではない」という（Borjabad 2021）。つまり、真実の語源であるヴェリタスよりも、検証の実践としてのヴェリフィケーションが重要である、というのだ。「調査」とは、そのヴェリフィケーションのプロセスにほかならない。それは、ブラックボックスの内部で専門科学により担われるのではなく、誰にも開かれた公共的な営み——真実はコモンズであるともいわれる——であり、断片的な手がかりをもとに構築されるものである。そして、そのヴェリフィケーションとしての「調査」を担うのが、フォレンジック・アーキテクチャ

第 10 章　アート、アクティヴィズム、グローバルな正義

やベリングキャットなど、オープンソース調査に従事する個人や集団にほか
ならない——このように運動は、公共的・構築的・ネットワーク的な「調
査」を軸に再定義される。

　以上のように、「フォレンジック・アーキテクチャ」から「調査エステ
ティクス」への方法論的視座のシフトは、一方において、フォレンジック・
アーキテクチャが展開してきた運動の再定義という面をもつ。だが他方にお
いて、それは、そうした運動が依拠するところの存在論と認識論の組み替え
という面をもっている。

　「アーキテクチャ」に置き換えられる「エステティクス」を、フラーと
ヴァイツマンはつぎのように説明する。古代ギリシャではアイステーシス
という語を、センス（感覚）に関連するものを記述するのに用いていた。「エ
ステティクスとは、それゆえ世界の経験にかかわるものである。それが含ん
でいるのは、センシング——記録する、ないしはアフェクトされる能力——
であり、そしてまたセンスメーキング——そうしたセンシングをある種の知
とする能力——である」(Fuller and Weizman 2021: 33)。拡張された概念と
しての「エステティクス」は、人間以外の存在物にも適用されうる。自身の
環境をとらえる動物や植物もまた、センシングの能力をもち、独自のエステ
ティクスをそなえていると表現でき、さらにはマテリアルな表面や物体——
デジタルなセンサーを含む——にもまた、変化の痕跡を記録するセンシング
の作用を認めることができる。こうして、雲や葉、波などにも「エステティ
クス」概念は適用され、爆煙をもとにミサイルの種類を特定すること、葉か
ら環境の変化を読み取ること、海面の波から航路のパターンを推定すること、
等々が、いずれも「調査エステティクス」の具体的な実践例となる。

　しかしながら、以上のような「フォレンジック・アーキテクチャ」から
「調査エステティクス」への方法論的視座のシフト——それはそのまま、
フォレンジック・アーキテクチャの営みを「そもそもアートであったもの」
と読み替えていく動きでもある——は、「エステティクス」の概念を過度に
拡張することにより、かえって「フォレンジックス」および「アーキテク
チャ」という概念にそなわっていた、固有の批判力を削いでしまったように
も思われる。ごくフラットなエステティクスという海に、あらゆる存在物を

221

第Ⅱ部　グローバル正義の展望

沈み込ませる「調査エステティクス」のまなざしは、「フォレンジックス」のまなざしに固有の方法論的フェティシズムをも、その平板な海に融解させてしまう。そこでは「証拠」か「アート」かという「揺れ」が内包していた緊張関係が消去されてしまい、それによって、じつのところフォレンジック・アーキテクチャを「アート」たらしめていた潜在性を、みずから塗りつぶしてしまっているように思われる。

＊

　おそらくは、ベリングキャットの「国家の嘘を暴く」営みと、潜在力を抱えたミクロな出来事のうちに「エントリー・ポイント」を探るフォレンジック・アーキテクチャの営みとの差異を考えることが、「証拠」か「アート」かの「揺れ」がもたらす洞察を、最大限に活性化することにつながるように思われる。ベリングキャットの場合には「黒幕」は誰か、「犯人」は誰かといったかたちで、特定の原因と結果の直線的な関係性を確定しようとする。そのかぎりで「国家の嘘を暴く」ベリングキャットの営みは、司法のプロトコルに適合的ではあるが、そのぶん、既存の国家やそれに支えられた法的フォーラムの固定性に従属せざるをえない。それに対して「エントリー・ポイント」を探る営みは、複雑な因果の連関をたどることで、現実の別様の見え方を示しながら、既存のフォーラムを絶えず複数化・多次元化しようとする。そこには、矛盾したベクトルが融合する緊張のポイントをつねに保ちつつ、複数のフォーラムのかたちで開こうとするダイナミズムが潜在する。ヴァイツマンは述べている。「フォレンジック・アーキテクチャの使命の一部は、未来のためにつねに新しいフォーラムを拡張し、創出し、構築することであると理解する必要がある」（Umolu 2012）。その点で、フォレンジックスは「フォーラムのアート」である（Umolu 2012）。「エントリー・ポイント」を探る営みを「フォーラムのアート」として複数的に展開し続けること——このようなダイナミズムにこそ、グローバルな文脈での「真実」と「正義」への別様のアクセス経路を照らし出してくれる、フォレンジック・アーキテクチャの可能性の中心があるのではないだろうか。

第 10 章　アート、アクティヴィズム、グローバルな正義

注
1)　以下、フォレンジック・アーキテクチャの概要については、フォレンジック・アーキ
テクチャのウェブサイト（https : //forensic-architecture.org/）を参照。
2)　フォレンジック・アーキテクチャの調査結果が、法的なフォーラムにおいて証拠とし
て採用されたり、判決を左右したりするケースは限定的である。ヴァイツマンは次のよ
うに述べている。「私たちが作成したマテリアルには、法的フォーラムによって証拠と
して認められた前例がないものも多い。新たなメディア、ビデオ分析、インタラクティ
ヴな地図、アニメーション、シミュレーションなどを用いて作成された新しい証拠のプ
レゼンテーションには、ほぼ毎回異議が唱えられる。認められるとしても、かなり揉め
たあとでようやく認められるという具合である」（Weizman 2017 : 75)。限定的ではあ
れ、フォレンジック・アーキテクチャによる調査結果が法廷で証拠として採用され、判
決に結びついた事例や、国際的なフォーラムで報告された事例として、下記のものがあ
げられる。2012 年にイスラエル高等裁判所に提起されたパレスチナ人居住区バティー
ルの周辺地域における壁建設に反対する訴訟では、計画中の壁が地元に与える影響を示
すモデルが提出され、壁の建設を禁じる判決がくだされた（https : //forensic-
architecture.org/investigation/the-wall-in-battir)。2017 年 3 月にシリアのアレッポにある
モスクを標的とした、米軍ドローン機による爆撃についての調査は、国連シリア調査委
員会の報告書が、米軍が「国際人道法に違反していた」と結論づけることに寄与した
（https : //forensic-architecture.org/investigation/airstrikes-on-the-al-jinah-mosque)。2008
年から 2009 年にかけてのガザ紛争でイスラエル側が使用した白リン弾についての調査
をもとに、2012 年 11 月、国権通常兵器禁止条約の会合で代表団に報告書が提出された
（https : //forensic-architecture.org/investigation/white-phosphorus-in-urban-environments)。
パキスタンやアフガニンスタンその他におけるドローン攻撃についての調査は、国連の
テロ対策と人権に関する特別報告者による調査の一部を構成し、2013 年 10 月にニュー
ヨークで開催された国連総会で中間報告の一部として発表された（https : //forensic-
architecture.org/investigation/the-drone-strikes-platform)。
3)　事件と調査の詳細については、フォレンジック・アーキテクチャのウェブサイトに掲
載されている調査報告（https : //forensic-architecture.org/investigation/the-murder-of-
halit-yozgat)ならびに報告書（Forensic Architecture 2017）を参照。

参考文献
近森高明（2019)「コメント──ソーシャル時代の芸術作品」『フォーラム現代社会学』
18 : 149-154。
Bailey, Stephanie（2021)"Art as Evidence as Art," *Art Monthly*, 443 : 6-10.
Basciano, Oliver（2022)"Eyal Weizman : Why Aesthetics Must Mean More than
Beauty," ArtReview.＜https : //artreview.com/eyal-weizman-why-aesthetics-must-mean-
more-than-beauty/＞（Retrieved October 16, 2024)
Bishop, Claire（2012)*Artificial Hells*, London : Verso.(＝2016、大森俊克訳『人工地獄──
現代アートと観客の政治学』フィルムアート社)
Border Crossings（2022)"The Art of Forensics : An Interview with Eyal Weizman," Border
Crossings＜https : //bordercrossingsmag.com/article/the-art-of-forensics＞（Retrieved

223

第Ⅱ部　グローバル正義の展望

October 16, 2024）

Borjabad, Maite López-Pastor（2021）"Truth is Not a Noun : Eyal Weizman," Walker.
＜https : //walkerart.org/magazine/truth-is-not-a-noun-interview-with-eyal-weizman/＞
（Retrieved October 16, 2024）

Forensic Architecture（2014）*Forensis : The Architecture of Public Truth*, Sternberg Press.

―――（2017）*77sqm_9 : 26min : Counter investigating the testimony of Andres Temme in relation to the Murder of Halit Yozgat in Kassel, 6 April 2006*, Forensic Architecture.

Fuller, Matthew and Eyal Weizman（2021）*Investigative Aesthetics : Conflicts and Commons in the Politics of Truth*, Verso.

Higgins, Eliot（2021）*We Are Bellingcat : Global Crime, Online Sleuths, and the Bold Future of News*, Bloomsbury Pub Plc USA.（＝2022、安原和見訳『ベリングキャット――デジタルハンター、国家の嘘を暴く』筑摩書房）

Keenan, Thomas and Eyal Weizman（2012）*Mengele's Skull : The Advent of Forensic Aesthetics*, Sternberg Press.

Nori, Franziska（2022）"An Introduction," *Three Doors*, Frankfurter Kunstverein, 6-15.

Umolu, Yesomi（2012）"Eyal Weizman and Architecture as Political Intervention," Walker.
＜https : //walkerart.org/magazine/eyal-weizman-architecture-confronts-politics＞（Retrieved October 16, 2024）

Weizman, Eyal（2011）*The Least of All Possible Evils : A Short History of Humanitarian Violence*, Verso.

―――（［2007］2012）*Hollow Land : Israel's Architecture of Occupation*, 2nd Revised Edition, Verso.

―――（2017）*Forensic Architecture : Violence at the Threshold of Detectability*, Zone Books.

―――（2022）"Testimony as a Spatial Practice," Louisiana Museum of Modern Art, *Witnesses*, Louisiana Museum of Modern Art, 26-35.

Weizman, Eyal and Freya Marshall（2020）"Forensic Architecture : Everything Records," *mono.kultur*, 48 : 2-41.

人名索引

ア行

アキノ、コラソン Corazon Aquino *21, 22*

アキノ、3世、ベニグノ Benigno S. Aquino *27*

アサド、ハーフィズ Ḥāfiẓ al-Asad *101, 102*

アサド、バッシャール Bashshār al-Asad *102, 103, 105, 109, 111-117*

ヴァイツマン Eyal Weizman *205*

小渕恵三 *82*

カ行

クリステヴァ Julia Kristeva *164*

クリフォード James Clifford *121, 122*

コボ José. Ricardo Martínez Cobo *124*

サ行

サール Felwin Sarr *47*

サヴォワ Bededict Savoy *47*

タ行

タロン Patrice Talon *48, 49*

ナ行

永原陽子 *190*

ハ行

バスコンセロス José Vasconcelos *127*

ハブレ Hissen Habré *30*

ファノン Frantz Fanon *135*

フラー Matthew Fuller *219*

ベラスコ・アルバラド Juan Velasco Alvarado *131, 132, 134, 135*

ボンフィエル・バタジャ Guillermo Bonfil Batalla *126*

マ行

マクロン Emmanuel Macron *47, 48, 51, 53, 54*

マルコス、イメルダ Imelda R. Marcos *22, 24*

マルコス、フェルディナンド Ferdinand E. Marcos *18, 21-25*

ムボウ Amadou-Mahtar M'Bow *45, 49*

モーリス・スズキ Tessa Morris-Suzuki *191*

モブツ Mobutu Sese Seko *44, 45*

ラ行

雷鋒 *176*

事項索引

ア行

悪の枢軸　*100, 101*

アジア通貨危機　*82-84*

アスタナ・プロセス　*108*

アパルトヘイト　*146*

アフリカーナー　*146, 147, 152, 154, 156*

アフリカ国際関係論　*73*

アフリカ連合（AU）　*59*

アマゾン　*129, 131, 132*

アムネスティ　*62*

アメリカ　*9, 10, 18-22, 24-27, 29, 31, 42, 43, 100, 101, 105, 106, 108, 109, 115, 145, 192*

アラブの春　*99-103, 106*

アンデス　*131*

　　──山脈　*129*

育種　*87-89, 93*

移行期　*167*

　　──正義　*1, 17, 18, 20-22, 29, 52, 53, 60*

イスラーム国　*104, 106, 109*

イラン　*100, 104, 107-111, 116, 117*

インカ　*129, 130*

インターナショナリズム　*54, 55*

　文化──　*39, 43, 48, 55*

ウクライナ侵攻　*115, 117*

エステティクス　*221*

　調査──　*219*

エントリー・ポイント　*219*

オーナーシップ　*11, 155, 156, 158*

オープンソース　*220*

カ行

海岸部（コスタ）　*129*

戒厳令　*21, 22, 24, 27*

外国人不法行為請求権法（ATS）　*24-26*

概念の戦い　*111-113, 115*

カウンター・フォレンジックス　*206*

カカメガフォレスト　*195*

管理人　*154*

　　──・管財人　*154*

キクユ人　*188*

規範への寄生　*91*

行政規律委員会（PCGG）　*22-24*

近代家族論　*169*

グローバルサウス　*3, 4, 7, 13*

グローバル正義　*1-3, 5-8, 10, 13, 147, 152*

経済犯罪　*24*

ケチュア　*129, 130, 132, 136, 138*

ケニア　*12, 63, 183, 184, 188, 189, 191-195, 198-201, 203*

ケ・ブランリ美術館　*47, 48, 53, 54*

コイサン　*146, 147, 152-156*

膠着した終わり　*109-111, 113, 117*

国際刑事裁判　*60*

　　──所（ICC）　*63, 184*

国際労働機関（ILO）　*124, 125*

国立統計情報庁（INEI）　*132*

国連　*39, 42*

　　──腐敗防止条約　*30*

婚姻法　*168*

コンゴ内戦　*183*

サ行

再植林　*199*

裁判外紛争解決手続（ADR）　*185*

山岳部（シエラ sierra）　*129, 132*

ジェノサイド　*183*

事項索引

シエラレオネ　62, 63, 67, 183
資源ナショナリズム　150
時効除斥　189
自己規定　122-124, 132, 138
自己認識／自己規定（self-identification）
　125
シダーバーグ　152
市民社会組織　71
シャーム解放機構　108, 110, 117
社会主義的近代化推進期　167
社会的転回　214
集合的な創造性　147, 152, 157
重大な国際人権法違反および深刻な国際人
　道法違反の被害者のための救済と補償
　を受ける権利についての基本原則およ
　びガイドライン　19
修復的正義　52, 53
ジュネーブ・プロセス　108
主婦化　170
使用及び利益配分（ABS）　147
証人の時代　212
上山下郷　175
植物（生物）遺伝資源　149, 150
植民地コレクション　38, 44, 46, 53-55
植民地支配　186
植民地主義　53
植民地犯罪　194
女性リーダー　173
シリア内戦　99, 100, 103, 104, 107, 109, 113,
　115, 116
人権侵害被害者　18, 24, 28-31
　──請求委員会　28, 29
真実・正義・和解委員会（TJRC）　193
真実和解委員会（TRC）　63, 193
ジンバブエ　184
スーダン　69, 100, 183
スチュワード／カストディアン　11, 155,
　156, 158, 159
スチュワードシップ　155
スプリット・セカンド　217
正義回復　184

政府開発援助（ODA）　82
生物遺伝資源　148, 151, 152, 157
生物多様性条約（CBD）　11, 147, 148, 150
　-152
セトラー・コロニアリズム　135
選挙後暴力（PEV）　184
先住民性　122
先住民の権利に関する国際連合宣言
　124
先住民問題に関する常設フォーラム
　124
剪定　84, 85, 93
創発現象　138
ソチ・プロセス　108

タ行
ダーバン会議　192
第169号条約　124, 125
多極体制　115, 116
WIPO　151, 159
知的財産　149, 151, 155, 158
知的財産権／知的所有権　147, 157
知的所有　148, 158
テロ支援国家　100, 101
転形期　167
纏足反対運動　168
伝統的安全保障　84
　非──　85, 86
伝統的正義　67
伝統的知識（TK）　11, 147-153, 155-159
天の半分を支える　166
土地自由軍（マウマウ）　188
奴隷交易　186
トルコ　104, 105, 108-110, 117

ナ行
内政不干渉　84, 85
名古屋議定書　148-150, 156
ナマクア　190
ならず者国家　100, 101
二次センター　88, 89

227

人間の安全保障　1, 10
　——規範　81-83
　——法　90
ネオ・リベラリズム　113-115
熱帯雨林地域（セルバ）　129
農村女性口述シリーズ　172
農民　132

ハ行
バアス党　101, 102, 111
バイオパイラシー　152
賠償　20, 23, 25-31
標準化／規範化　122, 138
フィリピン　9, 18-30, 89-92
フォレンジック・アーキテクチャ　205
フォレンジックスの時代　212
不処罰　63, 73
不正蓄財　18, 20, 22-25, 31
普遍主義　26, 30, 40, 54, 55
　文化——　55
普遍的管轄権　20
不法占拠者　203
フレンズ宣教団　197
文化財不法輸出入等禁止条約（1970 年ユ
　ネスコ条約）　41, 42, 44
文化大革命　176
文化ナショナリズム　39, 43, 48
分配　174
平和構築　1, 72, 73
ベリングキャット　220
ペルー革命　131, 135
ヘレロ　190
法の支配　6
方法論的フェティシズム　217
補償　18, 19, 23, 31

　——／再発防止の保障を受ける権利
　17
　——の権利　20, 29

マ行
マグニツキー法　31
麻薬戦争　92
マラゴリフォレスト　195, 197
南アフリカ　11, 45, 51, 62, 63, 145, 186, 188
南スーダン　9, 61, 63, 69-73
メスティサッヘ　122, 127, 128, 138
メスティソ（男性）／メスティサ（女性）
　127, 128, 132, 133, 137

ヤ行
ユネスコ　39, 42
ヨーロッパ連合（EU）　68

ラ行
利益配分　157
リベリア　183
ルイボス　145-147, 152-155, 157
　——ティー　145, 147
ルワンダ　20, 63, 67, 183
レイシズム　187
歴史的不正義　185-187
連累　191
ローカルオーナーシップ　60, 72
ローカル化　83, 86, 87, 93
ロシア　4, 10, 17, 31, 104, 107-111, 115-117,
　206, 220

ワ行
和解　184
和平プロセス　69

執筆者紹介（執筆順、＊は編者）

＊阿部利洋（あべ　としひろ）
1973 年生まれ。大谷大学社会学部教授。京都大学大学院文学研究科博士後期課程修了。社会学、地域研究（南アフリカ、カンボジア）。*Unintended Consequences in Transitional Justice : Social Recovery at the Local Level*（Lynne Rienner Publishers、2018 年）、*The Khmer Rouge Trials in Context*（単編、Silkworm Books、2019 年）、ほか。

クロス京子（くろす　きょうこ）
1971 年生まれ。京都産業大学国際関係学部教授。神戸大学大学院法学研究科博士課程後期課程単位修得退学。国際関係論・紛争解決学。"The Pursuit of Justice, Truth, and Peace : Reflections on 20 Years of Imperfect Transitional Justice in Timor-Leste"（*Asian Journal of Peacebuilding*、2021 年）、『移行期正義と和解——規範の多系的伝播・受容過程』（有信堂高文社、2016 年）、ほか。

松浦雄介（まつうら　ゆうすけ）
1973 年生まれ。熊本大学大学院人文社会科学研究部教授。京都大学大学院文学研究科博士後期課程修了。社会学。『記憶の不確定性——社会学的探究』（東信堂、2005 年）、「負の遺産を記憶することの（不）可能性——三池炭鉱をめぐる集合的な表象と実践」（『フォーラム現代社会学』17 号、149‒163 頁）、ほか。

藤井広重（ふじい　ひろしげ）
1982 年生まれ。宇都宮大学地域創生科学研究科／国際学部　准教授。国際刑事裁判所客員専門家（2025 年 1 月‒4 月）。博士（東京大学：国際貢献）。国際関係法学、アフリカ政治。『探究の国際学——複合危機から学際的な研究を考える』（共編著、ナカニシヤ出版、2024 年）、「主権国家体制と国際刑事裁判所による逮捕状——現職の国家元首に対する逮捕状執行をめぐるパラドックス」（『国連研究第 25 号』国際書院、2024 年）、ほか。

足立研幾（あだち　けんき）
1974 年生まれ。立命館大学国際関係学部教授。筑波大学国際政治経済学研究科博士後期課程修了。国際政治学。*Changing Arms Control Norms in International Society*（Routledge、2021 年）、『オタワプロセス——対人地雷禁止レジームの形成』（有信堂高文社、2004 年）、ほか。

青山弘之（あおやま　ひろゆき）
1968 年生まれ。東京外国語大学大学院総合国際学研究院教授。一橋大学大学院社会学博士後期課程修了。博士（社会学）。現代東アラブ政治。『膠着するシリア——トランプ政権は何をもたらしたか』（東京外国語大学出版会、2021 年）、『ロシアとシリア——ウクライナ侵攻の論理』（岩波書店、2022 年）、ほか。

細谷広美（ほそや　ひろみ）

1961 年生まれ。成蹊大学文学部教授。総合研究大学院大学修了。博士（文学）。文化人類学。『アンデスの宗教的世界——ペルーにおける山の神信仰の現在性』（明石書店、1997年）、『グローバル化する＜正義＞の人類学——国際社会における法形成とローカリティ』（共編著、昭和堂、2019 年）、ほか。

坂部晶子（さかべ　しょうこ）

1970 年生まれ。名古屋大学大学院人文学研究科教授。京都大学大学院文学研究科博士後期課程修了。社会学、中国地域研究。『「満洲」経験の社会学——植民地の記憶のかたち』（世界思想社、2008 年）、『中国の家族とジェンダー——社会主義的近代から転形期における女性のライフコース』（編著、明石書店、2021 年）、ほか。

松田素二（まつだ　もとじ）

ナイロビ大学大学院修士課程を経て、京都大学大学院文学研究科博士課程中退。京都大学名誉教授、総合地球環境学研究所特任教授。専門は社会人間学、アフリカ地域研究。主要な編著書に、『新書アフリカ史』『日常人類学宣言』等。

近森高明（ちかもり　たかあき）

1974 年生まれ。慶應義塾大学文学部教授。京都大学大学院文学研究科博士後期課程研究指導認定退学。文化社会学、都市空間論、技術社会史。『ベンヤミンの迷宮都市』（世界思想社、2007 年）、『無印都市の社会学』（共編、法律文化社、2013 年）、ほか。

グローバル正義の変容
グローバルサウスの台頭と新たなポリティクス

2025年3月31日　初版第1刷発行

編　者　阿部利洋
発行者　中西　良
発行所　株式会社ナカニシヤ出版
　　　　〒606-8161 京都市左京区一乗寺木ノ本町15番地
　　　　TEL 075-723-0111　　FAX 075-723-0095
　　　　http://www.nakanishiya.co.jp/

装幀＝白沢正
印刷・製本＝亜細亜印刷
Ⓒ Toshihiro Abe et al. 2025　Printed in Japan
＊落丁・乱丁本はお取替え致します。
ISBN978-4-7795-1863-8　C3031

本書のコピー、スキャン、デジタル化等の無断複製は著作権法上での例外を除き禁
じられています。本書を代行業者等の第三者に依頼してスキャンやデジタル化する
ことはたとえ個人や家庭内での利用であっても著作権法上認められておりません。

ヨーロッパのデモクラシー 〔改訂第2版〕

網谷龍介・伊藤武・成廣孝 編

欧州29ヵ国の最新の政治情勢を紹介する決定版！移民とポピュリズム、政党不信と大連立――民主主義をめぐるさまざまな困難に立ち向かうヨーロッパ政治のいまを各国別に紹介。最新の政治状況を反映した改訂版。 三六〇〇円＋税

揺らぐ中間層と福祉国家
支持調達の財政と政治

高端正幸・近藤康史・佐藤滋・西岡晋 編

福祉国家の支持基盤である中間層が縮小するなかで、福祉国家はどこに向かっているのか。日本、アメリカ、イギリス、ドイツ、フランス、スウェーデンの6カ国について、財政学と政治学の観点から考察する。 三六〇〇円＋税

ポスト・グローバル化と国家の変容

岩崎正洋 編

権威主義化、規制国家化、国家の成員の変容……。グローバル化は国家のあり方にどのような変動をもたらしたのか。ポスト・グローバル化における「国家のリバイバル」と呼ばれる現象のなかで、今後の展望をうらなう。 三三〇〇円＋税

ポスト・グローバル化と政治のゆくえ

岩崎正洋 編

脱国家化と国家化の同時進行、民主主義の揺らぎ――。新型コロナウイルスのパンデミックは、国家や政治のあり方にも大きな影響を与えた。パンデミックの経験をふまえ、グローバル化とポスト・グローバル化の関係を考える。 三三〇〇円＋税